# Composición

# About the Cover

You may have noticed the traditional images on the cover of the book—the keys of the vintage typewriter and the detail of the fountain pen—in juxtaposition with the contemporary typography, colors, and design. This contrast is deliberate and purposeful. The cover represents the harmony between writing—one of the most traditional creative practices for language learners—and the decidedly modern methodology that is presented and followed in the pages of *Composición: Proceso y síntesis.*

# COMPOSICIÓN

## *proceso y síntesis*

### CUARTA EDICIÓN

GUADALUPE VALDÉS
*Stanford University*

TRISHA DVORAK
*University of Washington*

THOMASINA PAGÁN HANNUM

CLAUDIA ANGELELLI
*San Diego State University*

Boston   Burr Ridge, IL   Dubuque, IA   Madison, WI   New York
San Francisco   St. Louis   Bangkok   Bogotá   Caracas   Kuala Lumpur
Lisbon   London   Madrid   Mexico City   Milan   Montreal   New Delhi
Santiago   Seoul   Singapore   Sydney   Taipei   Toronto

# Higher Education

COMPOSICIÓN: PROCESO Y SÍNTESIS
Published by McGraw-Hill, a business unit of The McGraw-Hill Companies, Inc.,
1221 Avenue of the Americas, New York, NY 10020.

3 4 5 6 7 8 9 0 FGR/FGR 0 9 8 7 6 5

Vice president and editor-in-chief: *Thalia Dorwick*
Publisher: *William R. Glass*
Sponsoring editor: *William R. Glass*
Development editor: *Max Ehrsam*
Marketing manager: *Nick Agnew*
Production editor: *Holly Paulsen*
Manuscript editor: *Deborah Bruce*
Art director: *Jeanne M. Schreiber*

Design manager: *Violeta Díaz*
Cover designer: *Preston Thomas*
Interior designer: *Susan Breitbard*
Art manager: *Robin Mouat*
Art editor: *Emma Ghiselli*
Photo researcher: *Nathalia Peschiera*
Illustrator: *Rick Hackney, Judith Ogus, GTS-York*
Production supervisor: *Tandra Jorgensen*

The text was set in 10/12 New Aster by The GTS Companies/York, PA Campus
and printed on acid-free 45# New Era Matte by Quebecor World, Fairfield.

Cover images: Fountain pen: © Frank Chmura/ImageState-Pictor/PictureQuest;
Typewriter: © PhotoDisc

**Library of Congress Cataloging-in-Publication Data**

Composición : proceso y síntesis / Guadalupe Valdés ... [et al.].—4. ed.
   p. cm.
  Rev. ed. of: Composición / Guadalupe Valdés, Trisha Dvorak, Thomasina Pagán
Hannum. 3rd ed. c1999.
  Includes bibliographical references.
  ISBN 0-07-281889-1 (softcover)
   1. Spanish language—Composition and exercises. I. Valdés, Guadalupe. II. Valdés,
Guadalupe. Composición.

PC4420.V275 2003
808'.0461—dc22

                      2003066475

**www.mhhe.com**

# Tabla de materias

# Preface

## To the Instructor

**Composición: Proceso y síntesis, Cuarta edición,** is designed to be used by upper-division college students of Spanish in advanced composition courses. These materials develop students' abilities in composition tasks that reflect the kind of writing they are generally asked to perform as Spanish majors and minors. The skills that they learn while using this text are largely transferable to expository writing in any language or discipline.

## GOALS OF THE TEXT

**Composición: Proceso y síntesis** approaches the teaching of writing from the perspective that instruction in this area must accomplish three things.

1. *Help students understand the nature of writing: It is important that students see writing as a process rather than a product.* As instructors guide students through the process, they need to remind beginning writers of the communicative nature of writing. Students need to reflect on the purpose of the text they write as well as on the reader for whom they are creating it. Since students could be more skillful in oral rather than in written communication, it is also important that they appreciate the differences between communicating orally and in writing. For further discussion on this point see the section To the Student (page xxii).

2. *Help students understand the basic contradiction involved in any writing task: that writing is at once a communicative act and a solitary undertaking.* Writing, like any other communicative act, involves a message, a sender, and a receiver. Successful communication

depends on the sender's ability to take information (what he or she knows about the topic) and modify it into a message the receiver can appreciate (what the receiver wants to know about the topic). Writers, however, must make message adjustments *alone* because there are no listeners to provide feedback about whether the writer is communicating clearly; he or she must imagine the reader, imagine what the reader's purpose is (what his or her questions about the topic will be) and the impact the words are having, and decide what changes need to be made. Becoming an effective writer means learning to play the role of the intended receiver, as well as that of the sender of the message. ***Composición: Proceso y síntesis*** helps students develop this sense of writing as interaction between writer/reader/purpose/message.

3. *Help students develop resources for managing this interaction.* Traditionally, foreign language composition textbooks have treated grammar as the writer's primary tool. More recent research on the nature and development of writing abilities and on the behavior of beginning and expert writers, however, has shown that good grammar has very little to do with good writing. Thus, ***Composición: Proceso y síntesis*** treats grammatical skill as only one of several important resources that good writers need in order to communicate effectively. The exercises in the main text and accompanying workbook help students expand and refine a number of writing tools—control of grammar, range of vocabulary, rhetorical techniques for organizing information—as well as strategies for getting started, characterizing the reader, "writing through" problems, reading critically, revising, and rewriting.

Over the past editions of ***Composición: Proceso y síntesis,*** interest in the development of functional, purposeful language skills has grown steadily. The revisions in the Fourth Edition are in response to this interest, to the National Standards (reflected in how students generate texts to produce interpersonal exchanges; how they interpret a text generated in a different language/culture than their own, and how they present arguments in essays or research papers), to the findings of writing research, and to the helpful reactions of those who used previous editions and offered suggestions based on their experiences.

## MAJOR CHANGES IN THE FOURTH EDITION

- Material—explanations and/or exercises—that introduces the process approach to writing has been moved out of the first two chapters of the text and gathered into a new **Capítulo preliminar.** The current edition assumes that most students have some previous experience (either in high school or college composition classes) with the process approach to writing, including the notions of revision and peer editing. The **Capítulo preliminar** is optional; however, students who are not familiar with process writing will find it useful to review the material in this section before moving on to Chapter 1.

- New readings, intended as either models of particular types of writing or as springboards for discussion and analysis, have been added throughout the main text and the workbook.

- New exercises have been added to the first two chapters to replace exercises that were moved to the **Capítulo preliminar.** New exercises based on new readings have been added throughout the first five chapters.

- The sections of the **Plan de redacción** and **Plan de revisión** for each chapter have been revised and expanded with information specific to the type of writing in each chapter.

- The numerous how-to hints and suggestions (for example, how to use techniques such as "free writing" and "nutshelling" or how to construct and use a **mapa semántico**) sprinkled throughout the text and **Cuaderno de práctica** have been gathered into a new section called **Rincón del escritor** found on the Website at www.mhhe.com/composicion4. References to such tools and techniques appear <u>underlined</u> whenever they occur in the main text; the first time they are mentioned, the underlined terms are also accompanied by this icon 🌐 to remind students that they can find related information and examples in the **Rincón del escritor.**

- In addition to providing extra examples of a variety of writing techniques, the **Rincón del escritor** houses a wealth of information for both instructors and students. For example, instructors will find

    Ideas for how to get the most out of the textbook

    Suggested guidelines for responding to student writing

    A bibliography of activities, techniques, strategies, and research related to the teaching of writing

    Links to language glossaries and dictionaries on the Internet

    Links to texts and other sources of content in Spanish on the Internet

  Students can check out the Website to learn more about

    Tips for writing business or personal letters (**la correspondencia**) in Spanish

> Reminders about the conventions of written Spanish (syllabification, capitalization)
>
> Information about bibliographic documentation for research papers
>
> Suggestions about working with classmates as a peer-editor

- New exercises have been added to the **Aspectos estilísticos** section in four of the six chapters of the **Cuaderno.** These exercises typically focus on helping students develop stylistic variety in sentence structure.

- A new section on definite and indefinite articles has been added to the **Repaso de aspectos básicos** section of the **Cuaderno.**

 - Exciting new *Sin falta* writing software, developed in partnership with Ultralingua, Inc., is packaged with all new copies of the textbook. The icon shown to the left occurs at the beginning of each **etapa** as a reminder to students to utilize the software throughout the text and thus take full advantage of the benefits. This powerful tool assists students in developing and refining their writing skills in Spanish, and includes the following features:

> A word processor and text editor
>
> Language reference tools, including a Spanish-English bilingual dictionary, thesaurus, and grammar reference
>
> A spell checker
>
> A tool that provides the plural form of selected words
>
> A tool that provides conjugations of selected verbs

## ORGANIZATION OF THE MAIN TEXT

*Composición: Proceso y síntesis* consists of two components: a main text and a workbook (*Cuaderno de práctica*) that complements and expands the text material. Each chapter of the main text is organized as follows.

### Orientación

A brief overview of the type of writing to be practiced (for example, description, narration, and so on) opens each chapter. One or more writing models, along with an analysis of the model's organization and style, are included to familiarize students with the purpose and conventions of each type of writing. A preview of the writing task for the chapter closes this section.

Following **Orientación,** the following three stages (**etapas**) of the writing process are developed: (1) **Antes de redactar,** (2) **La redacción y la revisión de las versiones preliminares,** and (3) **La revisión de la forma y la preparación de la versión final.** Selected activities from the first two **etapas** are reproduced in the corresponding chapter of the *Cuaderno de práctica,* in an opening section called **Páginas personales: Aproximaciones a la tarea,** which provides students with ample space to work on their prewriting tasks and a convenient place to save their notes for later incorporation into the final version of their composition.

## *Primera etapa: Antes de redactar*

This prewriting section contains a variety of activities designed to help students (1) explore ideas and find a theme for the chapter writing task (**tarea**), (2) experiment with various prewriting techniques and different methods of organizing their compositions, (3) define the purpose of the piece they will write, and (4) identify the characteristics and needs of the reader for whom they will write. **Antes de redactar** is divided into three steps.

- In the first step—**La generación y recolección de ideas**—students work, individually and in small groups, through a variety of prewriting activities: brainstorming, observing and commenting on pictures and other graphics, and reading and responding to texts on provocative topics. Students also practice techniques such as free writing and creating semantic maps.

- This step is followed by **Enfoque,** in which students select a writing topic. The remainder of the chapter activities spring from and build on this selection.

- The final step of this stage is **Técnicas de organización y expresión,** which includes a number of practice texts and analytical activities (**análisis de texto**), spread over two subsections: **Pensando en el lector** and **Estrategias del escritor.** The first contains information designed to sensitize the writer to the needs of the reader; the second helps the writer develop effective strategies for the stages of the writing process.

Throughout the **Primera etapa,** students are encouraged to note potentially useful ideas and topics suggested by the activities and to explore these further in their *Cuaderno de práctica.*

### Segunda etapa: La redacción y la revisión de las versiones preliminares

The second **etapa** begins with a reiteration of the chapter **tarea,** then moves into activities designed to help students (1) create a writing plan (**plan de redacción**) for the chapter writing task, (2) take the material gathered and examined in the **Primera etapa** and develop a draft or **versión preliminar** of the writing assignment, (3) practice peer editing, developing checklists, and applying these to their own writing, and (4) develop a revision plan (**plan de revisión**) to advance their first draft toward its final version.

In this second stage, students review the steps of the chapter writing task (e.g., **cómo se escribe una narración** or **cómo se escribe un ensayo argumentativo**). The peer-editing activities are the heart of this stage: Every chapter includes one or two preliminary drafts of sample essays, along with an activity in which students peer-edit the sample draft. After students have become familiar with the peer-editing procedure, and have become more comfortable working with one another, they can practice peer-editing each other's drafts. Additional peer-editing exercises appear in the *Cuaderno de práctica.*

### Tercera etapa: La revisión de la forma y la preparación de la versión final

In this final stage, students should have an edited and revised draft of the chapter writing task. The content and organization of their essay should also be final. It is now time for students to focus on matters of language and expression, which has carefully been kept separate from the focus on content and organization in the first two **etapas.** The activities in this last stage are designed to help students (1) review Spanish structures that typically present difficulties for English-speaking students, (2) review and expand their repertoire of vocabulary and expressions useful for the specific writing techniques related to the chapter writing task, such as making comparisons and contrasts, writing introductions and conclusions, and so on, and (3) apply these techniques to their own draft in order to prepare a **versión final.**

## ORGANIZATION OF THE *CUADERNO DE PRÁCTICA*

The workbook that accompanies the Fourth Edition of *Composición: Proceso y síntesis* complements the work covered in class and also serves as a repository for students' thoughts and notes about the chapter writing task. Each of the six workbook chapters begins with a section called **Páginas personales: Aproximaciones a la tarea** that contains those activities from the **Primera** and **Segunda etapas** of the main text in which students think about and plan the details of their own chapter writing assignment. In this section, students use writing to explore a topic as well as to organize ideas. This particular writing is intended to be personal and informal, that is, notes rather than carefully composed assignments.

The remainder of each chapter is devoted to more structured exercises: **Ejercicios de redacción** and **Ejercicios de lenguaje.** Mirroring the last two major sections of the main text, these sections focus first on issues of content and organization, then present exercises on language and expression. Following is an overview of each.

## Ejercicios de redacción

This section examines aspects of the writing process presented in the main text. First, exercises in **Técnicas y estrategias** address topics such as how to write descriptions using vivid language, how to decide which part of a narration is action and which is background, and how to choose a good title. The next subsection, **Interacciones lector/escritor,** offers additional practice first in identifying both writer's and reader's purpose, and then in shaping the text to correspond to this shared goal. Finally, **Corrección de pruebas: Contenido y organización** contains actual compositions written by third-year students. Here the activities focus on both content and style and emphasize sensitivity to the reader's needs, effectiveness of content and organization, language choice, and so on. The object of these exercises, like the peer-editing activities in the main text, is to give students practice in seeing how many different factors make up a good composition. By becoming critical readers of work produced by others, students will become more aware of the types of questions and concerns they must address when composing and revising their own work.

## Ejercicios de lenguaje

This section is designed to help students build a richer repertoire of syntactic and lexical tools. The material in the first part, **Repaso de aspectos básicos,** is not covered in the main text; it reviews structures that most third-year college students will have already covered in their study of Spanish, such as prepositions, use of pronouns, sentence structure, and so on. The next two subsections, **Repaso de aspectos gramaticales** and **Repaso de vocabulario útil,** provide additional practice of the grammar and vocabulary presented in the corresponding chapter of the main text. Last, in addition to standard language exercises, the **Corrección de pruebas: El lenguaje y la expresión** activities provide students with practice analyzing and revising writing samples with respect to grammar errors they have just reviewed as well as those covered in previous chapters.

## Suggestions for Use of the Materials

*Composición: Proceso y síntesis* can be used in either one- or two-semester courses. Having all of the language exercises in the workbook gives instructors greater flexibility and more freedom of choice in tailoring the text to the needs and goals of their own course. To facilitate the review of structures and vocabulary, answers are provided for all form-focused exercises.

Instructors come to the teaching of writing from various backgrounds, and are at different levels in their professional development. *Composición: Proceso y síntesis* is intended for both beginning and experienced teachers. It is grounded on the notion of process writing. Contrary to the view of writing as a product, the process approach emphasizes paying attention to each of the steps involved in writing. The prewriting activities (such as brainstorming) and the postwriting activities (such as proofreading or peer-editing) are as important as the writing of multiple drafts. Understanding the communicative function that triggers the writing is crucial; writing is not just aspiring for lexical and grammatical accuracy, writing is paying attention to the intentions of the involved parties (the writer and the reader), and understanding the goals and needs that bring these parties together in the communicative act of writing.

If you are a beginning teacher of writing, this book will provide you with extensive guidance throughout the process. For example, you will generate discussions on how to characterize a reader before embarking on the writing process (**Capítulo 1**), enabling students to have a reader in mind before they proceed. Before starting to write, you may want students to do brainstorming activities (**Capítulo 4**) or a semantic map (**Capítulo 2**). You will also be presented with suggestions on how to organize your class so that it enables students to progress, both individually and collectively, in the mastery of the process. For instance, you will find examples of individual activities (**Capítulo 5**) as well as group activities (**Capítulo 6**). You will find explanations and examples of each of the steps of the writing process, accompanied by sample texts and activities to help you get started. The visual-based exercises—**observación y comentario**—as well as those based on texts and other shared experiences—**perspectivas e intercambios; lectura: análisis y discusíon**—are powerful ways of engaging students in thinking about topics, imagining different ways of exploring these in writing, and trying out their ideas on others before they actually put pen to paper. The materials we provide will help you get started; we encourage you to pick and choose from all the material according to your own needs and those of your students.

If you are an experienced teacher of writing you will want to build on your own skills. You probably have a collection of favorite texts that you would like to use to illustrate the text types of each unit; similarly, you may find that you can easily expand the suggestions in the **Tabla de ideas** with others of your own. Or, you may have some favorite pre- or postwriting activites that you want to try with the sample texts we present. We encourage you to adapt the materials in this way and hope you will find that the structure of the book makes such adaptations both easy and successful.

We encourage both beginning and experienced writing instructors to be selective: In order for learners to develop effective composition skills, they need active and frequent engagement in actual writing tasks. We suggest, then, that instructors devote as much of their class time as possible to prewriting and writing activities. After students have begun producing drafts, we suggest that instructors—especially those working on a one-semester schedule—substitute these student texts for some of those provided in **actividades con grupos de consulta** in the main text and **Corrección de pruebas** in the workbook. In this way, students will have the opportunity to develop critical reading skills based on their own and their classmates' writing as well as to practice techniques of editing and proofreading.

For students to develop good writing strategies, they need to learn to approach composition not as a means to practice grammar but as a way of effectively communicating messages. Their attitude—and that of their instructor—toward language mistakes is crucial to the success of this process. Traditionally, instructors and students alike have had more experience with "red-penning" than with any other means of evaluating writing. We have included suggestions for other ways of responding to student writing in Appendix A of the **Rincón del escritor,** and suggestions for helping students work as peer editors in Appendix E of the **Rincón.**

## Acknowledgments

The authors would like to thank those instructors using the Third Edition who completed the general revision questionnaire. Their comments were extremely helpful in the shaping of the Fourth Edition.

Gabriela Alvarez, *University of Maryland*

Craig Bergeson, *Weber State University*

Alex F. Borsys, *Pennsylvania State University*

Joan Clifford, *Duke University*

Reyes Fidalgo, *California State University, Fullerton*

Deborra Kaaikiola Strohbusch, *University of Wisconsin–Madison*

Amy P. Swanson, *University of Illinois*

We are also grateful to our production staff at McGraw-Hill: Holly Paulsen, Tandra Jorgensen, Violeta Díaz, Emma Ghiselli, and Natalia Peschiera for their creative skill in redesigning the appearance of the Fourth Edition and overcoming obstacles encountered along the way. We would also like to thank Laura Chastain for her careful work as a native reader, Mayanne Wright for her patient compilation of the end vocabulary, Fionnuala McEvoy for her invaluable assistance, and Nick Agnew and the McGraw-Hill sales force for their continued support.

Finally, our sincere thanks to our development editor, Max Ehrsam, whose enthusiasm, skill, tact, and perseverance (in many different combinations) enabled the project to move forward, and kept the work fun, too.

# *To the Student*

Up to this point in your Spanish studies you may have spent most of your time focusing on grammar and learning to communicate orally. But *writing* is also a skill that you will need when you take more advanced courses in Spanish. You may be asked to prepare reports and term papers and to write essay examinations in Spanish. Later, if you use Spanish in your professional activities, you will need the ability to communicate confidently and easily in writing. ***Composición: Proceso y síntesis*** will help you develop this important skill.

Writing is not just important in the second language class, of course. High school English classes have always emphasized the development of strong writing skills. In fact, by the time many of you enter college, you have had several years experience with high school English composition classes, and with the approach to composition—called the process approach—that characterizes many of them; here are the main principles of the process approach to writing:

- Writing is not linear; that is, writing does not move in a direct line from start to finish. Rather, writing is an iterative and cyclical process, with multiple starts and stops, involving feedback and revision.

- Successful writers recognize the importance of identifying the *writer's purpose* for writing and matching this as closely as possible to the *reader's purpose* for reading.

- Successful writing develops out of feedback and revision, often multiple opportunities for each at different points in the creation of a piece of text.

Thanks to their English composition experiences, many students in the
second language writing class arrive not only familiar with the principles of the process approach, but also with a number of the techniques
and methods for generating and organizing ideas, as well as for peer
editing and revision.

*Composición: Proceso y síntesis* is based on the process approach
to writing; for this reason, many of you may find the book's structure
and the types of exercises familiar. For example, each chapter is divided
into three stages or **etapas,** as shown on the following chart. The first
two guide you through the process of planning, organizing, and composing your essay; in the third, you practice editing your work for issues
of vocabulary, grammar, and usage.

---

**PRIMERA ETAPA: ANTES DE REDACTAR**

La generación y recolección de ideas
    Enfoque
Técnicas de organización y expresión
    Pensando en el lector
    Estrategias del escritor

---

**SEGUNDA ETAPA: LA REDACCIÓN Y LA REVISIÓN DE LAS
VERSIONES PRELIMINARES**

El plan de redacción
El plan de revisión
Técnica de una lista de control

---

**TERCERA ETAPA: LA REVISIÓN DE LA FORMA Y LA
PREPARACIÓN DE LA VERSIÓN FINAL**

1er paso   Revisión de los aspectos gramaticales
2do paso  Revisión de los aspectos gramaticales ya estudiados
3er paso   Revisión del vocabulario y de la expresión
4to paso   Revisión de la ortografía
5to paso   Preparación de la versión final

---

*Composición: Proceso y síntesis* also has a **Cuaderno de práctica**
that includes additional exercises (many with the answers) to help you
build your composition skills, as well as to strengthen grammar, style,

and expression in Spanish. In addition, the Fourth Edition of ***Composición: Proceso y síntesis*** includes a section on the Website called **Rincón del escritor** that gathers together in one place additional information and examples about the numerous how-to hints and suggestions (for example, how to use a technique called **la redacción libre,** or how to construct and use a **mapa semántico,** or what's involved in a technique called "nutshelling") found throughout the main text and the **Cuaderno.** You can access the **Rincón del escritor** at www.mhhe.com/composicion4. References to such tools and techniques appear <u>underlined</u> whenever they occur in the main text; the first time they are mentioned, the underlined terms are also accompanied by this icon 🌐 to remind you that you can consult the **Rincón del escritor** for more information.

If you don't need additional review of how the writing process works, then you're ready to start with **Capítulo 1.** However, if you want a bit more review of the principles of the process approach, you may want to read the section **¿En qué son distintas la escritura y el habla?** on pages 2–3 and then work through the exercises in the **Capítulo preliminar** before going on to **Capítulo 1.**

# Composición

# Capítulo preliminar

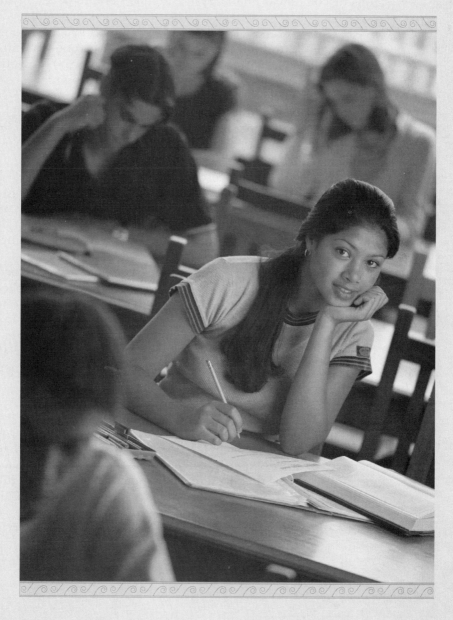

# ¿En qué son distintas la escritura y el habla?

La escritura, como el habla, consiste en el intento por parte de una persona de comunicar una idea; intento que siempre tiene una motivación específica. El escritor tiene un objetivo en mente cuando envía el mensaje, ya sea convencer, entretener, informar, criticar, cuestionar o recomendar. El lector también tiene un objetivo: obtener información, tomar una decisión («¿Iré a ver esta película o no?»), descubrir lo que el autor piensa, entretenerse o descubrir si su opinión acerca de un tema específico es compartida por otros. De esta forma, la comunicación escrita, cuando es efectiva, depende antes que nada del establecimiento de objetivos compartidos por parte del escritor y el lector; esto es, el escritor intenta anticipar y responder a todas las preguntas relevantes que pueda tener el lector.

Desde luego, este proceso suena mucho más sencillo de lo que en realidad es. Los escritores, a diferencia de los oradores, no tienen la ventaja de la retroalimentación (*feedback*) inmediata. El orador puede observar las reacciones de quien lo escucha y modificar su discurso si el receptor no comprende o parece desinteresado; por ejemplo, puede ofrecer más detalles para esclarecer cualquier tipo de duda. Si el receptor tiene objeciones, el orador puede también proporcionar contraargumentos al instante. El escritor, por el contrario, no puede contar con esta «segunda oportunidad». Una vez escrito, el párrafo tiene éxito (o fracasa) por cuenta propia.

Así, el primer paso para escribir con éxito consiste en anticipar cualquier pregunta que puedan tener los lectores potenciales de un texto. El segundo paso consiste en hacer uso de las herramientas necesarias para traducir las ideas a un lenguaje escrito que sea claro y efectivo. La gramática y el vocabulario preciso son algunas de estas herramientas. Otra herramienta fundamental es la familiaridad con las distintas formas en que puede organizarse la información. Asimismo, es crítico poder anticipar las necesidades específicas del lector. Por ejemplo, el escritor puede evaluar una situación específica mediante el desarrollo de una lista de beneficios y otra de perjuicios. Sin embargo, es posible que el lector quiera conocer la importancia relativa de cada punto de ambas listas o las interrelaciones existentes entre todos los puntos. Al tener en mente al lector, el escritor puede seguir una guía que respete el contenido, la organización y el estilo de un texto.

Cada capítulo de este libro tiene actividades que le ayudarán a explorar ideas y encontrar temas relacionados con los géneros propuestos en cada capítulo. Asimismo, Ud. tendrá la oportunidad de experimentar con varias estrategias de pre-escritura y métodos para organizar sus composiciones, y de practicar técnicas para mejorar su estilo, vocabulario y gramática en español.

Ya que la identificación del lector tendrá un impacto decisivo en sus técnicas de escritura, nos parece éste un buen punto de partida.

## PRIMERA ETAPA: *Antes de redactar*

Sin importar qué tipo de texto vaya a escribirse, es importante distinguir y valorar tanto el propósito del escritor como el del lector: ambos deben servir de guía para seleccionar la información que va a incluirse en el texto. Por ejemplo, cuando una persona escribe una carta de recomendación, es normal que quiera causar una buena impresión de la persona a quien está recomendando. Así, la carta debe incluir información que enfatice las cualidades positivas de dicha persona y excluir información que no sea favorable. Pero si el lector de la carta busca específicamente a un individuo con experiencia en el campo médico (por poner un ejemplo), una carta que describa tan sólo los talentos artísticos y musicales de la persona recomendada no va a tener mucha efectividad.

Cuando se escribe un texto, ya sea descriptivo o uno que implique narración, exposición o argumentación, es importante reconocer que la tarea no se reduce a la comunicación de todo aquello que uno sabe con respecto a un tema. Escribir bien implica seleccionar los detalles de acuerdo con los propósitos conjuntos del escritor y del lector.

**Actividad A**   La descripción

Trabaje con dos o tres compañeros/as para desarrollar las siguientes tareas descriptivas. Identifiquen por lo menos cinco preguntas que el lector podría hacerse en cada caso.

**1.** La familia que aparece en la foto de la página 4 se ofrece para hospedar (*host*) a un estudiante argentino que quiere pasar un año en los Estados Unidos. Ud. tiene que escribir una descripción de la familia y mandársela al estudiante, junto con la foto, para ayudarle a tomar una decisión. ¿Cuál es su propósito como escritor? ¿Y cuál es el propósito del lector? ¿Qué preguntas se hará éste sobre la familia?

**2.** La familia de la foto participa en un estudio sociológico sobre la estructura familiar occidental. El investigador es venezolano y Ud. lo va a ayudar a recaudar datos sobre la familia en Norteamérica. Escriba una descripción de la familia para enviársela al investigador. ¿Cuál es su propósito como escritor? ¿Y cuál es el propósito del lector? ¿Qué preguntas le pueden interesar sobre la familia?

Compartan con los demás grupos de la clase las cinco preguntas que su grupo identificó en cada caso. ¿Hay mucha diferencia de opiniones?

### Actividad B   La narración

Roberto, un estudiante norteamericano, recibió una beca para estudiar en Lima, Perú. La pequeña historia que se ve en la siguiente caricatura resume varias de las experiencias que tuvo durante una excursión a las ruinas de Machu Picchu. Al volver a Lima, Roberto escribió acerca de sus experiencias. Trabajando con un compañero / una compañera, escriba por lo menos cinco preguntas que habrá tenido el lector en cada uno de los siguientes casos. ¿Cómo habrán afectado los respectivos lectores la selección de detalles?

**1.** Roberto escribe un informe sobre su excursión para su clase de español. ¿Cuál es el propósito del profesor de Roberto al leer su informe? ¿Qué querrá saber el profesor sobre su fin de semana? ¿Qué preguntas se hará? ¿Por qué?

2. Roberto escribe una carta sobre su excursión; el destinatario (la persona a quien escribe) es un amigo íntimo en los Estados Unidos. ¿Qué querrá saber el amigo de Roberto? ¿Qué preguntas se hará? ¿Por qué?

# TÉCNICAS DE ORGANIZACIÓN Y EXPRESIÓN

## Pensando en el lector: La caracterización del lector

Anticipar las preguntas del lector también le ayuda al escritor a enfocar su tema. Esta anticipación puede ocurrir en casi cualquier momento del proceso de composición: cuando se están generando ideas, cuando se decide el plan de organización, cuando se escribe, cuando se corrige el borrador (*draft*). Sin importar cuándo suceda, el escritor siempre querrá asegurarse de que su exposición tome en cuenta estas preguntas referentes a su lector.

1. ¿Qué sabe acerca del tema?

2. ¿Cuál puede ser su actitud al respecto?

3. ¿Qué necesita saber?

Analizar la información o el conocimiento que el lector pueda tener sobre algún tema le ayuda al escritor a tomar decisiones importantes: ¿Cuántos detalles necesita incluir? ¿Qué debe dejar fuera? ¿Qué tipo de terminología es apropiado: el que entiende un público general o el que sólo usan los especialistas? ¿Es necesario incluir alguna información histórica para establecer un contexto?

Reconocer por anticipado la actitud que el lector pueda tener hacia el tema también ayuda con respecto a la información que debe incluirse en una exposición. Por ejemplo, si el propósito del escritor es convencer al lector de que lleve a cabo alguna línea de acción y si sospecha que el lector se opone a ésta, tendrá que presentar información para fortalecer su punto de vista. O si su propósito es informar y a los ojos del lector el tema es aburrido o de poca importancia, el escritor tendrá que tomar medidas para captar su interés.

Pensar en las necesidades del lector equivale a pensar en su propósito como lector: ¿Por qué lee el escrito? ¿Qué información busca? ¿Por qué la busca? Si el lector lee una exposición sobre los costos de un programa de fútbol para decidir si éste debe eliminarse, no viene al caso que el escritor describa el origen del deporte en general. Por el contrario, sería de utilidad comparar los costos de un programa de fútbol con los beneficios que de él se derivan.

**Actividad A**   Análisis de texto

Lea el siguiente texto y responda a las preguntas correspondientes.

### LA COMPUTADORA EN LA VIDA ESTUDIANTIL

Cada vez más estudiantes universitarios descubren las ventajas múltiples de la computadora personal. La mayoría de los estudiantes comienza a usar computadoras con un fin específico, como el de redactar y corregir tareas escritas. Sin embargo, muchos alumnos descubren además que hay programas para trabajos más avanzados en áreas tales como el diseño gráfico, el cálculo y la administración de empresas. En realidad, casi no hay curso universitario para el que no puedan aplicarse los beneficios de la computación, y las clases que requieren su uso son cada vez más numerosas.

El estudiante que se familiariza con la computadora personal obtiene, indirectamente, ventajas adicionales. El hecho de trabajar con su propia computadora le sirve al estudiante de entrenamiento para el uso de otros servicios de la universidad, tales como las búsquedas computarizadas de información y bibliografía. Muchos estudiantes comprueban además que es más fácil encontrar empleo cuando saben utilizar computadoras personales. Finalmente, los hábitos de organización y razonamiento desarrollados al trabajar con una computadora son siempre de gran utilidad.

Por éstos y otros factores, es indudable que la computadora personal tiene un papel importante en la vida estudiantil.

1. En su opinión, ¿quién es el lector para quien fue escrito este texto? ¿una compañía que diseña y vende computadoras para usos académicos? ¿un estudiante? ¿un profesor? Justifique sus respuestas con ejemplos tomados del texto.

2. ¿Cómo se tendría que modificar este texto si el lector fuera...

   a. una persona que pensara que las computadoras son anti-intelectuales?

   b. un padre que pensara comprarle una computadora a su hijo, un estudiante preuniversitario?

   c. una persona que no supiera nada (o muy poco) de las computadoras?

**Actividad B**   Análisis de texto

Lea el texto «Ejecutivos del 2000» de las páginas 75–77, y luego responda a las siguientes preguntas.

1. Muchas veces es posible identificar al lector de un escrito si se toma en cuenta la información que *no* aparece en el texto. La omisión de estos datos sugiere que la autora ha dado por sentado que el lector ya los conoce. Por ejemplo, ¿encuentra Ud. en el texto la definición de «joven profesional»? ¿Quiénes están incluidos en este grupo y quiénes están excluidos? ¿Hay otro tipo de datos que la autora haya supuesto que el lector ya conoce?

2. ¿Cuál es la actitud de la autora hacia las cualidades que reporta? ¿Cree que representan tendencias positivas o negativas? ¿Cómo lo sabe Ud.? ¿Hay algo en el texto que lo revele? ¿Cree la autora que el lector comparte esta actitud? ¿Cómo se tendría que modificar el texto si el lector tuviera una posición contraria?

# SEGUNDA ETAPA: *La redacción y la revisión de las versiones preliminares*

Las actividades con grupos de consulta (*peer-editing activities*) son fundamentales en esta etapa de la escritura. Cada capítulo incluye uno o más borradores junto con varias actividades que simulan grupos de consulta. Repase la siguiente sección para familiarizarse con el proceso de edición de dichos grupos.

## ACTIVIDADES CON GRUPOS DE CONSULTA

Revisar un escrito implica hacer cambios para mejorar el escrito en su totalidad: eliminar y añadir ideas, reorganizar detalles y producir una nueva versión que frecuentemente se parece muy poco al primer borrador. Al escribir un borrador, se trabaja rápidamente para captar las ideas antes de que éstas se escapen. Con frecuencia se omiten datos importantes o se incluyen detalles que poco aportan al propósito principal del escrito. Revisar, entonces, quiere decir volver a conceptuar el escrito en su totalidad.

La redacción es una experiencia solitaria; hay actividades de grupo para generar ideas y explorar temas, pero cuando llega el momento de transferir las ideas a la página, el escritor trabaja solo. Sin embargo, como cualquier acto comunicativo, la redacción implica un intercambio con otra persona. Al compartir el borrador con un amigo, por ejemplo, se tiene la oportunidad de averiguar qué impacto puede tener un escrito en otra persona. Las opiniones francas y directas de un lector objetivo son siempre una guía importante y valiosa. Por otra parte, al pedir opiniones y sugerencias el escritor no renuncia al control de su texto. El lector objetivo puede hacer sugerencias, pero sólo el escritor puede decidir cuáles va a aceptar y de qué forma va a aplicarlas.

### Modelos del proceso

1. Observación. Jake Andrews es estudiante en una clase de composición. La profesora le ha dado como tarea que redacte una descripción de sí mismo. A continuación presentamos su experiencia con las diversas etapas del proceso de redacción. Examine la experiencia de Jake y luego haga el análisis de la segunda parte de esta actividad.

## La prerredacción

- Tema: Autorretrato

- Propósito y lector: La profesora de español le ha pedido a cada alumno que escriba una breve carta presentándose a sus compañeros de clase. La carta también servirá para despertar un mayor interés en los lectores.

- Generación de ideas: Para comenzar su autorretrato, Jake hizo el siguiente mapa semántico.

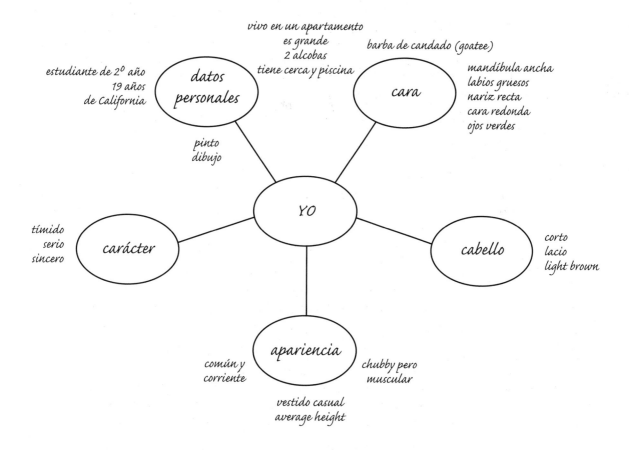

**¡¡! Piénsalo...**   Nota que Jake usó tanto el inglés como el español para apuntar sus primeras ideas. Después buscará el vocabulario necesario para redactar su descripción. En esta primera etapa, es mejor que no te detengas a buscar palabras en el diccionario, para evitar distracciones.

## La redacción

- Borrador (primera versión del escrito): Basándose en las ideas generadas anteriormente, Jake hizo el siguiente borrador de su autorretrato. Dejó un margen amplio a la derecha para los comentarios de su profesora.

---

Estimados compañeros de clase:

Quiero presentarme con Uds. Me llamo Jake Andrews. Soy estudiante de segundo año en esta universidad. Me especializo en estudios latinoamericanos y mi ambición es llegar a hablar y escribir el español perfectamente.

Soy un joven de estatura mediana, de cabello castaño claro. Es lacio y corto. Tengo ojos verdes, cara redonda, mandíbula ancha y labios gruesos. Llevo barba de candado. Generalmente, me visto de forma desenfadada.

Estoy seguro de que después de conocerme un poco, Uds. se darán cuenta de que soy agradable y sincero, aunque también un poco tímido.

---

Al terminar el borrador, Jake apuntó estos comentarios en su cuaderno.

Sentí que me faltaba mucho vocabulario. Por ejemplo, no supe cómo describir la forma en que me visto. Creo que en mi mapa semántico me concentré demasiado en lo físico; no dediqué suficiente atención a mi personalidad. Mis compañeros sabrán identificarme, pero a lo mejor no van a querer saber más de mí. Al escribir, primero redacté algunas oraciones en inglés y luego las traduje al español. Creo que se nota que son traducciones. No me suenan muy españolas.

## La revisión

- La colaboración con los compañeros: Antes de entregarle su texto a la profesora, Jake decidió mostrarle el borrador a un compañero, quien le hizo los siguientes comentarios.

Estimados/as compañeros/as de clase:

Quiero presentarme con Uds.  Me llamo Jake Andrews.
Soy estudiante de segundo año en esta universidad.  Me
especializo en estudios latinoamericanos y mi ambición es
llegar a hablar y escribir el español perfectamente.

Soy un joven de estatura mediana, de cabello castaño
claro.  Es lacio y corto.  Tengo ojos verdes, cara redonda,
mandíbula ancha y labios gruesos.  Llevo barba de candado.
Generalmente, me visto de forma desenfadada.

Estoy seguro de que después de conocerme un poco,
Uds. se darán cuenta de que soy agradable y sincero, aunque
también un poco tímido.

• ¿Por qué?

• Lo físico de tu persona está a la vista muy claro: ¡¡puedo verte!! Pero no sé si me interesa conocerte mejor.  Necesito más información sobre tu persona: ¿Tienes pasatiempos? ¿talentos especiales?

• ¡Ajá! ¿Símbolo de rebeldía bajo la timidez?

• ¿Puedes demostrarme esto de alguna manera en tu descripción?  Me lo dices, pero las acciones hablan más que las palabras.  ¿Me puedes dar un ejemplo específico? ¿alguna anécdota?

• Segundo borrador: Después de considerar los comentarios de su lector-compañero, Jake modificó su carta como se ve en la próxima página.

Estimados/as compañeros/as de clase:

Quiero presentarme con Uds. Me llamo Jake Andrews y soy estudiante de segundo año en esta universidad.

«Soy estudiante» es la respuesta que sale primero cuando alguien me pregunta: «¿Quién eres?» Pero al igual que muchos de Uds., tengo otras respuestas. Soy lector ávido de novelas policíacas. Tengo cinco hermanas (soy el único varón en la familia, lo cual en sí es un tema para otro ensayo). Soy un atleta entusiasta. También soy artista; me gusta pintar y dibujar; prefiero los retratos a la naturaleza muerta o al paisaje. En mis cuadernos de clase (para ilustrar mis apuntes brillantes y perspicaces, claro) siempre hago garabatos y caricaturas. Cuando estoy en grupo prefiero escuchar en vez de hablar; en las fiestas, prefiero escuchar que bailar. Supongo que no necesito confesar que soy un poco tímido. Gracias a Dios, no uso gafas.

Soy de estatura mediana y cabello castaño claro. Llevo barba de candado. Generalmente, me visto de forma desenfadada.

Me especializo en estudios latinoamericanos y mi ambición —todavía no sé por qué— es llegar a hablar y escribir el español perfectamente. Soy serio con respecto a mis estudios, es cierto, pero no soy empollón. Me gusta llegar a conocer a nuevas personas y paso la mayoría de mi tiempo libre con mis amistades. ¡Me ilusiona mucho pensar que en este momento quizás un nuevo amigo esté leyendo esta carta!

*Jake Andrews*

2. Dividan la clase en grupos de tres o cuatro estudiantes y lean de nuevo los comentarios que le hizo a Jake su lector-compañero.

- Según el lector, ¿cuáles son los puntos fuertes y cuáles son los puntos débiles de la primera versión? ¿Están todos de acuerdo? ¿Qué otras sugerencias le habrían hecho a Jake?

- ¿Incorporó Jake todas las sugerencias que le hizo su lector-compañero? ¿Hizo cambios no indicados por éste?

- En la opinión del grupo, ¿es más efectivo el segundo borrador? Expliquen.

- En su opinión, ¿ha hecho una buena lectura del texto de Jake su lector-compañero? ¿Por qué sí o por qué no? ¿Le harían Uds. algunas sugerencias con respecto a su técnica de lector-compañero?

Compartan su análisis con los demás grupos de la clase. ¿Hay mucha diferencia de opiniones?

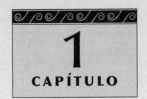

**1**

CAPÍTULO

# La descripción

# Orientación

## LA DESCRIPCIÓN

Una descripción es una representación de personas, cosas, acciones o lugares cuyo lenguaje pretende hacer que el lector visualice o tenga idea cabal (*exact*) de aquello que se está representando. En general, la descripción forma parte de un texto más grande, donde puede tener varios propósitos. Por ejemplo, en las cartas de recomendación se utilizan las descripciones para convencer al lector acerca de las cualidades de alguien; en un anuncio de venta, se utiliza la descripción para atraer a posibles compradores; en un ensayo, la descripción puede usarse para revelar las opiniones del escritor; en una novela se incluye, entre otras razones, para crear un «ambiente» específico.

Cuando observamos un objeto, un lugar, una persona o una acción en la vida real, generalmente reaccionamos a la totalidad de lo que vemos; pero al intentar describir algo, es necesario enfocarnos en detalles sobresalientes para crear una impresión determinada. Así, para escribir una descripción debemos seleccionar detalles con base en nuestros propósitos: ¿Por qué la estamos escribiendo? ¿Qué impresión queremos dejar? ¿Qué intentamos lograr? Al mismo tiempo, al seleccionar los datos para hacer una descripción, hay que tomar en cuenta el propósito del lector: ¿Quién va a leer nuestro texto y por qué?

Describir es como pintar un cuadro; hay que saber escoger y organizar los detalles para que el cuadro sea preciso. La organización de una descripción se hace, generalmente, enfocando la realidad espacial o la temporal. Si se enfocan aspectos espaciales, el objeto puede describirse de arriba a abajo, de derecha a izquierda o en cualquier orden que se asemeje al proceso natural que sigue la vista cuando algo capta su atención. Si se enfocan aspectos temporales, especialmente si se describe una acción o un proceso, es necesario reflejar el orden en que éstos ocurren en el tiempo real; se describe lo que pasa primero, luego lo que pasa después.

La descripción puede también incluir detalles que reflejen el impacto que el objeto descrito ejerce en los otros sentidos, por ejemplo, en el olfato o el tacto. Incluso puede hacer sentir el efecto de lo descrito en el lector, o reflejar los sentimientos del escritor hacia lo que se describe. Las mejores descripciones objetivas se caracterizan precisamente por eso: porque permiten que el lector se asome a las impresiones personales del escritor.

**EN SU CUADERNO...**

*apunte sus primeras reflexiones sobre el tema del capítulo. Describa a una persona (o un animal), una cosa o un lugar que se relacione con su juventud. ¿Qué características físicas tiene? ¿Tiene características de personalidad distintivas? ¿Cómo le afecta a Ud.? ¿Le trae recuerdos positivos? Explique.*

> **Piénsalo...**   Para apuntar tus reflexiones en el ***Cuaderno de práctica,*** escribe palabras, frases u oraciones: lo que te venga a la mente al recordar el objeto y el impacto que éste tuvo en tu vida. Utiliza el inglés si es necesario.

### Tarea

En este capítulo, Ud. va a redactar la descripción de un lugar, una cosa o una persona (o un animal) que signifique mucho para Ud.

## PRIMERA ETAPA: *Antes de redactar*

En esta primera parte del capítulo, Ud. tendrá la oportunidad de

- explorar ideas con respecto a varios temas que se prestan a la descripción
- experimentar con varias técnicas de prerredacción para luego elegir un tema específico
- explorar varios formatos en los que la descripción figura comúnmente
- definir el propósito de su escrito
- identificar las necesidades de su lector

## LA GENERACIÓN Y RECOLECCIÓN DE IDEAS

Describir, ya se dijo, es como pintar un cuadro: Es necesario escoger los detalles que mejor puedan revelar las características únicas o distintivas de lo que se describe. Cuando Ud. piensa en describirle algo de importancia a un amigo, ¿qué le viene primero a la mente? ¿Un objeto de valor que posee? ¿Un lugar que Ud. ha visitado y que ahora le provoca asociaciones especiales? ¿Una persona que ha tenido un gran impacto en su vida? ¿Qué cualidades o características tiene este tema que le puedan interesar a su amigo?

 *Rincón del escritor*
Consulta el **Rincón del escritor** para aprender más acerca de la técnica de <u>la redacción bilingüe</u>, <u>la libre asociación</u>, <u>la lluvia de ideas</u> y otras técnicas y estrategias.

**Actividad A**   <u>La libre asociación y la lluvia de ideas</u>

**1.** Mire la siguiente lista. Dedique dos o tres minutos a pensar en ejemplos para cinco de las siguientes categorías.

- la persona más importante de su familia
- un lugar donde Ud. siempre se siente cómodo/a y tranquilo/a

- la persona entre todos sus amigos que Ud. cree que un día llegará a ser famosa
- un lugar donde Ud. pasa mucho tiempo
- algo que le regaló un pariente o un amigo especial
- un animal que es como un miembro de su familia
- un objeto de poco valor material que Ud. valora mucho por otras razones

**2.** Con la ayuda de un compañero / una compañera de clase, haga una lluvia de ideas basándose en las tres categorías (persona/animal, lugar, objeto) de la primera parte de esta actividad. Después de generar una lista, analícenla por separado. ¿Cuáles de los temas cree Ud. que podrían interesarle a un amigo? ¿Qué opina su compañero/a? Eliminen de la lista las palabras y expresiones de menor interés y luego organicen las que quedan en una tabla de ideas, como la siguiente.[1]

| TABLA DE IDEAS | | |
|---|---|---|
| *Persona/Animal* | *Lugar* | *Objeto* |
| *la tía Julia (una persona rara de mi familia)* | *mi habitación en la residencia estudiantil* | *el anillo de la escuela secundaria* |

 **Piénsalo...**   Al trabajar en las actividades de este capítulo, cuando se te ocurran ideas que podrían servir de tema para una composición, agrégalas a tu tabla de ideas en el *Cuaderno de práctica.*

**Actividad B**  La lectura y la redacción libre

Lea la descripción que Daniel hizo de la casa de sus abuelos. ¿Puede Ud. entender por qué Daniel ha escogido este lugar en particular? ¿Qué impresión quiere Daniel que Ud., el lector, se lleve de esta casa?

*Rincón del escritor*
Consulta el **Rincón del escritor** para aprender más acerca de la redacción libre.

---

[1]In this and successive chapters, the **tabla de ideas** that appears in the textbook is only a suggestion; you should write your own ideas in the blank **tabla de ideas** in the corresponding chapter of the *Cuaderno de práctica.*

## LA CASA DE MIS ABUELOS

*L*a casa de mis abuelos está rodeada de unos árboles enormes. Es blanca, de techo negro, con ventanas pequeñas y angostas cubiertas por rejas negras. La puerta principal es de madera pesada. Al entrar hay un pequeño corredor que conduce hasta el fondo de la casa. A la izquierda de éste está la sala, un cuarto oscuro y solemne que rara vez se usa. De ahí se pasa al comedor y luego a la cocina, que es un cuarto alegre con mucha luz. Por fin se pasa al cuarto de servicio, donde se lava y se plancha. A la derecha de la entrada están los dormitorios y el baño. Hay tres dormitorios de tamaño regular, cada uno con acceso al corredor. El baño no es muy grande.

   La casa de mis abuelos es como muchas otras. Sólo su olor es distinto. Tiene un olor a pan caliente, al jabón de mi abuelita, al tabaco de mi abuelo. Tiene un olor especial, extraordinario: el olor que refleja su cariño.

1. La mayor parte del texto describe las características físicas de la casa. En su opinión, ¿hay algo de especial en la arquitectura de la casa? ¿Por qué cree Ud. que Daniel nos proporciona tantos detalles?

2. Para Daniel, el aspecto memorable de la casa de sus abuelos no se relaciona con la vista sino con otro sentido (el olfato). ¿Le parece extraño esto? Piense en un recuerdo especial. ¿Qué asociaciones no visuales tiene? ¿Son más importantes que las asociaciones visuales o son menos importantes? En el caso de la descripción de Daniel, ¿por qué es tan importante el olor de la casa? ¿Qué representa para él?

3. Resuma en una oración la idea básica o principal de la descripción de Daniel.

EN SU CUADERNO...

*haga la redacción libre sobre el tema de un lugar importante. No se olvide de anotar en su tabla de ideas las ocurrencias que salgan de esta actividad.*

   Para hacer una descripción, es útil tratar de visualizar detalladamente el objeto (persona/animal/lugar) que se va a describir. Visualice brevemente un lugar donde Ud. pasa (o ha pasado) mucho tiempo; trate de captar en la imaginación tanto los aspectos físicos del lugar como los sentimientos que provoca (o provocaba) en Ud. La redacción libre es una técnica útil para generar y captar los detalles recordados.

   Uno de los lugares donde los estudiantes suelen pasar mucho tiempo es en su habitación de la residencia estudiantil. Para generar ideas, Laura hizo una redacción libre acerca de su propia habitación. Ud. puede ver el texto de Laura en el **Rincón del escritor.**

**Actividad C**   Observación y comentario

Dividan la clase en grupos de tres o cuatro estudiantes y comenten los temas relacionados con estas dos fotos. No se olviden de agregar otros posibles temas a su tabla de ideas en el *Cuaderno de práctica.*

1. ¿Les parece bello el paisaje de la primera foto? ¿Qué adjetivos usarían para describirlo? ¿Y para describir sus emociones al mirarlo? ¿Ha visitado alguno de Uds. un lugar semejante alguna vez? Si no les gusta el paisaje de la foto, ¿qué tipo de paisaje les gusta más? ¿Cómo se sienten en ese ambiente? ¿Ha visitado alguno de Uds. un lugar parecido alguna vez?

2. Describan la escena de la segunda foto. ¿Creen Uds. que las personas y sus mascotas (animales de compañía) llegan a veces a parecerse físicamente? ¿Tienen a veces personalidades parecidas? Por ejemplo, ¿creen que hay animales «para mujeres» y animales «para hombres»? ¿Hay gente compatible con los gatos y gente compatible con los perros? Expliquen. ¿Tienen Uds. mascotas? ¿Cómo son? ¿Revelan sus respectivas mascotas algo sobre Uds.? ¿Qué cualidades o características tienen en común Uds. y sus mascotas?

## Enfoque

- Repase su tabla de ideas en el *Cuaderno de práctica* y los apuntes de las actividades que Ud. ha hecho hasta este punto, incluyendo <u>la redacción libre</u>.

- Escoja un tema que le interese personalmente.

> *Piénsalo...*   Si no te gustan los temas que están en tu tabla de ideas, vuelve a tus apuntes y elige algunos temas que todavía no hayas explorado en detalle. Aplícales de nuevo una u otra de las técnicas descritas en el **Rincón del escritor** para estimular el pensamiento y generar ideas: la libre asociación, la lectura, la redacción libre, la observación, la conversación, el mapa semántico o las preguntas periodísticas.

**WWW** *Rincón del escritor*
Consulta el **Rincón del escritor** para aprender más acerca de las técnicas y estrategias mencionadas arriba.

- Haga en su *Cuaderno* un mapa semántico de los aspectos del tema de su elección que le parezcan interesantes e importantes. Aquí hay varias preguntas por considerar. (¡Ojo! Algunas de las preguntas se aplican mejor a ciertos temas que a otros.)

  1. ¿Cómo es *X*? ¿Cuáles son sus características físicas?

  2. ¿Cuál es (Cuáles son) su(s) característica(s) más notable(s)?

  3. ¿Cuál de los sentidos (la vista, el olfato, el tacto, etcétera) asocia Ud. principalmente con *X*?

  4. ¿A qué tipo de persona (no) le gusta *X*?

  5. En general, ¿por qué a la gente (no) le suele gustar *X*? Y a Ud., ¿por qué (no) le gusta?

  6. Identifique algo (o a alguien) que se parezca mucho (o que no se parezca nada) a *X*.

  7. ¿Podría ser *X* diferente en el futuro? ¿Cómo podría llegar a ser? ¿Cuál podría ser la causa de este cambio?

## TÉCNICAS DE ORGANIZACIÓN Y EXPRESIÓN

Vuelva a examinar el texto que escribió Daniel acerca de la casa de sus abuelos (página 18). **El tema** de ese texto es sencillo y concreto: describe una casa común y corriente. Ud. ya identificó **la idea principal** del texto (en la Actividad B): Lo que hace realmente notable la casa de los abuelos son las personas que viven ahí y los momentos que ahí se han vivido; arquitectónicamente, la casa es como muchas otras.

Al describir la casa, Daniel parece estar hablando con **un lector** conocido —alguien a quien le interesa su vida privada— porque habla en la primera persona e incluye información personal. La descripción de la casa no es un tratado arquitectónico. Tampoco se supone que el lector esté interesado en comprar la casa. Para Daniel, la casa es un lugar cuya importancia es puramente personal; su **propósito** al describirla es compartir sus observaciones y sentimientos con otro individuo y lograr que éste aprecie lo que representa para Daniel. Las preguntas que su descripción pretende contestar son las que haría un amigo o conocido: ¿Cómo es la casa? ¿Qué asocias con ella? ¿Qué importancia tiene para ti? ¿Por qué?

**La organización** de esta descripción se ha hecho mediante el enfoque de ciertos aspectos temporales y espaciales. Primero Daniel presenta la casa vista desde afuera, como la veríamos realmente si la visitáramos; luego nos lleva cuarto por cuarto desde la entrada hasta el fondo. Valiéndose del pasillo de entrada, divide la casa en dos y describe lo que se encuentra a la izquierda y a la derecha de dicho pasillo.

La descripción termina con un juicio. El escritor indica que la casa es como muchas otras, para luego poner énfasis en lo que la hace diferente. Para hacer esto, el autor hace a un lado lo visual y se concentra en lo olfativo. Con esto se rompe el orden lógico de los detalles escogidos. El escritor simplemente selecciona lo sobresaliente: tres aromas que para él son parte de aquella casa y que él asocia con el cariño de sus abuelos.

## Estrategias del escritor: El lenguaje vivo

Para darle un tono simple y directo a la descripción, el autor de «La casa de mis abuelos» ha usado un lenguaje común que ayuda al lector a visualizar la casa y, al mismo tiempo, a destacar su carácter humilde. A pesar de la sencillez del lenguaje, el escritor logra que el lector perciba la casa como una realidad. La descripción de los efectos sensoriales le permite al lector visualizar la casa e imaginar su aroma especial. El lenguaje de una buena descripción es siempre vivo y variado, y se caracteriza por estas tres cualidades:

1. La realidad no es sólo visual; además de los colores y diseños, toda descripción gráfica incluye texturas y formas, y puede evocar el uso de otros sentidos —el tacto, el oído y el olfato.

2. Todo lenguaje convincente y memorable saca provecho de las connotaciones y las denotaciones de las palabras. La denotación de una palabra es el significado que uno encuentra en el diccionario: la azucena denota un tipo de flor; el águila denota un pájaro raptor grande. La connotación de una palabra es lo que ésta le sugiere a una persona: la connotación de «azucena» puede ser «inocencia», «pureza» o aun «tristeza», según la persona y el contexto; para muchas personas la palabra «águila» connota «fuerza», «independencia» y «libertad». La connotación de una palabra generalmente se asocia con las emociones. Al hacer una descripción, el escritor debe tener en cuenta que muchas veces la connotación de una palabra es más poderosa que su denotación.

3. Es preciso evitar los vocablos desgastados: bueno, malo, bonito, feo, grande, pequeño, amable y simpático son palabras tan usadas que han perdido la capacidad de sugerir una imagen viva y memorable.

Recuerde que la fuerza de una descripción no radica en la elegancia o el rebuscamiento de sus adjetivos, sino en la efectividad con que el lector experimenta el objeto descrito.

### Actividad A  Categorías

Las siguientes palabras están relacionadas, sobre todo, con el tamaño de las cosas y las personas, pero connotan también otros mensajes. ¿Qué significan para Ud.? Con la ayuda de dos o tres compañeros/as, agrupe las palabras de acuerdo con la siguiente gráfica. Luego compare sus agrupaciones con las del resto de la clase. ¿Hay mucha diferencia de opiniones? Comenten. ¿Faltan palabras que puedan agregarse a cada grupo? (¡Ojo! Utilice un diccionario si no conoce el significado de todas las palabras.)

| | | | |
|---|---|---|---|
| abundante | desmedrado | imperceptible | rechoncho |
| agotado | diminutivo | menudo | regordete |
| baladí | elefantino | minucioso | robusto |
| chiquitín | enorme | monstruoso | sobrado |
| crío | humilde | precioso | vigoroso |

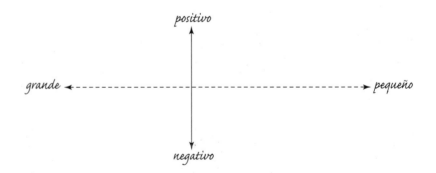

### Actividad B  Carta de recomendación

El siguiente texto es un fragmento de una carta de recomendación para un individuo que quiere conseguir un empleo como entrenador de uno de los equipos deportivos de su universidad. Analícelo con cuidado. En su opinión, ¿es una carta efectiva? ¿Por qué sí o por qué no? ¿Qué cambios le haría Ud.?

*D*e entre los muchos jóvenes profesionales con quienes he tenido el placer de trabajar, Javier Bustos Pérez llama la atención y se destaca inmediatamente. Es un joven honesto y honrado, serio y digno de confianza. Su carácter moral y sus valores éticos son totalmente incuestionables. En los cinco años que llevo de conocerlo, nunca ha perdido un sólo día de trabajo y nunca ha dejado de alcanzar las metas que le hemos asignado. De hecho, más de una vez las ha superado todas. Javier es joven, energético, inteligente y ambicioso, y todo lo aprende fácil y rápidamente. Le gustan mucho los deportes y con frecuencia su participación es sobresaliente. La Asociación Estatal Deportista le otorgó el año pasado el Gran Premio, para reconocer su gran talento y potencial.

Me ilusiona poder recomendarle a Ud. y a su institución a Javier Bustos Pérez. No tengo la menor duda de que Javier sobresaldría como entrenador en su institución.

## Pensando en el lector: El propósito y la selección de detalles

Como hemos visto, la selección de la información que se incluye en un escrito debe reflejar tanto el propósito del escritor como el del lector.

**Actividad A**  El propósito del lector: Saber qué incluir y qué dejar fuera: Un autorretrato

Ud. tiene las siguientes tareas descriptivas. Con la ayuda de dos o tres compañeros/as, considere el impacto del lector en cada uno de los casos. Identifiquen por lo menos cinco preguntas que éste tendrá al leer cada descripción.

1. Ud. tiene que escribir una autobiografía como parte de la solicitud de una beca para estudiar en el Perú el próximo año. Su propósito es, entonces, convencer al lector de que Ud. debe ser elegido/a de entre los otros solicitantes para recibir la beca. El lector es parte del comité que decide a quiénes se les otorgará la beca. ¿Cuál será el propósito del lector al leer su autobiografía? ¿Qué preguntas se hará sobre Ud.?

2. Ud. tiene que escribir una autobiografía como parte de una solicitud para obtener el empleo de asesor(a) en un campamento para niños en España. De nuevo, su propósito es convencer al lector de que Ud. es superior a los otros solicitantes. El lector es jefe de personal del campamento. ¿Cuál será su propósito al leer su autobiografía? ¿Qué preguntas se hará sobre Ud.?

EN SU CUADERNO...

*vuelva al tema que Ud. escogió antes. ¿Cuál es su propósito como escritor: divertir, informar, convencer, persuadir o expresar sentimientos o emociones personales? ¿Para quién escribe? ¿Cuál es el propósito de su lector? ¿Por qué lee su escrito?*

**Actividad B**   Saber qué incluir y qué dejar fuera: Un anuncio publicitario

Con la ayuda de dos o tres compañeros/as, analice la siguiente foto o, de preferencia, un folleto publicitario para su universidad. ¿Pueden Uds. identificar al público para quien fue diseñado? ¿Son futuros estudiantes? ¿Son estudiantes ya matriculados? ¿Son profesores que buscan puestos? ¿Son personas que piensan donar a la institución? Si tuvieran que modificar el folleto para atraer a otro público, ¿cómo lo cambiarían?

**Actividad C**   Lectura: Análisis y discusión

Rafael le escribió una carta a su hermana en la que hace una descripción de su novia, Elisa (a quien su hermana no conoce). Con un compañero / una compañera, hagan los siguientes ejercicios, pero *no* lean la carta hasta que las instrucciones se lo indiquen.

1. La hermana de Rafael no conoce a la novia de su hermano y le ha pedido información con respecto a ella. ¿Cuál será el propósito de Rafael al escribir una descripción de Elisa? ¿Y cuál será el propósito de la hermana al leerla?

2. Antes de escribir la carta, Rafael hizo una lista de las preguntas que pensaba que su hermana se habría hecho al enterarse de que

él tenía una nueva novia, y las usó como guía para su descripción. Identifiquen por lo menos cinco preguntas que Uds. incluirían en semejante lista. Es decir, en su opinión, ¿qué querrá saber la hermana de Rafael acerca de Elisa?

**3.** Terminada su lista de preguntas, lean la carta que redactó Rafael y analícenla para ver si ha tomado en cuenta tanto las necesidades del escritor (¿Creen Uds. que Rafael cumple su propósito?) como las necesidades de su hermana, la lectora.

---

## UNA CARTA PERSONAL

*M*i querida hermanita:

Me has pedido que te describa a la joven de quien me he enamorado. Como sabes, ésta es una tarea difícil. ¿Cómo hacerlo sin exagerar sus cualidades, sin decirte que es la mujer más bella del universo? No estoy seguro cómo, pero intentaré hacerlo.

Elisa es una mujer de estatura mediana y de cuerpo esbelto. Tiene el cabello negro, la cara redonda y la frente ancha. Usa el pelo corto, cosa que le da un aire de niña traviesa. Tiene tez morena, ojos claros y nariz pequeña. Se viste a la moda —generalmente usa traje sastre para ir a la oficina y pantalones vaqueros para estar en casa. Con frecuencia se viste de rojo, color que otros dicen que le favorece mucho. Es una chica alegre, comunicativa y risueña.

Es muy sencilla y al mismo tiempo es una persona de una profundidad asombrosa. Sé que va a simpatizarte mucho y que te va a sorprender mi buen gusto. Ya me darás tu opinión cuando la conozcas en las vacaciones.

Abrazos,

Rafael

---

**4.** La descripción de la casa que hizo Daniel incluía detalles físicos y también información sensorial. ¿Qué tipos de información incluye Rafael en la descripción de su novia?

**5.** ¿Cómo organiza esta información? ¿Adopta una perspectiva estrictamente espacial? Es decir, ¿describe a Elisa de acuerdo con el proceso natural que sigue la vista: de derecha a izquierda o de arriba hacia abajo? En la descripción de la casa, ¿viene lo más importante al principio de la descripción o al final? ¿Y en la descripción que hace Rafael?

6. ¿Creen Uds. que es una buena carta? ¿Por qué sí o por qué no? Si Rafael les hubiera mostrado la carta antes de mandársela a su hermana, ¿qué sugerencias le habrían hecho?

7. Vuelvan a leer la descripción que hizo Rafael de su novia. Él incluye más detalles de los que Daniel incluyó en su descripción. ¿Dirían Uds. que la información es exhaustiva o selectiva? ¿Cuál es la relación entre la información del texto y el propósito de Rafael? Si la hermana de Rafael buscara a una joven para cuidar a sus hijos durante el verano, ¿qué descripción de Elisa haría Rafael? ¿Qué otra información incluiría? ¿Qué información eliminaría?

## SEGUNDA ETAPA: *La redacción y la revisión de las versiones preliminares*

 Después de terminar las actividades de prerredacción, Ud. escribirá un borrador —una primera versión— de su descripción.

Las actividades que se han llevado a cabo en la primera etapa de este capítulo le han dado a Ud. la oportunidad de desarrollar la materia prima para elaborar una descripción. En esta segunda parte del capítulo, tendrá la oportunidad de

- crear un plan de redacción para guiar la composición de su escrito

- desarrollar un borrador de su escrito

- experimentar con la técnica de revisión con grupos de consulta

- experimentar con la técnica de una lista de control (*checklist*)

- desarrollar un plan de revisión

### Tarea

Escriba un texto descriptivo que tenga como mínimo 150 palabras. Puede ser una simple descripción o, si quiere, una carta para un amigo o pariente que contenga la descripción de una persona o un lugar, una carta de recomendación,[2] un texto de publicidad acerca de una persona o un lugar, o un autorretrato.

---

[2]Refer to Appendix B in the **Rincón del escritor** for some useful phrases for corresponding in Spanish.

# EL PLAN DE REDACCIÓN: CÓMO SE ESCRIBE UNA DESCRIPCIÓN

---

| PLAN DE REDACCIÓN: LA DESCRIPCIÓN |
| --- |
| 1. El tema |
| 2. Mi propósito como escritor<br>El lector<br>Su propósito como lector<br>Cinco preguntas cuyas respuestas el lector busca en el escrito |
| 3. Los detalles |

1. El tema

   • Vuelva a examinar sus notas y apuntes de la sección Enfoque (páginas 19–20). Repase los temas examinados y escoja uno.

   • Ahora complete la primera parte del plan de redacción en su ***Cuaderno de práctica.***[3]

2. El propósito y el lector

   • Identifique su propósito como escritor. Después de haber escogido el tema (el objeto, lugar o persona que quiere describir) de su trabajo, hágase las siguientes preguntas: ¿Por qué describo esto? ¿Qué quiero lograr con esta descripción? ¿Cuál es la reacción que quiero provocar en el lector? ¿Cuál es mi actitud hacia lo escogido? ¿Por qué me parece interesante? ¿Cuáles son aquellos aspectos de lo que quiero describir que mejor pueden dar a conocer esta actitud al lector?

   • Identifique al lector y el propósito de éste. ¿Por qué va a leer el texto? ¿Qué información busca? ¿Qué preguntas se va a hacer al respecto?

   En algunas ocasiones, el contexto va a parecer muy obvio: se escribe sobre un tema seleccionado por y para el profesor, porque éste le ha pedido a Ud. que lo haga. Pero tanto en este caso como cuando se trata de escribir un autorretrato como parte de una solicitud, el lector tiene otros motivos aparte del de verlo/a a Ud. cumplir con el requisito. Puede que quiera descubrir lo que Ud. sabe u opina sobre algo (¿Ha entendido la novela lo suficientemente bien como para describir a la

---

[3]The **planes de redacción** that appear in the textbook are only suggestions; you should complete the blank **plan de redacción** in the corresponding chapter of the ***Cuaderno de práctica.***

heroína?); puede que quiera asegurarse de que Ud. tiene ciertas cualidades o habilidades; puede que quiera tomar alguna decisión acerca de lo que Ud. describe.

Antes de escribir, piense siempre en el contexto: ¿Para quién escribe? ¿Por qué va a leer esta persona lo que Ud. escribe? ¿Qué información busca? ¿Qué preguntas se va a hacer al respecto?

- Ahora complete la segunda parte del plan de redacción en su *Cuaderno de práctica.*

3. Los detalles

- Escoja los detalles que mejor se presten para lograr la meta que Ud. ha identificado. Haga una lista de todos los detalles que Ud. recuerde. Luego, elimine aquellos que no contribuyan al tono o a la descripción que Ud. busca.

- Ordene los detalles lógicamente, de acuerdo con la organización (espacial, temporal, etcétera) que Ud. prefiera.

- Ahora complete la tercera parte del plan de redacción en su *Cuaderno de práctica.*

Refiérase a su plan con frecuencia al escribir el borrador de su descripción.

Antes de empezar, recuerde que aunque ya tenga un plan que guiará la redacción, lo común es que un escritor cambie y agregue nuevas ideas al momento de escribir. Por eso se le recomienda que si surgen nuevos temas o nuevas ideas mientras escribe, no los elimine por completo. Puede incluirlos y después, al revisar el borrador, seleccionar solamente las ideas que mejor contribuyan al desarrollo del tema del escrito.

También es importante enfatizar que, en algunos casos, un escritor puede —sin proponérselo— apartarse poco a poco del tema y del enfoque originales. Cuando esto sucede, el escritor tiene dos opciones: puede empezar su redacción de nuevo, utilizando su plan de redacción, o puede empezar un nuevo plan, cambiando el tema, el propósito y el enfoque de su escrito.

**WWW** *Rincón del escritor*
Consulta el **Rincón del escritor** para obtener más información acerca del comodín y la técnica de la redacción bilingüe.

**Piénsalo...**   Recuerda que el borrador no es sino una versión temprana y preliminar de tu escrito, así que no tienes que preocuparte todavía por la perfección. Trata de incluir todos los puntos identificados en tu plan de redacción, pero no te preocupes por el vocabulario ni por la gramática. Si no sabes o no recuerdas una palabra o expresión en español, introduce un comodín o escríbela en inglés y sigue redactando.

Trata de empezar tu descripción con una oración que identifique el tema y que incluya detalles que capten el interés de tus lectores. Escribe, por ejemplo, «Mi tía Julia es la mujer más hablantina del estado de Nevada.» Luego, utiliza los demás detalles e ideas que generaste y organizaste para desarrollar tu descripción.

# EL PLAN DE REVISIÓN: ACTIVIDADES CON GRUPOS DE CONSULTA

Como ya se dijo en el Capítulo preliminar, revisar un escrito implica eliminar ideas, reorganizar detalles, añadir ideas que faltan y producir una nueva versión que generalmente difiere del primer borrador. Revisar implica, entonces, volver a conceptuar el escrito en su totalidad.

La redacción es una experiencia solitaria, pero las opiniones objetivas de un lector-compañero pueden ser de mucha utilidad. Es importante que el escritor no renuncie al control de su propio texto, sino que aplique las sugerencias de su lector-compañero sólo en la medida en que éstas le sean útiles.

## *Práctica con grupos de consulta*[4]

Este libro presupone que Ud. ya tiene experiencia colaborando con un lector-compañero para revisar un escrito. Si Ud. quiere repasar la técnica de los grupos de consulta, mire las páginas 10–13 del Capítulo preliminar.

**Leer y analizar.** Lea las dos descripciones siguientes y apunte todas sus notas y respuestas a las preguntas. Conteste la primera pregunta antes de leer cada texto.

**Texto A:** «Julio Pastor»

1. El texto que sigue es una carta de recomendación para un individuo que busca un puesto de profesor en una escuela secundaria. Identifique tres o cuatro preguntas acerca del tema cuyas respuestas le gustaría encontrar en el texto. Después, siga con el análisis.

| *Texto A: Julio Pastor* | *Análisis* |
|---|---|
| *J*ulio Pastor es un hombre de buen carácter. Viene de una familia estable. Vive en Lansing con su esposa, Marta, y sus dos hijos, Luisa y Pedro. Marta es profesora de francés. Luisa asiste a Bryn Mawr, una universidad pequeña cerca de Filadelfia; es presidenta de su clase. Pedro, el mayor, trabaja como telefonista para el 911. Las actividades favoritas de Julio son cocinar y cantar. También es voluntario de | 2. ¿Acierta el escritor en contestar sus preguntas? ¿Contesta todas?<br><br>3. ¿Cuál es la idea principal que el escritor intenta expresar en este borrador?<br><br>4. ¿Se relaciona toda la información directamente con la idea principal? De lo contrario, ¿qué parte(s) no viene(n) al caso?<br><br>5. ¿Hay partes sobre las cuales le gustaría a Ud. tener más información (explicación, ejemplos, detalles)? |

---

[4]En los Capítulos 1 y 2 se harán las actividades con grupos de consulta basándose en dos textos que están incluidos en el capítulo. En los demás capítulos se incluirá sólo un texto; Uds. pueden hacer las prácticas de este tipo basándose en el texto incluido o en los borradores que han escrito otros estudiantes de la clase.

| *Texto A: Julio Pastor* (continued) | *Análisis* (continued) |
|---|---|
| la escuadra de ambulancia local. Julio sería una valiosa adición al profesorado de su escuela. | 6. ¿Hay partes del texto en que de repente Ud. se encuentre «perdido/a»?<br><br>7. ¿Captó su interés la introducción? ¿Quiso Ud. seguir leyendo?<br><br>8. ¿Qué parte(s) del borrador le gusta(n) más? |

**Texto B:** «Nuevo México, tierra de encanto»

1. El texto es una descripción publicitaria para atraer turistas a Nuevo México. Identifique tres o cuatro preguntas acerca del tema cuyas respuestas le gustaría encontrar en el texto. Después, siga con el análisis.

| *Texto B: Nuevo México, tierra de encanto* | *Análisis* |
|---|---|
| Nuevo México es un estado muy atractivo para los visitantes, tanto por su gran variedad de paisajes como por las diferentes culturas que conviven allí.<br><br>El Valle del Río Grande se extiende de norte a sur, y es tierra fértil para la agricultura. El desierto de Chihuahua cubre una parte importante del territorio, pero también hay grandes extensiones de terreno montañoso, con bosques de pinos, lagos y abundante vida silvestre. Más de la mitad de la tierra del estado está formada por bosques y parques estatales y federales que ofrecen muchas oportunidades de recreo en todas las épocas del año. Aquí se encuentran las cavernas de Carlsbad, que están entre las más grandes y bellas del mundo.<br><br>La presencia indígena, hispana y angloamericana puede verse por todas partes. Santa Fe, la capital del estado, es conocida tanto por su música folclórica indígena, hispana y del oeste como por su temporada de ópera. Del mismo modo, las artesanías y demás expresiones del arte y de la cultura son un reflejo de la diversidad que caracteriza a Nuevo México. | 2. ¿Acierta el escritor al contestar sus preguntas? ¿Contesta todas?<br><br>3. ¿Cuál es la idea principal que el escritor intenta expresar en este borrador?<br><br>4. ¿Se relaciona toda la información directamente con la idea principal? De lo contrario, ¿qué parte(s) no viene(n) al caso?<br><br>5. ¿Hay partes sobre las cuales le gustaría a Ud. tener más información (explicación, ejemplos, detalles)?<br><br>6. ¿Hay partes del texto en que de repente Ud. se encuentre «perdido/a»?<br><br>7. ¿Captó su interés la introducción de manera que Ud. quiso seguir leyendo?<br><br>8. ¿Qué parte(s) del borrador le gusta(n) más? |

*Texto B: Nuevo México,* (*continued*) | *Análisis* (*continued*)

Cuando el visitante se va de Nuevo México se lleva imágenes inolvidables de esta tierra y de su gente.

**Consultar y recomendar.** Dividan la clase en grupos de tres o cuatro estudiantes. La mitad de los grupos comentará el Texto A y la otra mitad comentará el Texto B. Los miembros de cada grupo deben compartir entre sí su análisis del texto asignado, discutiendo las diferencias de opiniones. Después de llegar a un acuerdo colectivo, cada grupo debe formular un plan de revisión para su texto basándose en su análisis. Presenten su plan al resto de la clase y prepárense para justificar sus sugerencias.

The **planes de revisión** that appear in the textbook are only suggestions. You can find blank **planes de revisión** in the **Cuaderno de práctica.**

---

**PLAN DE REVISIÓN: LA DESCRIPCIÓN** _____
(nombre del texto)

1. Comentarios positivos sobre el texto

2. La idea principal del texto
   Los lectores quieren saber lo siguiente con respecto a este tema

3. Detalles que necesitan agregarse, reorganizarse o cambiarse

4. Tener en mente las sugerencias y los ejemplos relacionados con el lenguaje vivo

5. Otros cambios que se recomiendan

---

**Piénsalo...** ¿Qué hacer si el lector dice que hay que incluir más información o si no le resulta clara la relación entre la idea principal y los detalles incluidos? Lo primero, claro, es aceptar los comentarios con una mente abierta. Recuerda que la revisión casi siempre implica la reformulación de varias (o muchas) partes de un escrito: Uno avanza, retrocede un poco, empieza nuevas exploraciones y vuelve a avanzar. Aun los escritores expertos te dirán que sus textos no llegaron a su forma final sin pasar por varias formas preliminares.

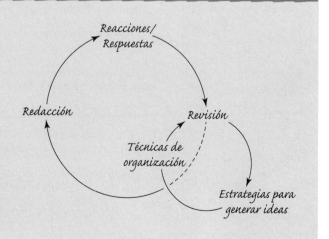

Formular un plan de revisión resulta particularmente útil cuando se hace el trabajo de consulta en grupos, como se acaba de hacer en la actividad anterior. Hay otra técnica para guiar la revisión de un texto, que se puede hacer sin compañeros. La técnica de una lista de control, que se describe a continuación, es fácil de utilizar por cuenta propia.

## TÉCNICA DE UNA LISTA DE CONTROL

Suele ser más difícil elaborar un plan de revisión para el trabajo de uno mismo que elaborar uno para el escrito de otra persona. Sin embargo, los pasos que hay que seguir son los mismos. La práctica con grupos de consulta le ayudará a desarrollar las capacidades analíticas y críticas necesarias.

Otra estrategia para ayudarle a leer su propio texto objetivamente consiste en considerar una serie de preguntas preparadas para evaluar diferentes tipos de textos. Ud. puede revisar los elementos y características de su texto respondiendo a las preguntas de la lista de control.

Mediante sus respuestas a las preguntas, revise el borrador de la descripción que Ud. ya escribió.

---

**LISTA DE CONTROL PARA LA DESCRIPCIÓN**

- [ ] ¿Cuál es la meta o el propósito de la descripción?

- [ ] ¿Qué describe específicamente mi composición?

- [ ] ¿Qué impresión quiero dejar en el lector?

- [ ] ¿Qué detalles incluí en la descripción? ¿Cómo contribuye cada detalle a lograr lo que me propongo?

- [ ] ¿Hay en mi composición algún detalle que no contribuya lo suficiente a crear la impresión que quiero dejar?

- [ ] ¿Qué preguntas puede hacerse el lector con respecto a mi tema? ¿Las he contestado todas?

- [ ] ¿Qué detalle escogí para terminar mi descripción? ¿Por qué lo escogí?

- [ ] ¿Utilicé un vocabulario claro y preciso, o utilicé términos generales y abstractos que no captan la esencia de lo que quiero describir?

- [ ] ¿Incluí en la descripción detalles que ayudan a evocar otros sentidos aparte del de la vista?

- [ ] ¿Utilicé un vocabulario connotativo para provocar emociones en el lector?

**TERCERA ETAPA:** *La revisión de la forma y la preparación de la versión final*

Al llegar a esta etapa se supone que el contenido y la organización de un escrito han pasado por una revisión rigurosa y que el escritor está satisfecho con ellos. Ha llegado el momento de poner atención a las cuestiones de la forma. En esta última etapa, Ud. tendrá la oportunidad de

- repasar los verbos **ser** y **estar**
- pulir la forma de su escrito, repasando sistemáticamente la gramática, el vocabulario y la ortografía
- redactar una versión final de la tarea, para entregarla

Esta revisión le será más fácil si la emprende por pasos; en cada paso se enfoca un solo aspecto de la forma.

En el **Cuaderno de práctica** hay actividades para practicar los aspectos gramaticales y el vocabulario presentados en los siguientes pasos.

**1er PASO**  **REVISIÓN DE LOS ASPECTOS GRAMATICALES:** *SER/ESTAR*

## *Ser* y *estar:* **Usos de mayor frecuencia**

### *Usos en que el juicio se basa en la estructura gramatical*

En ciertos casos, el uso de **ser** o **estar** depende únicamente de la estructura gramatical de la oración. Para decidir cuál de los dos verbos se ha de usar, se analiza el predicado (lo que generalmente se encuentra a la derecha del verbo en una oración declarativa).

| SUJETO | VERBO: ser | PREDICADO: UN SUSTANTIVO SOLO O MODIFICADO |
|---|---|---|
| Juan | **es** | artista. |
| Luisa | **era** | mi fiel amiga. |
| | | PREDICADO: UN ADVERBIO DE TIEMPO |
| La fiesta | **es** | a las ocho. |
| Las clases | **fueron** | por la mañana. |

| SUJETO | VERBO: estar | PREDICADO: UN GERUNDIO |
|--------|--------------|------------------------|
| Elena | **está** | cantando. |
| Mis hermanos | **estaban** | llorando mucho. |

Note en los casos anteriores que, si el predicado puede clasificarse entre uno de estos tres grupos (sustantivo, adverbio de tiempo o gerundio), no es necesario analizar el significado de la oración para escoger correctamente entre **ser** o **estar**.

## Usos en que el juicio se basa en el significado de la oración

En algunos casos es necesario analizar el significado de la oración para elegir correctamente entre los dos verbos. Esto sucede a menudo cuando el predicado es un adverbio de lugar o un adjetivo.

Cuando el predicado es un adverbio de lugar, se usa **ser** si el sujeto puede concebirse como un evento; de no ser un evento, se usa **estar**.

| SUJETO: EVENTO | VERBO: ser | PREDICADO: UN ADVERBIO DE LUGAR |
|----------------|------------|---------------------------------|
| La fiesta | **es** | en la casa de Pedro. |
| El desayuno | **fue** | en el salón grande. |

| SUJETO: NO EVENTO | VERBO: estar | PREDICADO: UN ADVERBIO DE LUGAR |
|-------------------|--------------|---------------------------------|
| María | **estaba** | en el rancho. |
| La biblioteca | **está** | cerca del parque. |

Cuando el predicado es un adjetivo, se utiliza **ser** si el adjetivo (o frase adjetival) sirve para clasificar al sujeto; es decir, si el adjetivo se refiere a una característica inherente que explica a qué clase perte-

| SUJETO | VERBO: ser | PREDICADO: UN ADJETIVO QUE CLASIFICA AL SUSTANTIVO |
|--------|------------|----------------------------------------------------|
| Marta | **es** | bonita. (*Es de la clase de mujeres bonitas.*) |
| Pedro | **es** | católico. (*Es de la clase de personas de religión católica.*) |
| Los guantes | **son** | de cuero. (*Frase adjetival que describe la clase de guantes.*) |

nece el sustantivo. Por otro lado, se utiliza **estar** si el adjetivo comenta sobre el estado o situación en que se encuentra el sujeto.

| SUJETO | VERBO: estar | PREDICADO: UN ADJETIVO QUE COMENTA SOBRE EL ESTADO EN QUE SE ENCUENTRA EL SUJETO |
|---|---|---|
| Estela | **está** | enojada. (*Se encuentra en ese estado.*) |
| La leche | **está** | fría. (*Se encuentra en esa condición.*) |
| Amada | **está** | de luto. (*Frase adjetival que comenta sobre el estado en que se encuentra.*) |

## Usos de ser y estar *con adjetivos*

Muchos adjetivos suelen usarse con uno u otro verbo: indican de por sí o una clasificación o un estado. El tamaño, la forma, el material y otros rasgos físicos, por ejemplo, suelen expresarse con **ser** porque se consideran clasificaciones; señalan características mediante las cuales se puede identificar y definir a una persona u objeto. Los estados de ánimo y de salud y la posición física se expresan con **estar** porque estos adjetivos por lo general describen la condición o el estado en que se encuentra la persona u objeto.

Por otro lado, hay varios adjetivos que pueden usarse con ambos verbos. En estos casos el significado del mensaje cambia de una clasificación a una descripción de estado según el verbo que se use.

| SUJETO | ser/estar | SIGNIFICADO |
|---|---|---|
| Estas manzanas | **son** verdes. | Clasificación (*Son de la clase de manzanas verdes.*) |
| Estas manzanas | **están** verdes. | Condición, estado (*Se implica que este color no es el que caracteriza a estas manzanas.*) |
| Violeta | **es** alegre. | Clasificación (*Tiene una disposición alegre; es ese tipo de persona.*) |
| Violeta | **está** alegre. | Condición, estado (*Acaba de ocurrir algo que la ha puesto de este humor.*) |

Cuando un adjetivo puede usarse con ambos verbos, el uso de **ser** indica que el atributo se acepta como una característica objetiva e intrínseca del sujeto. Por otro lado, el uso de **estar** puede indicar que la característica se percibe subjetivamente: no forma parte del *ser* del sujeto, sino de su *condición* en determinado momento o en determinada circunstancia. En inglés se puede expresar esta diferencia de percepción por medio de los contrastes en la tabla de la página 36.

| INGLÉS | SIGNIFICADO | ESPAÑOL |
|--------|-------------|---------|
| *This coffee* **is** *good.* | Clasificación (*característica intrínseca, objetiva*) | Este café **es** bueno. |
| *This coffee* **tastes** *good.* | Condición, estado (*percepción subjetiva*) | Este café **está** bueno. |
| *Mr. Carlo* **is** *old.* | Clasificación (*característica objetiva*) | El Sr. Carlo **es** viejo. |
| *Mr. Carlo* **looks** *old.* | Condición, estado (*percepción subjetiva*) | El Sr. Carlo **está** viejo. |
| *The prices* **are** *high.* | Clasificación (*característica intrínseca, objetiva*) | Los precios **son** altos. |
| *The prices* **seem** *high.* | Condición, estado (*percepción subjetiva*) | Los precios **están** altos. |

## 2<sub>do</sub> PASO  REVISIÓN DEL VOCABULARIO Y DE LA EXPRESIÓN

Después de revisar la gramática, lea el escrito de nuevo, con ojo crítico particularmente en el vocabulario. En el **Cuaderno de práctica** hay listas de vocabulario útil para hacer una descripción. Consúltelas y haga las actividades correspondientes antes de revisar su escrito.

## 3<sub>er</sub> PASO  REVISIÓN DE LA ORTOGRAFÍA

Depués de revisar la gramática y el vocabulario, repase su escrito, buscando los posibles errores de acentuación y ortografía.

## 4<sub>to</sub> PASO  PREPARACIÓN DE LA VERSIÓN FINAL

Escriba una nueva versión de su trabajo ya con las correcciones y los cambios necesarios. Para muchos de Uds., éste es el momento de pedirle a su lector-compañero que le eche una última ojeada al texto, buscando esta vez errores en la gramática o en la expresión que Uds. no hayan identificado en su propia lectura.

**¡!  *Piénsalo...***   Si quieres una última lectura de tu trabajo, tienes que indicarle al lector-compañero precisamente lo que quieres que busque en tu escrito. Hazle una lista de los puntos gramaticales (usos de **ser,** usos de **estar,** concordancia de adjetivos, vocabulario vivo y variado) y pídele que lea tu texto varias veces. Como regla general, es bueno hacer una lectura para cada punto gramatical.

Como se vio antes con el trabajo de consulta en grupos, no tienes que aceptar todos los cambios o correcciones que tu lector-compañero te sugiera, pero sí vale la pena ponerles atención.

# La narración

# Orientación

## LA NARRACIÓN

La narración presenta una secuencia de acontecimientos, ya sean ficticios o verdaderos. Al escribir una narración, comúnmente se habla de algo que nos ha ocurrido a nosotros o a otras personas. Los usos de la narración son muchos, así como los contextos en que se usa: narramos, por ejemplo, para recordar el argumento de un cuento o una novela, para divertir o para recrear tanto la acción como la emoción de un momento importante. En un relato biográfico, la narración puede usarse para explicar las acciones presentes o pasadas de un individuo, o para anticipar sus acciones futuras.

### Las partes de la narración

En términos generales, las narraciones pueden dividirse en tres partes: **la presentación,** en donde se establecen los hechos en que se basa la acción; **la complicación,** en donde se presenta la acción principal y las tensiones que la rodean; y **el desenlace** o **la resolución,** que, como su nombre lo indica, presenta la resolución de las tensiones.

### LA ARAÑA

*Presentación:* Había oscurecido cuando subí la escalera. Al entrar al cuarto encendí la luz y me desvestí rápidamente. Estaba cansada. Había trabajado todo el día y mi cuerpo me pedía descanso. Apagué la luz y me metí en la cama, subiéndome las cobijas hasta la nariz.

*Complicación:* Al moverme para acomodarme mejor, sentí unas cosquillas en la cara y me quedé paralizada. ¿Sería una araña? Me estremecí. Traté de quedarme inmóvil, casi sin respirar. Algo se movía sobre mi cara. ¿Qué hacer? ¿Gritar? ¿Darme un golpe en la cara?

*Desenlace:* Por fin, desesperada, salté de la cama y encendí la luz. Me sacudí el camisón y el cabello, pero no encontré nada. Apresuradamente me dirigí de nuevo a la cama. Quería encontrar al animal y matarlo antes de que se me escapara. Sacudí las sábanas, luego las cobijas y por último la almohada. Entonces se solucionó el misterio: de un pequeño agujero de la almohada salieron flotando plumas y más plumas. Mi araña imaginaria era una pluma.

## El punto de vista y la perspectiva

Una narración puede escribirse desde varios puntos de vista; por ejemplo, en la tercera persona para relatar algo que le ha sucedido a alguien más, y en la primera persona para relatar algo que le ha sucedido al narrador mismo.

Por ejemplo, para hablar de lo que le sucedió a un amigo se escribiría:

> Juan se levantó tarde ese día. Se vistió rápidamente. No desayunó. Sabía que faltaban exactamente siete minutos para que comenzara el examen. Calculó lo que debía hacer: tenía dos minutos para llegar a la universidad, un minuto para estacionar el auto, tres minutos para llegar al edificio y un minuto para llegar al salón de clase.
>
> Al llegar vio a don Mauro. Como de costumbre, el profesor lo esperaba reloj en mano. El joven vaciló un instante. El viejo lo miró un segundo y, sin decir nada, cerró la puerta.

En este caso, la narración está escrita en tercera persona, pues se habla de Juan y el profesor: en otras palabras, de *ellos*. El mismo caso podría contarse en primera persona, desde la perspectiva de Juan, el protagonista de los hechos.

> Me levanté tarde ese día. Me vestí rápidamente. No desayuné. Sabía que faltaban exactamente siete minutos para que comenzara el examen. Calculé lo que debía hacer: tenía dos minutos para llegar a la universidad, un minuto para estacionar el auto, tres minutos para llegar al edificio y un minuto para llegar al salón de clase.
>
> Al llegar vi a don Mauro. Como de costumbre, me esperaba reloj en mano. Vacilé un instante. Don Mauro me miró un segundo y, sin decir nada, cerró la puerta.

Como esta última narración está escrita en la primera persona, no contiene algunos detalles de la primera narración. Por ejemplo, no fue necesario distinguir entre los dos protagonistas masculinos con frases como «el joven» y «el viejo». Aunque similares, las narraciones no son idénticas.

## La descripción en la narración

Como Ud. ya sabe, las descripciones retratan personas, objetos o lugares. Las narraciones, en cambio, cuentan sucesos. Es posible hacer descripciones que no narren y narraciones que no contengan descripción alguna, pero lo más común es encontrarlas juntas. Generalmente, las descripciones pintan cuadros dentro de los cuales se realizan acciones específicas, mientras que las narraciones ofrecen la descripción de escenas y personajes para crear ciertas expectativas en el lector. A veces confirma el narrador estas expectativas; en otras ocasiones prefiere sorprender al lector con desenlaces inesperados.

Note las diferencias entre dos distintas formas de narrar un mismo evento.

## VERSIÓN A

Un día, la madre mandó a su hijita a que le llevara una cesta de comida a su abuela enferma. Le advirtió a la niña que no se desviara de la senda. La niña tomó la cesta y se puso en camino. Pronto se distrajo con las muchas flores que crecían al lado del sendero.

Hacía tiempo que el lobo venía observando a la niña sin que ella se diera cuenta. Esta vez, al verla, corrió a la casa de la abuela, forzó la puerta y devoró a la anciana. Se puso el camisón y el gorro de la difunta y se acostó en la cama para esperar la llegada de su víctima.

## VERSIÓN B

En una pequeña casa al lado del bosque vivía una mujer joven y su hijita de seis años. El nombre de la niña era Carolina, pero nadie la llamaba así. Todos la conocían por «Caperucita Roja» por la capa que solía llevar. Era una niña dulce y alegre a quien le encantaba jugar en los prados amplios que rodeaban su hogar.

Un día de mucho sol la madre se enteró de que la abuela, cuya casa quedaba a cierta distancia dentro del bosque, se había enfermado. Decidió mandar a su hijita a que le llevara una cesta de comida. Abrochándole la capa roja, le advirtió a la niña que no se desviara de la senda, ya que por el bosque andaban animales feroces. Asintiendo, la niña tomó la cesta y se puso en camino. Sin embargo, a pesar de la advertencia de su mamá, pronto se distrajo con las muchas flores que crecían al lado del sendero.

Vivía en el bosque un terrible lobo negro, con enormes dientes afilados y garras crueles. Hacía tiempo que el lobo venía observando a la niña sin que ella lo supiera. El lobo tenía un plan malévolo: Al ver a la niña, corrió a la casa de la abuela, forzó la puerta y devoró a la anciana en un abrir y cerrar de ojos. Para disfrazarse, se puso el camisón y el gorro de la difunta y, carcajeándose, se acostó en la cama para esperar la llegada de su víctima.

## *El propósito*

En las narraciones, al igual que en las descripciones, es esencial seleccionar aquellos detalles que ayuden a crear el efecto que se desea. La selección de detalles depende del propósito del escritor y cada narración puede tener varios propósitos. Uno de los más frecuentes es también el más simple y directo: entretener al lector, captar su interés y crear en él cierta tensión. La narración con este propósito es, en esencia, una de las actividades lingüísticas más antiguas. El texto «La araña» (página 38) es un ejemplo de este tipo de narraciones. ¿Cómo ha organizado la información la escritora para crear un poco de tensión? Además de contestar a la pregunta «¿Qué pasó?», ¿qué otras preguntas del lector ha tratado la escritora de contestar en su narración? ¿Dónde nota Ud. detalles o palabras dramáticas?

Hay veces en que la narración tiene propósitos más profundos. Las fábulas de Esopo y las parábolas bíblicas, por ejemplo, enseñan al mismo tiempo que entretienen. Otras veces el propósito de la narración puede ser el de informar: el escritor quiere referir con claridad cierta sucesión de acontecimientos; quiere que el lector comprenda lo que sucedió y por qué sucedió. La narración que forma parte de una reseña de una obra de teatro y la narración que ofrece ejemplos vivos de las cualidades de un individuo son narraciones de este tipo. Note que, a diferencia de los primeros casos mencionados, en estos últimos dos es común que la narración esté incluida como parte de un texto más amplio.

El siguiente texto es un ejemplo de una narración informativa.

## EL FANTASMA DE LA ÓPERA

*El fantasma de la ópera,* obra musical que acaba de estrenarse en Broadway, es un arreglo moderno de una obra conocida que tuvo un éxito fabuloso en Londres y, posiblemente, también vaya a tenerlo en Nueva York.

El argumento es sencillo: el fantasma (un genio musical con una cicatriz horrorosa en el rostro) se enamora de Cristine, una joven cantante a quien le ayuda a convertirse en la estrella musical del momento. Impresionado por su belleza y talento, Raoul, un hombre guapo y apuesto, también se enamora de ella. Pronto se descubre que este amor es recíproco. El fantasma, herido profundamente, amenaza de muerte a Raoul. Para protegerlo, Cristine ofrece entregársele al fantasma, quien rechaza su oferta. Al final de la obra el fantasma queda solo, pero existe la esperanza de que llegue a encontrar el amor que desea.

El argumento es típico de las tragicomedias de otro siglo. Sin embargo, la actuación del fantasma (el actor inglés Michael Crawford), la música de Andrew Lloyd Webber, la letra de Charles Hart y la escenificación son sencillamente estupendas. Es una obra digna de los aplausos que ha recibido y que sin duda seguirá recibiendo.

## Tarea

En este capítulo, Ud. va a redactar una narración sobre algún incidente que le interese o que tenga mucha importancia para Ud.

## PRIMERA ETAPA:  *Antes de redactar*

En esta primera parte del capítulo, Ud. tendrá la oportunidad de

- explorar ideas relacionadas con varios temas que se prestan a la narración
- experimentar con varias técnicas de prerredacción para luego elegir un tema específico
- explorar varios formatos en los que la narración figura comúnmente
- definir el propósito de su escrito
- identificar las necesidades de su lector

## LA GENERACIÓN Y RECOLECCIÓN DE IDEAS

Todos contamos cuentos. A nuestros conocidos y familiares les contamos cuentos sobre incidentes tristes o cómicos, inventamos historias para entretener a un hermanito o para despistar al profesor con respecto al trabajo tardío; relatamos anécdotas para aclarar un punto importante en un debate. Narrar es una de las actividades lingüísticas más básicas.

**Actividad A**   Una actividad lingüística antiquísima

Mire la foto de la página 37. ¿Qué ocurre en esta foto? ¿De qué hablarán las señoras? ¿Por qué cree Ud. eso? ¿Hay algo en la foto que lo indique o algo en el contexto (de la conversación o de la cultura) que ofrezca alguna pista? Explique.

**EN SU CUADERNO...**

*apunte sus reflexiones relacionadas con el tema de este capítulo. Piense en un acontecimiento o incidente que le haya impresionado mucho; algo que le haya pasado a Ud. o que Ud. haya presenciado o imaginado.*

Ahora comente cada una de las siguientes fotos. Use las siguientes preguntas o <u>las preguntas periodísticas</u> como guía.

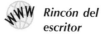

**Rincón del escritor**

Consulta el **Rincón del escritor** para obtener más información acerca de <u>las preguntas periodísticas</u>.

- Identifique a los personajes. ¿Quién habla y quién(es) escucha(n)?

- ¿Dónde estarán? ¿Cuál será la historia que se cuenta?

- ¿Por qué estarán contándola/escuchándola? ¿Puede Ud. identificar el propósito de quien cuenta y el propósito de quien(es) escucha(n)?

- ¿Se ha encontrado Ud. en una situación semejante? Comente.

**¡¡!** **Piénsalo...**    Recuerda que en tu primer borrador puedes escribir palabras sueltas, frases u oraciones sueltas: lo que te venga a la mente al recordar un incidente y el impacto que éste tuvo en tu vida. No te preocupes por la forma; utiliza el inglés si es necesario.

**Actividad B**    Observación y comentario

Divídanse en grupos de tres o cuatro y comenten las tiras cómicas de las páginas 44 y 45.

**Rincón del escritor**

Consulta el **Rincón del escritor** para aprender más acerca de <u>la redacción bilingüe</u>; esto es, el uso del inglés en las primeras versiones de tus escritos.

1. ¿Quiénes son los protagonistas? ¿Cómo son y qué cualidades tienen? ¿Qué ocurre en cada una de las historias? ¿Cuál es la complicación? ¿Cómo se resuelve?

2. ¿Cómo hacen los respectivos artistas para informarnos sobre la personalidad de los protagonistas? ¿Qué vocabulario puede usarse para transmitir la misma información en una narración escrita?

3. ¿Creen Uds. que alguna de estas historias podría usarse para enseñar una lección moral? ¿Cuál sería la moraleja?

4. ¿Han presenciado Uds. alguna vez un incidente semejante al que se narra en una de estas historias? ¿Han participado en uno? Descríbanlo.

**Actividad C**   La libre asociación y la lluvia de ideas

**1.** Mire la siguiente lista. Dedique dos o tres minutos a pensar en ejemplos para cada una de las siguientes categorías.

- un momento en el que Ud. se sintió muy enojado/a
- un momento en el que se sintió muy orgulloso/a de sí mismo/a
- un momento en el que se sintió muy orgulloso/a de un amigo o pariente
- una experiencia que cambió su vida
- unas vacaciones especiales
- un incidente cómico o serio que tenga como protagonista un animal
- una ocasión en que Ud. haya necesitado dar una buena excusa
- un incidente que haya involucrado a un buen samaritano

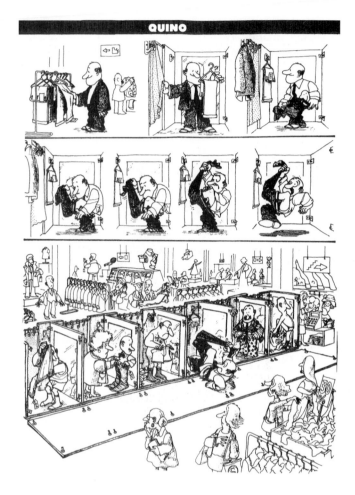

**2.** Utilizando las categorías de la siguiente página, complete la tabla de ideas en su *Cuaderno de práctica.*

| TABLA DE IDEAS | |
|---|---|
| *Incidentes en los que yo fui...* | |
| *protagonista* | *observador(a)*[1] |
|  |  |

---

[1]Es decir, un incidente que Ud. haya presenciado personalmente, o que lo haya escuchado de un amigo o pariente, o visto en la televisión, escuchado en la radio o leído en el periódico.

> **Piénsalo...** Al trabajar en las actividades de este capítulo, cuando se te ocurran ideas que podrían servir de tema para una composición, agrégalas a tu tabla de ideas en el **Cuaderno de práctica.**

**WWW** *Rincón del escritor*

Consulta el **Rincón del escritor** para aprender más acerca de la redacción libre, la libre asociación, la lluvia de ideas, el mapa semántico y otras técnicas y estrategias.

**Actividad D** La libre asociación y el mapa semántico

1. Trabaje con un compañero / una compañera. Comenten las oraciones de la siguiente lista. ¿Qué les recuerda cada una?

- El día que (me examiné para obtener la licencia de conducir, mi perro se encontró con una mofeta (*skunk*), me pusieron frenillos [*braces*] en los dientes, se me rompió la pierna, llegué a la universidad por primera vez, ... ).

- La primera vez que (salí con un chico / una chica, trabajé de niñero/a, ... ).

- Cómo aprendí a (patinar en línea, andar en bicicleta, manejar la computadora, bailar, ... ).

- El día que conocí a (mi mejor amigo/a, mi novio/a, ... ).

- Desde ese involvidable día, nunca (llego tarde, me acuesto sin revisar bien la cama, tengo miedo de decir lo que pienso, ... ).

- Una persona a quien admiro mucho es... porque...

> **Piénsalo...** Aun los temas que parecen pedir una descripción (como el último de la lista anterior) pueden prestarse a la narración. Por ejemplo, con respecto al individuo a quien admiras mucho, ¿por qué lo admiras? ¿Qué ha hecho o qué sabe hacer que te inspira admiración? ¡Cuéntalo!

*Piénsalo...* ¿Has pasado alguna vez por la misma experiencia que Carlitos? La narración incluye una secuencia de acontecimientos que contesta a la pregunta: «¿Qué ocurrió?» Recuerda, sin embargo, que narrar no es sólo hacer una lista cronológica de sucesos. También puede incluirse información descriptiva: ¿Dónde ocurrió? ¿Cuándo? ¿Por qué? ¿Con quién estabas? ¿Qué consecuencias tuvo? Empieza con los sucesos, pero no te detengas ahí. Elabora tu texto con datos descriptivos.

2. Refiriéndose a su tabla de ideas en el *Cuaderno de práctica*, escoja cada uno de Uds. por lo menos un tema. Utilicen la técnica del mapa semántico para explorar el tema más detalladamente, usando la siguiente plantilla como modelo.

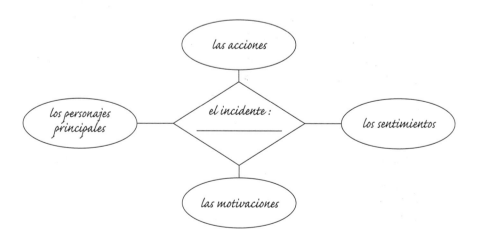

**Actividad E**  La lectura: Análisis y discusión

Laura escribió una narración acerca de un viaje que hizo un verano con su madre y su hermano menor. Al leer esta narración, ¿puede Ud. identificar una idea principal? ¿Cuál es?

## EL VIAJE

Mi mamá tuvo la brillante idea de que fuéramos a Europa sin gastar mucho dinero.

—Es muy fácil —insistió—. Es cuestión de alquilar un automóvil en Alemania y de ahí ir a donde queramos.

Había descubierto el libro *Europe on $20 a Day* y estaba segura de que podríamos hacer el viaje ella, mi hermano y yo muy económicamente.

—El chiste es quedarse en las pensiones, comprar queso y pan para comer al lado del camino y sólo hacer una comida pesada al día. Lo más caro serán los pasajes de avión.

Mi hermano y yo tratamos de disuadirla.

¿Por qué no vamos en una excursión?

—Porque es muy caro —respondió impaciente—. Además, viajar a lo pobre es una aventura.

No había más que decir. Saldríamos en julio de Nueva York rumbo a Frankfurt. Pasaríamos tres semanas en Europa viajando en un pequeño automóvil de alquiler.

¡Qué aventura! Alquilamos el auto, pero resultó que al agente de viajes con quien hicimos la reservación se le olvidó decirnos que en Europa todos los autos económicos de alquiler tienen transmisión estándar. Mi mamá rara vez había manejado un automóvil de cambios. Poco le pudimos ayudar mi hermano y yo. A los dieciséis años, él era todavía menor de edad; yo, a los diecinueve, apenas había aprendido a conducir.

Durante dos semanas, mi hermano y yo rezamos y temblamos mientras mi mamá se equivocaba al hacer los cambios, hacía rechinar los frenos y por fin seguía adelante. Cuando nos veía desalentados nos decía:

—Ya verán cómo al pasar el tiempo tendremos muy bonitos recuerdos de este viaje.

Y así fue. Viajamos por los autobanes alemanes, fuimos a Suiza y pasamos cinco días en París. Nos perdimos muchas veces, dormimos en el auto una noche en que no encontramos alojamiento y con frecuencia cenamos queso y pan. Las pensiones no tenían ascensor y nuestras maletas pesaban una tonelada. Los cuartos no tenían baño.

Sin embargo, los aspectos desagradables los recuerdo apenas. Lo que sí recuerdo bien es la puesta de sol que vimos en Versalles, la carretera a Berlín, el castillo del rey Ludwig en Bavaria y los miles de momentos de risa y felicidad que pasamos juntos. Fue un viaje extraordinario. Vimos muchas cosas, sacamos muchas fotos y yo aprendí de mi mamá lo que significa ser valiente y atrevida, y creer que todo es posible.

*Note que Laura incluye el diálogo en su narración, lo cual le da un tono más realista y vivo. Puede encontrar en el **Capítulo 2** del **Cuaderno de práctica** una lista de verbos para introducir el diálogo y actividades relacionadas con el uso del diálogo en la narración.*

1. En su relato, Laura revela detalles acerca del viaje por Europa y le da al lector mucha información acerca de su familia. ¿Qué técnicas utiliza Laura para ayudarle al lector a conocer a su familia?

2. Identifique las tres partes de la narración: la introducción, la complicación y el desenlace.

3. ¿Cuál es el propósito de esta narración? ¿Cuáles son las partes de la historia que más contribuyen a este propósito?

4. ¿Cree Ud. que «El viaje» es un buen título para este escrito? ¿Por que sí o por qué no?

5. ¿Ha hecho Ud. alguna vez un viaje con sus parientes? ¿Fue una experiencia memorable? ¿En qué sentido(s)? Si uno de sus parientes contara la historia, ¿incluiría los mismos detalles que Ud.?

## Enfoque

- Repase su tabla de ideas en el **Cuaderno de práctica** y los apuntes de las actividades que Ud. ha hecho hasta este punto.

- Escoja un tema que le interese personalmente.

- En su **Cuaderno,** haga un mapa semántico de los aspectos del tema que le parezcan interesantes e importantes. Aquí hay varias preguntas por considerar. (¡Ojo! Algunas de las preguntas se aplican mejor a ciertos temas que a otros.)

**EN SU CUADERNO...**

*explore recuerdos memorables de algo que haya hecho con un grupo de parientes o amigos: una excursión, una actividad, una ceremonia. ¿Tiene elementos sorprendentes? No se olvide de anotar las ideas que salgan de esta actividad en su tabla de ideas.*

*Tema:*      El día que _____
                  (algo pasó)
**Detalles que pueden incluirse**

*Situación:*    ¿Qué día era?
          ¿Dónde estaba Ud.?
          ¿Por qué recuerda Ud. el incidente / el día?
          ¿Qué estaba haciendo Ud.?
          ¿Con quién(es) estaba?

*Complicación:*    ¿Qué ocurrió primero/después?
          ¿Por qué ocurrió?
          ¿Por qué fue éste un suceso poco común?

*Resolución/ Desenlace:*    ¿Qué pasó como resultado de la complicación?
          ¿Qué efecto tuvo lo ocurrido en Ud.?
          ¿Cambió algo como resultado de la acción?

## TÉCNICAS DE ORGANIZACIÓN Y EXPRESIÓN

### Pensando en el lector: El propósito

Como se vio antes con la descripción, escribir sobre un tema no significa catalogar minuciosamente todos los datos posibles. El escritor tiene que adaptar la información según su propósito y el propósito de su lector potencial.

**Actividad A**   El propósito del escritor: Qué incluir y qué dejar fuera

Mire la historia representada en la siguiente tira cómica. Con la ayuda de un compañero / una compañera, analice las dos historias que Felipe le cuenta a Mafalda acerca de lo que él hizo en el verano. Narren brevemente cada historia. ¿En qué son semejantes y en qué son distintas? ¿Cuál podría ser la razón de estas diferencias?

*La narración se puede hacer en cualquier tiempo verbal, pero lo más común es utilizar los tiempos pasados, en particular el pretérito y el imperfecto. El repaso de la gramática de este capítulo trata los tiempos pasados. Hay actividades para practicar estos tiempos en el **Cuaderno de práctica**.*

**Actividad B**    El lenguaje y la selección de detalles

Con la ayuda de dos o tres compañeros/as, elabore descripciones para dar más sustancia a las siguientes narraciones. Utilicen descripciones de personas, del ambiente que rodea la acción o de los sentimientos de los protagonistas, según se indique.

1. Oí sonar el teléfono. Subí a mi cuarto. Prendí la luz. Cerré la ventana. Contesté el teléfono. Sentí que unos ojos me miraban desde el edificio de enfrente.

   a. Hagan una descripción del ambiente (hacía frío, calor, viento; llovía, brillaba el sol, etcétera).

   b. Hagan una descripción del estado mental y físico del / de la protagonista.

2. El hombre abrió la puerta. Se dejó caer en el sofá. Levantó el periódico. Leyó por unos segundos. Dejó caer el periódico. Cerró los ojos.

   a. Hagan una descripción física del protagonista.

   b. Hagan una descripción del estado mental y físico del protagonista (venía cansado, deprimido, ansioso; se sentía mal, triste, preocupado, etcétera).

3. Juan es el hermano de Patricia. Los dos llegaron juntos a la fiesta. Pronto se les acercó Francisco, también conocido como El Oso. Patricia quiso quedarse ahí con El Oso, pero Juan la cogió del brazo y se la llevó a casa.

   a. Hagan una descripción física de los personajes.

   b. Hagan una descripción del ambiente.

> **EN SU CUADERNO...**
>
> *utilizando algunas de las técnicas indicadas en la Actividad B, vuelva al tema que Ud. ha escogido y elabórelo con más detalles.*

## Estrategias del escritor: Punto de vista y tono

La información descriptiva, junto con los acontecimientos de la narración, le ayudan al lector a comprender el porqué de la historia. Al mismo tiempo, establecen el punto de vista y el tono, lo cual pone al descubierto los propósitos del narrador.

**Punto de vista.** Cuando se usa el término **punto de vista,** se habla de la relación del narrador con respecto a lo que narra o describe. En el caso de la descripción, se refiere al punto de vista desde el cual el narrador contempla la situación, el lugar o la cosa. Por ejemplo, al describir una casa, su punto de vista puede ser el de quien se encuentra

> **Rincón del escritor**
> Consulta el **Rincón del escritor** para obtener más información sobre el tono.

directamente enfrente de ella o el de quien la describe desde adentro hacia afuera. En este caso, «punto de vista» se refiere a la situación física del narrador con relación a lo que describe.

No obstante, el punto de vista incluye mucho más. Además de la perspectiva física, es importante determinar la relación del narrador con lo descrito. ¿Lo conoce bien? ¿Lo observa objetivamente? ¿Es algo que lo afecta emocionalmente? El punto de vista indica, entonces, tanto la situación física del narrador como su actitud hacia lo que describe.

En la narración, el término **punto de vista** tiene un significado parecido: se refiere a la relación entre el narrador y la acción misma. Así, en el género narrativo, el punto de vista refleja dos aspectos fundamentales: 1) quién es el narrador y 2) cuál es la participación del narrador en la acción.

Como Ud. ya sabe, la narración puede escribirse en la **primera persona** (o sea, desde la perspectiva de una persona que participa en la acción) o en la **tercera persona** (o sea, desde la perspectiva de alguien que cuenta lo que le ha sucedido a otro).

Dentro de estas dos perspectivas generales hay otras posibilidades. La narración en primera persona, por ejemplo, puede contarse desde el punto de vista de un observador que no participa en la acción o puede incluir al narrador como personaje principal.

También existen varias posibilidades al presentar la narración en tercera persona. Por ejemplo, puede contarse un suceso desde un punto de vista omnisciente (es decir, desde una posición en que se conocen los pensamientos y acciones de todos los personajes) o puede narrarse desde un punto de vista más limitado, de acuerdo con el cual el narrador tiene sólo un conocimiento parcial de los sucesos y los personajes.

**Tono.**  Como en el término **tono de voz,** el tono de una narración refleja la actitud emocional que se tiene hacia el tema: uno puede hablar con un tono sarcástico, por ejemplo, o con un tono entusiasta. El tono también varía según la relación que exista entre el que habla y quienes lo escuchan: un tono informal es más apropiado para hablar con un amigo que para dirigirse a un desconocido.

El tono está determinado por el uso del vocabulario (**una mesa pequeña** no es lo mismo que **una mesita**) y de las estructuras gramaticales (el uso de las formas de **tú** para referirse al lector en vez de una presentación impersonal). Como Ud. ya sabe, una misma escena puede describirse en varios tonos; el tono que se escoja va a influir en gran medida la interpretación del lector.

Antes de decidir qué tono ha de emplear, el escritor debe hacerse las siguientes preguntas: 1) ¿Cuál es mi actitud hacia lo ocurrido? y 2) ¿A quién voy a narrárselo?

**Actividad A**   Análisis de texto: «El viaje»

Vuelva al texto «El viaje», en las páginas 48–49.

1. ¿Cuál es el punto de vista de la narradora del cuento? ¿Participa ella en la acción? ¿Es una observadora imparcial? ¿Cómo lo sabe? ¿Cómo quiere la narradora que el lector reaccione en cuanto al viaje y en cuanto a la familia de ella: de manera positiva o negativa? ¿Hay algo en el texto que lo indique?

2. ¿Cuál es el tono del texto? ¿sarcástico? ¿respetuoso? ¿impersonal? ¿afectuoso? ¿crítico?

**Actividad B**   Análisis de texto: «En ruta hacia Chachapoyas»

Es posible escribir una narración sin más, como se ha visto en «La araña», pero es muy frecuente que la narración sea parte de un escrito más largo. En este caso, la narración puede incluirse a la manera de una anécdota, para ilustrar una de las ideas principales del texto. Éste sería el propósito de la narración en un texto acerca de un individuo a quien admira, por ejemplo.

El siguiente artículo fue escrito por una periodista argentina en la década de los ochenta. Léalo con cuidado y haga los ejercicios de análisis que lo siguen.

## EN RUTA HACIA CHACHAPOYAS

*M*e sentía fatigada por el largo viaje y aún estaba a mitad de camino. No había aeropuerto en Chachapoyas. El trayecto debía hacerse en tren o en autobús y siempre iban abarrotados de gente. Había comprado un billete de segunda clase para estar más cerca de las gentes que quería entrevistar. Iba a ser un reportaje que reflejara al máximo la realidad de la vida en los Andes. El tren estaba llegando a otra de las muchas estaciones de pueblo por donde pasábamos. Las caras oliváceas de los indígenas se acercaron al tren para abordarlo o para ofrecer sus productos a los viajeros. Un muchacho joven me habló desde el andén.

—¿Un poco de pollo, señora? ¿Quesito fresco?

No me extrañé al oírme llamar señora. Sabía que en estas regiones apartadas la gente no concibe que una mujer joven y soltera viaje sola.

—¿Quesito? ¿Quesito, señora?

Apenas se destacaba su voz entre el ruido en los andenes, los nuevos viajeros que se incorporaban al trayecto y los pitidos del tren. Le sonreí y dije no con la cabeza.

Cerré los ojos y me transporté a mi casa en Buenos Aires. Me sentía en el otro extremo del mundo. ¿Lo estaba? De repente alguien me habló muy cerca.

—¿Hay alguien aquí, señora? ¿Está ocupado el asiento?

La mujer, cargada de canastos y de objetos envueltos en tela trataba de acomodarse junto a mí. Tenía ojos negros y brillantes. Era tal vez de mi edad, de viente a veinticinco años. Y entre sus bolsas y trapos sucios pude distinguir la forma redonda del hijo, que resignado a su suerte, dormía a pesar del bullicio general.

—No, no, está libre, ¿puedo ayudarla?

—Gracias, ya estamos bien…

—¿Va muy lejos?

Sí, señora. Voy pa' Iquitos. Allí vive una hermana y voy a acompañarla porque está enferma. Su marido trabaja en el campo. Tienen cinco hijitos. Yo siempre le dije que no se fuera tan lejos ella sola. Toda la familia vivimos en Arequipa. Y ahora la pobrecita está enferma y sin nadie que la cuide. Yo ya le dije…

El tren seguía serpenteando por las montañas, dejando ver interminables precipicios. Ríos de plata que se perdían en la distancia. Diminutos sembrados de maíz, de papa… Otra vez recordé el viaje en avión desde Buenos Aires a Lima. En el avión no había animales. Allí no se veían niños envueltos en trapos sucios ni este ruido de palabras y llanto, de los rujidos incesantes y ensordecedores del tren hacia su destino. Los pasajeros del jet vivían en otro mundo. Era un mundo de azafatas bien peinadas, cocteles, películas en tecnicolor y compras de lujo. En ese momento sentí verdaderamente y por primera vez la realidad de dos mundos absolutamente aparte que comparten el espacio físico de esta tierra, pero que están separados por eternidades de tiempo. Son los mundos de la existencia infrahumana y del desarrollo, de la ignorancia y del progreso, del pasado y del futuro. Dos experiencias opuestas del concepto de vida, aún hoy, en la década de los ochenta, sin vías de reconciliación.

1. ¿Cuál es el tema de este texto? ¿Qué semejanzas nota Ud. entre el tema de este escrito y el de la narración «El viaje»?

2. ¿Cómo resumiría Ud. en una oración la idea principal del texto? ¿Cuál es el propósito del escrito en su totalidad? ¿Por qué cree Ud. que la periodista ha incluido el cuento dentro del artículo? ¿Para qué sirve el cuento? En su opinión, ¿es una técnica efectiva para llevar a cabo su propósito? ¿Qué otras alternativas tiene la periodista para comunicar la misma idea? ¿Por qué cree Ud. que

prefirió usar la narración? ¿Por qué incluye el diálogo? ¿Cómo podría cambiarse el texto para eliminar el diálogo?

3. ¿Desde qué punto de vista o perspectiva se cuenta la historia? ¿Cuál es el tono del texto? ¿Qué aspectos del texto marcan el tono?

4. En muchos textos, el tema —y a veces la idea principal— se expresa en el primer párrafo. ¿Para qué sirve el primer párrafo de este texto? ¿Qué información le da al lector? ¿Es importante que esta información se incluya al principio del texto o tiene otras alternativas la escritora? ¿Es posible identificar en el texto una o dos oraciones que contengan la idea principal? ¿Cuáles?

## SEGUNDA ETAPA: *La redacción y la revisión de las versiones preliminares*

Después de terminar las actividades de prerredacción, Ud. escribirá un borrador de su narración.

Las actividades que se han llevado a cabo en la primera etapa de este capítulo le han dado a Ud. la oportunidad de desarrollar la materia prima para elaborar una narración. En esta segunda parte del capítulo, tendrá la oportunidad de

- crear un plan de redacción para guiar la composición de su escrito

- desarrollar un borrador de su escrito

- experimentar con la técnica de revisión con grupos de consulta

- experimentar con la técnica de una lista de control

- desarrollar un plan de revisión

## Tarea

Escriba un texto en forma narrativa que tenga como mínimo unas 150 palabras. Puede ser una simple narración o, si quiere, puede incorporar el diálogo y otros detalles descriptivos similares al que se usan en el texto «En ruta hacia Chachapoyas». Su historia puede adoptar el formato informal de una historia dirigida a un compañero de clase, puede formar parte de una carta o puede ser un reportaje oficial de algún incidente que Ud. haya presenciado.

 *Rincón del escritor*
Recuerda que hay información acerca de cómo escribir una carta en español en el Apéndice B del **Rincón del escritor.**

# EL PLAN DE REDACCIÓN: CÓMO SE ESCRIBE UNA NARRACIÓN

---

**PLAN DE REDACCIÓN: LA NARRACIÓN**

1. El tema

2. La idea principal que quiero comunicarle a mi lector

3. Mi propósito como escritor
   El lector y su propósito al leer
   Cinco preguntas cuyas respuestas el lector busca en el escrito

4. Los detalles:
   Las tres partes de la historia
   La perspectiva
   El tono
   El lenguaje vivo, los elementos dramáticos

---

1. El tema

   - Vuelva a examinar sus apuntes de la sección de Enfoque.

   - Repase los temas examinados y escoja uno que Ud. recuerde con interés.

   - Ahora, complete la primera parte del plan de redacción en su *Cuaderno de práctica.*

2. El propósito y el lector

   - Determine por qué quiere hablar sobre este tema. ¿Cuál es su propósito?

   - ¿Cuál es su actitud hacia el tema? ¿Le da risa? ¿asombro? ¿tristeza? ¿Por qué le parece interesante? ¿Cuál es la reacción que Ud. quiere provocar en su lector? ¿Cuáles son los aspectos del incidente que mejor puedan darle a conocer al lector esta actitud?

   - Identifique al lector y su propósito. ¿Por qué va a leer lo que Ud. escribe? ¿Qué información busca? ¿Qué preguntas se va a hacer al respecto?

   - Ahora, complete la segunda parte del plan de redacción.

3. Los detalles

   - Recuerde y tome apuntes del incidente en su totalidad. Luego, escoja los detalles que mejor se presten para lograr la meta que Ud. ha identificado y elimine aquellos que no contribuyan a producir el impacto que Ud. busca.

- Determine cómo va a organizar la narración de modo que tenga una presentación, una complicación y una resolución.

- Ahora, complete la tercera parte del plan de redacción.

Refiérase a su plan con frecuencia al escribir el borrador de su narración.

Determine qué tono tendrá; es decir, si Ud. va a tratar de crear anticipación o si se propone narrar los sucesos de una manera más fría. Determine también la resolución que va a tener su historia y dirija todos los detalles hacia dicha resolución.

Recuerde que para esta versión no debe preocuparse demasiado por cuestiones de la forma; es decir, por el vocabulario y la gramática. Si no sabe o no recuerda una palabra o expresión en español, introduzca un comodín o escríbala, por lo pronto, en inglés.

Trate de incluir en su texto una oración que refleje la impresión que el incidente dejó en Ud. y que Ud. quiere recrear para el lector. Por ejemplo: «No olvidaré jamás el terror que sentí esa noche».

*Rincón del escritor*
Consulta el **Rincón del escritor** para aprender más acerca del comodín.

# EL PLAN DE REVISIÓN: ACTIVIDADES CON GRUPOS DE CONSULTA

---

PLAN DE REVISIÓN: LA NARRACIÓN _____
(nombre del texto)

1. Comentarios positivos sobre el texto (sobre su totalidad o relacionados con un aspecto en particular, por ejemplo, una parte de la historia, un personaje o el lenguaje que utiliza el escritor). Sea lo más específico que pueda.

2. Identifique la idea principal del texto y las tres partes principales de la historia.

3. Los lectores quieren saber lo siguiente con respecto a esta historia o este tema: (marque la caja con este simbolo ✓ si el texto contesta las preguntas):

   ☐ _____

   ☐ _____

   ☐ _____

   ☐ _____

4. Comentarios constructivos sobre el texto:
   - detalles que necesitan agregarse, reorganizarse o cambiarse
   - cambios que podrían hacer más vivo y efectivo el lenguaje

5. Otros cambios que se recomiendan.

**Leer y analizar.** Cada estudiante debe leer los dos textos a continuación y apuntar todas sus notas y respuestas a las preguntas. Se debe contestar la primera pregunta antes de leer cada texto.

**Texto A:**   «Un accidente»

1. Se les ha pedido a los estudiantes de una clase de composición que escriban sobre «una experiencia memorable». Este texto narra un incidente memorable en la vida de una joven —un accidente serio que tuvo en su bicicleta. Identifique tres o cuatro preguntas acerca del tema cuyas respuestas a Ud. le gustaría encontrar en el texto. Después, siga con el análisis.

## *Texto A: Un accidente*

Una tarde iba hacia la universidad en mi bicicleta nueva de diez cambios y tuve un accidente serio. Eran como las seis y media. Estaba preocupada por un trabajo de investigación para mi clase de biología. Venía muy aprisa cuando de repente la rueda de mi bicicleta se metió en un charco. Había llovido el día anterior.

Casi no recuerdo lo que pasó en ese momento, porque al caer de la bicicleta me di un golpe en la cabeza. Por suerte, mi amigo Martín venía conmigo en su bicicleta. Martín paró y me ayudó. Yo sólo podía pensar en mi bicicleta. Quería saber si se había dañado. Llamamos por teléfono a otra amiga mía para que me llevara al hospital en su coche. Allí me di cuenta por fin de que yo había salido mucho más golpeada que mi bicicleta.

## *Análisis*

2. ¿Acierta el escritor en contestar sus preguntas? ¿Contesta todas?

3. ¿Cuál es la idea principal que el escritor intenta expresar en este borrador?

4. ¿Se relaciona toda la información directamente con la idea principal? De lo contrario, ¿qué parte(s) no viene(n) al caso?

5. ¿Hay partes sobre las cuales le gustaría a Ud. tener más información (explicación, ejemplos, detalles)?

6. ¿Hay partes del texto en que de repente Ud. se encuentre «perdido/a»?

7. ¿Captó su interés la introducción? ¿Quiso Ud. seguir leyendo?

8. ¿Qué parte(s) del borrador le gusta(n) más?

**Texto B:**   «El examen»

1. Se les ha pedido a los estudiantes de una clase de composición que escriban sobre «una experiencia memorable». Este texto narra un incidente memorable en la vida de un joven: cuando se quedó dormido durante un examen. Identifique tres o cuatro preguntas acerca del tema cuyas respuestas a Ud. le gustaría encontrar en el texto. Después, siga con el análisis.

*Texto B: El examen*                     *Análisis*

*U*na vez pasé toda la noche estudiando para un examen importante de los que se aplican a mediados del semestre. Para un estudiante, estudiar toda la noche no es un evento extraordinario, pero yo recuerdo esa experiencia como única.

A causa de la falta de comunicación con mi compañero de cuarto, no empecé a estudiar sino hasta las diez de la noche. Tuve que lidiar con una cafetera que no quería funcionar, una ducha que estaba funcionando demasiado bien, un gato que quería jugar conmigo y amigos que insistían en conversar. A pesar de todo esto, en algún momento de la noche pude al fin repasar mis apuntes y cuadernos, de forma tal que unas cuantas horas después, cuando el profesor repartió los exámenes, creí conocer las respuestas a todas las preguntas. Desgraciadamente, quise descansar los ojos antes de resolver el examen, y me quedé dormido. Cuando desperté, el examen ya no estaba sobre mi escritorio.

2. ¿Acierta el escritor en contestar sus preguntas? ¿Contesta todas?

3. ¿Cuál es la idea principal que el escritor intenta expresar en este borrador?

4. ¿Se relaciona toda la información directamente con la idea principal? De lo contrario, ¿qué parte(s) no viene(n) al caso?

5. ¿Hay partes sobre las cuales le gustaría a Ud. tener más información (explicación, ejemplos, detalles)?

6. ¿Hay partes del texto en que de repente Ud. se encuentre «perdido/a»?

7. ¿Captó su interés la introducción? ¿Quiso Ud. seguir leyendo?

8. ¿Qué parte(s) del borrador le gusta(n) más?

**Consultar y recomendar.** Dividan la clase en grupos de tres o cuatro estudiantes. La mitad de los grupos trabajará con el Texto A y la otra mitad con el Texto B. Los miembros de cada grupo deben compartir su análisis del texto asignado. ¿Hay mucha diferencia de opiniones? Después de llegar a un acuerdo colectivo, cada grupo debe formular un plan de revisión para su texto basándose en sus comentarios. Presenten su plan al resto de la clase y prepárense para justificar sus sugerencias.

## TÉCNICA DE UNA LISTA DE CONTROL

El siguiente proceso de revisión puede aplicarse tanto a su propia composición como al escrito de un compañero / una compañera. Para utilizar este proceso, Ud. debe examinar el escrito y contestar cada una de las preguntas de la lista de control.

Basándose en sus respuestas, formule un plan de revisión para el texto. Puede utilizar las preguntas incluidas en esta lista de control o recopilar su propia lista, según los elementos que le parezcan más importantes y apropiados.

---

**LISTA DE CONTROL PARA LA NARRACIÓN**

☐ ¿Cuál es la meta o el propósito de la narración?

☐ ¿Qué describe específicamente la composición? ¿Cuál es la idea principal del texto?

☐ ¿A quién le escribo? ¿Quién es mi lector y qué quiere saber acerca del tema?

☐ ¿Qué preguntas puede hacerse el lector con respecto a este tema? ¿Las he contestado todas?

☐ ¿Qué impresión quiero dejar en el lector?

☐ ¿Hay en la narración una presentación, una complicación y un desenlace?

☐ ¿Qué detalles incluí en el texto? ¿Cómo contribuye cada detalle a lograr mi propósito?

☐ ¿Hay en la composición algún detalle que no contribuya lo suficiente a crear la impresión que quiero dejar?

☐ ¿Capta la introducción el interés del lector?

☐ ¿Qué detalle escogí para terminar la narración? ¿Por qué lo escogí?

☐ ¿Utilicé un vocabulario vivo y preciso o utilicé términos generales y abstractos que no captan la esencia de lo que quiero compartir?

---

**Piénsalo...**   Como bien ya sabes, es importante hacer distinciones entre la revisión del contenido y la revisión de la forma. Hay una lista de control para la revisión de la forma en la página 61.

---

**TERCERA ETAPA:** *La revisión de la forma y la preparación de la versión final*

 Al llegar a esta etapa se supone que el contenido y la organización de un escrito han pasado por una revisión rigurosa y que el escritor está satisfecho con ellos. Ha llegado el momento de poner atención a las cuestiones de la forma. En esta última etapa, Ud. tendrá la oportunidad de

- repasar los tiempos pasados en español

- pulir la forma de su escrito, repasando sistemáticamente la gramática, el vocabulario y la ortografía

- redactar una versión final de la tarea, para entregarla

Esta revisión le será más fácil si la emprende por pasos; en cada paso se enfoca un solo aspecto de la forma. La lista de control a continuación resume las partes que se van a enfocar en esta revisión.

En el ***Cuaderno de práctica*** *hay actividades para practicar los aspectos gramaticales y el vocabulario presentados en los siguientes pasos.*

---

**LISTA DE CONTROL: ASPECTOS DE LA FORMA**

1. *El uso de **ser** y **estar***

☐  ¿Ha analizado Ud. todo los usos del verbo **ser** que se encuentran en su composición?

☐  ¿Ha analizado todos los usos del verbo **estar**?

2. *El uso del pretérito y del imperfecto*

☐  ¿Ha analizado Ud. todos los usos del pretérito que se encuentran en su composición?

☐  ¿Ha analizado todos los usos del imperfecto de indicativo?

3. *El vocabulario y la expresión*

☐  ¿Ha incluido Ud. vocabulario vivo?

☐  ¿Ha incluido diálogo?

☐  ¿Hay demasiada repetición de las palabras?

4. *La ortografía*

☐  Apunte las palabras dudosas que ha encontrado al revisar su composición.

☐  Apunte los cambios hechos después de consultar un diccionario.

---

# REVISIÓN DE LOS ASPECTOS GRAMATICALES: LOS TIEMPOS PASADOS

Una narración puede escribirse en el tiempo presente o en el pasado. Cuando se escribe en el pasado, los tiempos que se usan con más frecuencia son el pretérito y los tiempos perfectos (el presente perfecto y el pluscuamperfecto) para referirse a acciones terminadas, y el imperfecto simple y el imperfecto progresivo para describir dos o más acciones que ocurren simultáneamente. A continuación se resumen brevemente los usos de mayor frecuencia.

## El pretérito y los tiempos perfectos

Estos tres tiempos verbales se refieren a acciones que se completaron en el pasado. El pretérito y el presente perfecto describen acciones que ocurrieron antes de un momento determinado en el presente. El pluscuamperfecto describe una acción que ocurrió antes de un momento en el pasado.

En la mayoría de los casos, el uso del presente perfecto es igual en español que en inglés: se refiere a una acción que ocurrió antes del momento actual. Como el pretérito también tiene esta función, son frecuentes los casos en que los dos tiempos se sustituyen libremente en ambas lenguas.

¿Ha visto Ud. / ¿Vio Ud. } esa obra?    ¿Has comido / ¿Comiste } ya?

El presente perfecto *no* puede reemplazar al pretérito si la acción se asocia explícitamente con un momento pasado.

En 1941 { fuimos / *hemos ido[2] } a Europa.    Me corté / *Me he cortado } el dedo ayer.

| TIEMPO | PUNTO DE REFERENCIA | EJEMPLOS | ANÁLISIS |
|---|---|---|---|
| *Pretérito* | Presente | Ayer **fuimos** al teatro y **vimos** una obra trágica. | *Las dos acciones ocurrieron antes del momento actual.* |
| *Presente Perfecto* | Presente | **¿Ha visto** Ud. esta obra? No **he ido** al teatro recientemente. | *Se habla de acciones que ocurrieron antes del momento actual.* |
| *Pluscuam-Perfecto* | Pasado | Ya **habíamos comido** cuando ellos llegaron. | *La acción de llegar ocurrió en el pasado; la acción de comer ocurrió en un momento anterior.* |

---

[2]Se emplea el asterisco (*) para señalar una forma defectuosa.

Por otro lado, el presente perfecto se usa con mucha frecuencia para indicar que cierta acción pasada tiene alguna importancia o impacto especial en las acciones o las emociones actuales.

| | |
|---|---|
| ¡Qué susto! ¿Por qué **has gritado**? | (*El grito tiene un impacto emocional en el presente.*) |
| Porque me **he cortado** el dedo. | (*La acción tiene un impacto actual.*) |
| ¡Levántate! **Ha entrado** el rey. | (*Su entrada tiene la importancia especial de motivar la acción actual: levantarse.*) |

## El uso del pretérito y del imperfecto en la narración

Los dos tiempos más comunes en la narración son el pretérito y el imperfecto. En la narración se usan de acuerdo con el siguiente cuadro.

| TIEMPO | TIPO DE ACCIÓN |
|---|---|
| *Pretérito* | 1. Una acción que adelanta la narración<br>**Tocó** la puerta. **Entró. Saludó** a su madre.<br><br>2. Una acción limitada en el tiempo<br>**Estudió** toda la noche.<br>**Llamó** mil veces.<br><br>3. Un hecho empezado o completado en el pasado (*no* la descripción de una escena)<br>**Cerró** el libro.<br>**Empezó** a llover a las ocho.<br>Se **fue** inmediatamente.<br><br>4. Un cambio emocional, físico o mental (*no* la descripción de una condición o un estado)<br>Todos se **alegraron** al oír las noticias.<br>Se **puso** pálido.<br>**Supo** que murió el niño. |
| *Imperfecto* | 1. Una expresión que describe la situación o que pinta el cuadro en el que tiene lugar lo narrado<br>**Era** tarde. **Hacía** mucho frío.<br><br>2. Una acción continua interrumpida por otra acción<br>Mientras **cantaba,** llegó mi hermano.<br>**Mirábamos** la televisión cuando sonó el teléfono.<br>3. Una acción continua o repetida sin límite de tiempo<br>De niña, **trabajaba** en una tienda pequeña.<br>**Íbamos** todos los veranos. |

| TIEMPO | TIPO DE ACCIÓN (*continued*) |
|---|---|
| *Imperfecto (continued)* | 4. La descripción de un estado emocional, físico o mental<br>**Quería** casarme con ella aunque **estaba** gravemente enferma.<br>**Creía** en Dios, pero no **pensaba** en eso.<br>5. Una acción anticipada desde un punto de vista pasado<br>Al día siguiente **iba** a tener una fiesta.<br>Como **tenía** un examen la próxima semana, no había tiempo para divertirme. |

## REVISIÓN DE LOS ASPECTOS GRAMATICALES YA ESTUDIADOS

Después de revisar los usos del pretérito y el imperfecto, revise los usos de **ser** y **estar**. Si es necesario, repase las reglas incluidas en el capítulo anterior.

## REVISIÓN DEL VOCABULARIO Y DE LA EXPRESIÓN

Después de revisar la gramática, lea su escrito de nuevo, con ojo particularmente crítico en el vocabulario. En el *Cuaderno de práctica* hay listas de vocabulario útil para hacer una narración. Consúltelas y haga las actividades correspondientes antes de revisar su escrito.

## REVISIÓN DE LA ORTOGRAFÍA

Después de revisar los aspectos gramaticales y el vocabulario, repase su escrito, buscando los posibles errores de acentuación y ortografía.

## PREPARACIÓN DE LA VERSIÓN FINAL

Escriba una nueva versión de su trabajo ya con las correcciones y los cambios necesarios.

**Piénsalo...**   Si puedes, pídele a un compañero / una compañera que lea tu texto para buscar posibles errores gramaticales o en la expresión. Le puedes facilitar la lectura si le preparas una lista de control, indicando con claridad los puntos de mayor importancia.

# La exposición (Parte 1)

# Orientación

## LA EXPOSICIÓN (PARTE 1): EL ANÁLISIS Y LA CLASIFICACIÓN

En la descripción y la narración, el escritor desea crear una imagen visual o recrear una experiencia personal para el lector. En el contexto académico, sin embargo, la redacción suele tener otros propósitos; por ejemplo: informar, aclarar, explicar, analizar, definir, evaluar, probar, discutir y recomendar. El tipo de redacción que se utiliza para lograr estos propósitos se llama **exposición.**

La exposición típicamente incluye dos componentes: una **declaración general** (**la tesis**) y **la evidencia específica** para apoyarla.

### LA ESTRUCTURA DE LA FAMILIA —LA TRADICIÓN SE RETIRA

Según algunos expertos, «la estructura familiar está determinada en gran medida por la formación, el funcionamiento y las posibilidades de disolver el matrimonio». Hoy se puede observar por toda Europa tendencias que prueban esta aserción y muestran que el perfil de la familia está cambiando radicalmente.

¿En qué aspectos se observa esta transformación? Primero, se ha visto por toda Europa una pérdida del valor del matrimonio como institución y un aumento en las relaciones informales. El divorcio es hoy mucho más común y mucho menos estigmatizado de lo que era en el pasado. Para citar sólo algunos ejemplos, en Italia en el año 2000, el número de divorcios había aumentado un 30% desde 1990. En Francia, el número de divorcios se había cuadruplicado desde 1965; desde 1980, el número de adultos en ese país que deciden no casarse había aumentado un 12%. Las «uniones consensuales» o las «uniones de hecho» hoy alcanzan a un 30% de la población en Francia. Como consecuencia, se ha visto un aumento en el número de hijos extramaritales: en muchos de los países de la unión europea, la cifra llega a casi el 25% de todos los niños.

El segundo indicio de los cambios en la estructura de la familia es el enorme aumento de las familias monoparentales, lo cual representa un cambio demográfico y social significativo. En las últimas dos décadas, prácticamente se ha triplicado el número de niños que viven en un hogar sólo con la madre o el padre; actualmente, uno de cada 10 niños vive en un hogar con sólo uno de los padres. Hoy en día, muchas madres solteras deciden serlo por elección; es decir, muchas de ellas nunca se han casado ni tienen intención de hacerlo. El modelo de familia monoparental más frecuente es el de la madre soltera o viuda, pero también existen cada vez más hombres que han decidido hacerse responsables de la crianza de sus hijos sin vivir en pareja. Por ejemplo, en Alemania, el número de familias monoparentales con un hombre a la cabeza ha aumentado un 63%.

Tercero, las familias son cada vez menos numerosas, ya que muchas parejas deciden o bien no tener hijos o tener menos hijos de los que han tenido sus padres. Por ejemplo, en Italia en 1960, la tasa de fertilidad (el número de niños que tuvo cada mujer) era de 2,4; hoy es solamente de 1,2. Esta tendencia tendrá un impacto demográfico severo en el futuro, ya que habrá menos jóvenes para costear los gastos de manutención de la generación anterior. Al mismo tiempo, puede causar una fragmentación o ruptura entre aquellos que tienen hijos y aquellos que no los tienen. La pregunta clave es: ¿cómo se deben repartir los fondos gubernamentales para los servicios sociales?

La pérdida del valor del matrimonio, el aumento de la familia monoparental y el empequeñecimiento de la familia han creado un perfil de la «típica familia europea» muy diferente al perfil de hace apenas una generación.

---

En este texto se trata **un tema** general: la transformación de la estructura familiar. **La idea principal** (declaración general o tesis) es que la estructura de la familia en Europa está cambiando radicalmente. **El propósito** es informar al lector acerca de estos cambios, ofreciéndole varios ejemplos concretos.

Al igual que en la narración o en la descripción, el escritor de un texto expositorio puede hablarle a su lector de manera personal e informal, buscando captar su interés con ejemplos divertidos o llamativos. Sin embargo, ya que la exposición es uno de los dos tipos de escritura que se asocian con el contexto académico —el otro es la argumentación, que se estudiará en los Capítulos 5 y 6— es común que el escritor busque establecer una **perspectiva** objetiva y un **tono** formal.

El texto «La estructura de la familia» es un ensayo expositorio que ejemplifica la estructura típica del género: la declaración de la tesis seguida de la evidencia que la apoya. El primer párrafo declara la tesis: la estructura de la familia en Europa está cambiando radicalmente. El segundo párrafo defiende la tesis con información relacionada con el primer punto de apoyo: la pérdida del valor del matrimonio y el aumento de las relaciones no formales. El tercer párrafo ofrece datos relacionados con el segundo punto de apoyo: el número de las familias monoparentales ha aumentado mucho. El cuarto párrafo describe el tercer punto de apoyo para la tesis: la disminución del número de hijos. El último párrafo resume la idea principal con una paráfrasis de la tesis. Este tipo de organización es muy común en los textos expositorios.

No obstante, hay varias maneras de organizar la evidencia en un texto expositorio; como se verá en este capítulo, todo depende de cómo se limite y enfoque el tema, y luego de la manera en que la tesis resuma la información reunida. Por ejemplo, digamos que un estudiante quiere escribir sobre el tema de la Inquisición española. Podría abordar el tema con el propósito de explicar cómo funcionaba esa institución. Para hacerlo, podría utilizar la técnica de **análisis** (la descripción de las partes o los componentes de una entidad) para presentar su información. En este caso haría su enfoque en los miembros de la Inquisición, los métodos de ésta y sus procedimientos. Por otra parte, podría parecerle al estudiante más eficaz explicar el funcionamiento de la Inquisición comparándolo con algo que su lector ya conoce. En este caso utilizaría la técnica de **comparación y contraste:** el funcionamiento de la Inquisición española en comparación con el de la Inquisición romana, o el funcionamiento de la Inquisición en comparación con el funcionamiento de la policía secreta de un sistema totalitario.

Pero si al estudiante le interesara no el funcionamiento de la Inquisición sino el efecto que tuvo en la sociedad y la cultura de esa época, para la organización de sus datos podría valerse, entre otras técnicas, de **la clasificación.** La clasificación consiste en enfocar las distintas clases o categorías relacionadas con el tema que se presenta. En este caso, por ejemplo, podría desarrollarse una clasificación del impacto que tuvo la Inquisición en diferentes campos: sociológico, artístico, económico, etcétera. El estudiante también podría examinar el impacto de la Inquisición por medio de **la comparación y el contraste:** por ejemplo, comparar y contrastar el impacto general de la Inquisición española con el de la Inquisición romana, o comparar y contrastar sus efectos verdaderos con los que le han atribuido varios historiadores.

Generar ideas para una exposición sobre la Inquisición puede parecer difícil, ya que el tema es bastante amplio; generar ideas con el objeto de responder a preguntas específicas es mucho más fácil. Por ejemplo, con respecto al tema de la Inquisición, las exposiciones descritas anteriormente responden a preguntas como las siguientes.

- ¿Cómo funcionaba la Inquisición?

- ¿Qué impacto tuvo la Inquisición en la sociedad y cultura de su época?

- ¿Cuáles fueron las semejanzas entre la Inquisición española y la romana? ¿Cuáles fueron las diferencias?

- ¿Fue tan negativo el impacto de la Inquisición española como lo han presentado a través de la historia?

La exposición, entonces, puede conceptuarse como la respuesta a una pregunta específica. Tomemos esta vez como ejemplo el tema del *«political correctness»*. Para enfocar el tema y generar ideas, conviene hacer preguntas específicas como las que siguen.

- ¿Qué significa «political correctness»?

- ¿A qué tipos o clases de comportamiento o pensamiento se refiere?

- ¿Quiénes son los individuos o grupos que más se asocian con el «political correctness»?

- ¿Cuál es el origen del término y del concepto?

- ¿En qué contextos actuales tiene mayor impacto?

- ¿Qué dio origen al concepto de «political correctness»? ¿A qué causa o circunstancia responde?

- ¿Cuáles son las consecuencias de tal concepto?

- ¿En qué se asemeja a «los buenos modales»? ¿a la censura? ¿En qué es diferente?

Para poder responder a cada una de las preguntas anteriores, sería necesario que la explicación o presentación enfocara un aspecto diferente en cada caso.

Escribir una exposición, entonces, es conceptuar un tema de manera que lo escrito logre contestar una pregunta específica. El secreto de escribir una buena exposición reside en escoger un buen tema, saber limitarlo y luego enfocar una pregunta determinada. Veamos en detalle cada uno de estos pasos.

## *Escoger*

El primer paso es escoger un tema global o general: una amplia categoría temática que sea de interés personal. La descripción y la narración implican temas concretos, puesto que pintar un cuadro y recontar un incidente generalmente enfocan lo que se puede ver, oír o tocar. Por otro lado, el tema de una exposición puede ser concreto, pero lo más común es que sea abstracto: una idea o concepto que Ud. va a examinar y explicarle a su lector.

**Piénsalo...**   Un tema general te ofrece muchas posibilidades de cómo vas a explorar y desarrollar ese tema, pero si es demasiado genérico, acabarás escribiendo un libro, no un ensayo. Elige algo que te interese (siempre es más fácil escribir sobre algo que te parezca interesante), un tema sobre el que ya sepas algo o tengas interés en aprender. De este modo, tendrás la información necesaria para explicarle el tema a tu lector o, al menos, la motivación para investigar el tema más profundamente.

## Limitar

El segundo paso requiere que se limite el tema escogido. Obviamente, si se desea escribir una exposición de unas doscientas cincuenta palabras y se ha escogido un tema muy amplio, ocurrirá una de dos cosas: o la exposición resultará demasiado general, o el escritor sobrepasará el límite de palabras impuesto.

Limitar un tema global o general consiste en dividirlo en partes, seleccionar una de ellas y limitar aún más la parte seleccionada. Al limitar un tema, primero se piensa en las posibles subdivisiones del mismo y se sigue subdividiendo hasta dar con un tema que quepa dentro de los límites fijados para la exposición. El cuadro que se incluye a continuación ilustra cómo se puede dividir un tema general en aspectos cada

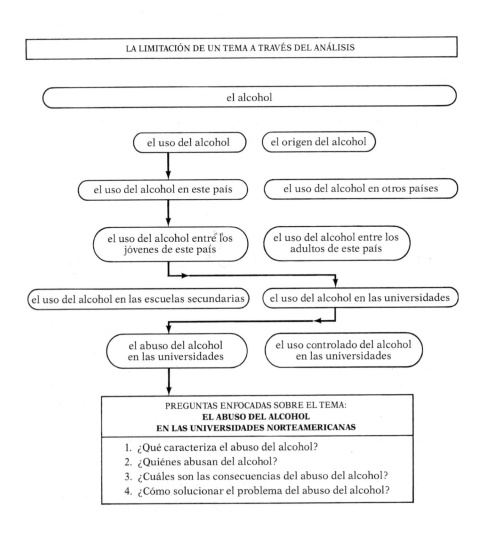

LA LIMITACIÓN DE UN TEMA A TRAVÉS DEL ANÁLISIS

el alcohol

el uso del alcohol          el origen del alcohol

el uso del alcohol en este país          el uso del alcohol en otros países

el uso del alcohol entre los jóvenes de este país          el uso del alcohol entre los adultos de este país

el uso del alcohol en las escuelas secundarias          el uso del alcohol en las universidades

el abuso del alcohol en las universidades          el uso controlado del alcohol en las universidades

PREGUNTAS ENFOCADAS SOBRE EL TEMA:
**EL ABUSO DEL ALCOHOL
EN LAS UNIVERSIDADES NORTEAMERICANAS**

1. ¿Qué caracteriza el abuso del alcohol?
2. ¿Quiénes abusan del alcohol?
3. ¿Cuáles son las consecuencias del abuso del alcohol?
4. ¿Cómo solucionar el problema del abuso del alcohol?

vez más limitados y, finalmente, cómo se enfoca un aspecto específico mediante preguntas.

## *Enfocar*

Se enfoca el tema limitado haciendo preguntas específicas para lograr encontrar un aspecto reducido del mismo. Las preguntas sirven para subdividir el tema y limitarlo aún más. Como paso final, se selecciona una sola pregunta, cuya respuesta dé como resultado una exposición de la extensión deseada. Note que en el cuadro de la página anterior varias de las subdivisiones del tema global «el alcohol» pudieron haberse usado como temas de una exposición de gran extensión.

Para enfocar un tema, es importante saber cómo hacer preguntas que abarquen los diferentes aspectos del mismo. En los capítulos anteriores Ud. utilizó una serie de preguntas para enfocar la descripción (páginas 19–20) y la narración (página 49). El cuadro que aparece a continuación contiene ejemplos de algunas preguntas de enfoque que pueden utilizarse para captar aspectos de varios tipos de temas que se prestan a la exposición.

| PREGUNTAS DE ENFOQUE | TIPO DE TEMA |
|---|---|
| • ¿Qué es? ¿Cómo se define? | |
| • ¿Cómo es? | |
| • ¿Para qué sirve? | |
| • ¿Dónde se encuentra? | cosa |
| • ¿Cuál es su origen? | |
| • ¿Qué importancia/impacto tiene? | |
| • ¿Cómo se hace? | |
| • ¿Qué significa? ¿Cuál es su propósito? | |
| • ¿Cómo se define? | |
| • ¿Por qué es importante/interesante/problemático? | |
| • ¿Quiénes comparten/rechazan esta idea? | |
| • ¿Qué evidencia apoya/contradice la idea? | idea |
| • ¿Qué ejemplos hay de esta idea? | |
| • ¿Qué ideas son semejantes/diferentes a $X$? | |
| • ¿Cuáles son las causas / los efectos de $X$? | |

**¡!** **Piénsalo...**    Durante el proceso de enfocar un tema, es importante no ser demasiado estricto al juzgar el valor o utilidad de las preguntas de enfoque que te vienen a la mente. Esta actitud puede crear obstáculos mentales que impedirán una exploración cabal del tema. Conviene mejor anotar todas las ideas y asociaciones que te vengan a la mente; luego habrá tiempo para evaluar la lista y eliminar las ideas que no sean útiles. El proceso de hacer una lluvia de ideas o generar ideas se caracteriza por esta simple regla: primero pensar, luego repasar y revisar.

## La elaboración de la tesis

*Según la información y las ideas que ha reunido, el escritor selecciona y organiza los datos para desarrollar su tesis. Se va a hablar más de las estrategias para organizar los datos más tarde en este capítulo (páginas 73–74). También hay más información y actividades para practicar la organización del párrafo y la oración temática en el* **Cuaderno de práctica.**

Después de haber limitado el tema y enfocado un aspecto específico del mismo, se empiezan las investigaciones y la recolección y examen de los datos. Según lo que revelen estos pasos, se elabora la tesis del ensayo. La tesis se escribe generalmente como respuesta a una pregunta de enfoque. Por ejemplo, volviendo al texto sobre la estructura de la familia europea, podemos suponer que el escritor empezó con un tema general («la familia»). Luego, lo limitó hasta enfocarse en la estructura de la familia; a continuación lo limitó aún más al enfocarse en la estructura de la familia en Europa. Después se planteó una pregunta específica (¿cómo es el perfil de una familia europea típica?) para guiar su investigación del tema. Según lo que revelen los datos reunidos, su tesis podría tomar una de las siguientes formas.

1. No existe una familia europea típica: el perfil de la familia varía según el país.

2. La estructura de la familia europea ha cambiado mucho en los últimos años.

3. La importancia y el rol de la familia en la sociedad europea moderna ha cambiado mucho, pero la estructura de la familia es la misma que hace siglos.

A veces el escritor obtiene la información necesaria para contestar la pregunta de enfoque por medio de varios tipos de investigación. En otros casos, el escritor puede recurrir al mismo proceso de la generación de ideas para encontrar algunas que se relacionen con su tesis. Y, al igual que antes, es importante controlar la tendencia a la rigidez durante este proceso: primero hay que pensar, luego repasar y revisar.

**Piénsalo...**    Algunos escritores prefieren organizar los datos mediante un bosquejo (*outline*) formal, que luego les sirve de guía mientras escriben. Otros empiezan con un plan más esquemático y siguen explorando el tema mientras escriben. En ambos casos, son muy pocos los escritores, incluyendo los profesionales, cuyos borradores resultan ser idénticos a la versión final. En la gran mayoría de los casos, hay muchos cambios entre la primera y la última versión de una exposición. El proceso de escribir —es decir, de poner por escrito los pensamientos— le ayuda al escritor a descubrir qué es lo que intenta establecer y qué quiere comunicar al respecto.

## La exposición con base en el análisis y la clasificación

*Rincón del escritor*
Consulta el **Rincón del escritor** para aprender más acerca del bosquejo.

Como se ha indicado antes, los ensayos expositorios siempre tienen dos partes: una tesis y la evidencia que la apoya. Las preguntas de enfoque representan distintas maneras de dirigir la investigación acerca de un tema; la información que uno busca depende de estas preguntas. Del mismo modo, las preguntas de enfoque pueden sugerir maneras de organizar y presentar la información reunida.

Dos técnicas que se usan con frecuencia en la exposición son el análisis y la clasificación. La exposición analítica, o sea el análisis, tiene como propósito exponer o presentar un tema por medio del estudio de cada una de sus partes. Por ejemplo, una exposición analítica sobre las flores hablaría sobre las partes de la flor; es decir, la raíz, el tallo y los pétalos. Una exposición analítica sobre la novela hablaría sobre los personajes, el argumento, el escenario y los demás elementos que la componen. Analizar significa «distinguir y separar las partes de un todo hasta llegar a conocer sus principios o elementos». Una exposición que utiliza la técnica del análisis, entonces, es la presentación de un objeto, institución, proceso, etcétera, con atención a sus aspectos constitutivos. La exposición que utiliza el análisis contesta a la pregunta: «¿De qué partes o elementos se compone la entidad que se presenta?»

En contraste, la clasificación contesta la pregunta: «¿Qué clases existen y cómo se relacionan?» Clasificar es, en su sentido más básico, ordenar o agrupar conceptos o entidades para lograr identificar las características que unen o separan los diferentes grupos. Una exposición sobre las flores, por ejemplo, que tuviera como propósito clasificarlas, hablaría de los diferentes tipos de flores utilizando algún criterio específico para dividirlas en clases. Una exposición clasificatoria sobre la novela latinoamericana presentaría quizá las características de la novela romántica, de la novela realista, de la novela modernista, etcétera.

En resumen, el análisis empieza con *una* entidad y la divide en varias partes según ciertos criterios; en cambio, la clasificación parte de *muchas* entidades y acaba por agruparlas según algún orden específico. El análisis de un poema, por ejemplo, podría hablar del tema, la rima, las imágenes y las metáforas del mismo, mientras que la clasificación de un poema hablaría de poemas épicos, líricos, narrativos, etcétera, y explicaría qué características del poema permiten situarlo dentro de una clase en particular.

## EL ANÁLISIS → LOS COMPONENTES, LAS PARTES DEL PERRO

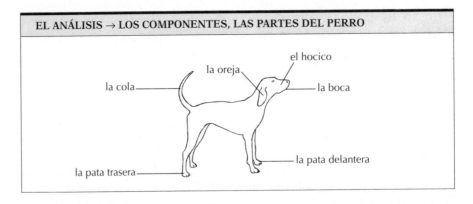

## LA CLASIFICACIÓN → LOS TIPOS, RAZAS, GRUPOS O CLASES DE PERROS

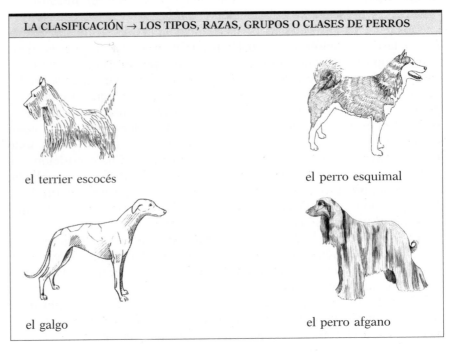

el terrier escocés

el perro esquimal

el galgo

el perro afgano

## EJECUTIVOS DEL 2000

*L*as aspiraciones y las preocupaciones de los jóvenes profesionales han cambiado a lo largo de los años. En estos momentos, a un paso del siglo XXI, lo más importante para ellos ya no es el dinero, el poder o el *status*. En su lugar prefieren la satisfacción en el trabajo, el contacto con la naturaleza y a el acercamiento a todo tipo de actividades culturales. En definitiva, apuestan por la calidad de vida.

Esta es una de las principales conclusiones que se desprenden de un estudio internacional realizado por Sigma Dos en 1996 sobre una muestra de 3.000 profesionales entre 18 y 45 años (de ellos, 525 españoles). En él se aportan datos sobre sus inquietudes, sus sueños, sus preocupaciones sociales y sus prioridades laborales y personales.

### Las claves del éxito

Entre los factores más importantes para alcanzar el éxito profesional, los españoles encuestados consideran que el trabajo en equipo, la iniciativa y la inteligencia son determinantes.

—Trabajar en equipo es fundamental, ya que una persona sola no puede conseguir lo que quiere. Yo tengo un equipo que me ayuda mucho. Sin él no tendría nada que hacer —dice Daniel González, jefe de operaciones del almacén central textil de Continente.

Según este informe, casi un tercio de los jóvenes profesionales españoles anteponen la satisfacción laboral a ganar más dinero o al desarrollo de su carrera profesional. Estos datos representan un giro significativo respecto a las prioridades laborales de los años 80, cuando los ejecutivos basaban su éxito profesional y personal en el dinero, el poder y el *status*. «Yo lo que quiero es trabajar a gusto y que valoren mi esfuerzo —cuenta Laura Iglesias, ayudante de dirección en la empresa de obras y finanzas Ayosa—. No compensa en absoluto ganar mucho dinero si no estás satisfecho con tu trabajo».

En cuanto al resto del mundo, los japoneses confiesan que su arma más preciada para conseguir el éxito es el carisma, los alemanes eligen la confianza en uno mismo y los tailandeses creen que lo más importante es el entusiasmo. Los más originales son los italianos, que aseguran que la corrupción es el factor clave para triunfar profesionalmente.

Otra de las aspiraciones de los nuevos profesionales es llegar a crear y dirigir su propia empresa. El deseo de mandar antes de que les manden es muy grande, sobre todo entre los más jóvenes. El motivo de esta decisión suele ser la autonomía personal, ya que a la hora de tener su propio negocio, lo más atractivo es ser su propio jefe, más que llegar a ganar mucho dinero.

Nuria Ruiz de Alegría, con sólo 30 años tiene ya su propia agencia de publicidad. Dice que «siempre quise crear mi empresa. Es bueno trabajar para uno mismo y en lo que a uno le gusta». Miguel Garrido también ha creado ya dos empresas: «Una de mis ilusiones era crear algo, sacar adelante un proyecto y dar empleo a la gente».

Una de las cuestiones que pueden sorprender es que, a pesar de que los profesionales españoles son muy trabajadores, no son dados a utilizar las nuevas tecnologías. Según esta encuesta, patrocinada por Chivas Regal, el 71 por ciento de los jóvenes afirma que apenas utilizan las nuevas tecnologías en el trabajo. Eso sí, el teléfono móvil es el único instrumento que se ha introducido masivamente en la vida laboral española, desbancando a Internet e incluso al propio ordenador.

Según Miguel Garrido, el teléfono móvil ha resultado ser una liberación para el joven empresario «porque te permite estar físicamente en sitios diferentes y realizar cosas antes inimaginables».

Pero también los hay quienes piensan que, a pesar de ser toda una revolución, el móvil no es imprescindible: «Yo no utilizo prácticamente el móvil —comenta Juan Pablo Lázaro, director general de ASM e Infologística y Premio Joven Empresario 1996—. Si yo tengo que marcharme de la empresa, no ocurre absolutamente nada porque el que todo marche bien no depende sólo de mí. Hay un gran equipo que trabaja para que todo vaya bien».

## Culto a la felicidad

El ejercicio físico es una de las opciones elegidas mayoritariamente por los nuevos ejecutivos para eliminar el estrés y mantenerse en forma. Ya en los años 80, comenzaba una fiebre llamada «culto al cuerpo» que ahora, casi 20 años después, está produciendo sus frutos. Cada vez son más españoles que dedican su tiempo libre al deporte, y a ser posible al aire libre, en contacto con la naturaleza. Hay una preocupación general por la salud. El trabajo ya no lo es todo en la vida.

«Hago mucho deporte, sobre todo correr, montar a caballo y esquiar porque me gusta mucho el campo, estar al aire libre —dice Juan Pablo Lázaro—. Es importante vivir experiencias nuevas fuera de casa y del trabajo. Hay muchas cosas hermosas de las que disfrutar y que además no cuestan dinero».

Otra de las preferencias del nuevo ejecutivo a la hora de eliminar tensiones es quedarse tranquilamente en casa, sobre todo los más jóvenes, que son los que más horas dedican a ver la televisión. Salir con los amigos es también una buena forma de desconectar del trabajo. A esta opción se apuntan sobre todo los profesionales británicos, que fieles a su imagen tradicional, afirman invertir su tiempo libre en el pub.

Y a la hora de gastarse el dinero, los jóvenes tienen como prioridad coger las maletas y viajar a lugares exóticos. También les gusta dedicar su salario a comprar ropa de calidad y a cenar en buenos restaurantes. El problema es que el dinero suele irse en otras cosas, como la casa, la familia y los amigos, dejando en un segundo plano los viajes, la ropa y el coche. Para los jóvenes españoles la familia y los amigos son muy importantes.

## Una mirada al futuro

Cuando se pregunta a los nuevos profesionales sobre el futuro laboral y social, la mayoría se muestran optimistas, aunque también reconocen que la época actual sigue dominada por la inseguridad, el egoísmo y el culto a la imagen.

Mirando más allá, los jóvenes opinan que en un futuro se producirá un cambio en el entorno laboral, caracterizado por el desarrollo de tareas del trabajo en el hogar en sustitución de la oficina.

Según Miguel Garrido, «el futuro laboral cambiará mucho la próxima década. Las nuevas fórmulas que permiten trabajar desde casa estarán en alza y se trabajará, más que para una sola empresa, para varias».

La encuesta muestra que los españoles somos los que más esperamos el traslado desde la oficina hasta el hogar, aunque coincidimos con el resto de los países en señalar como tendencia del futuro la inseguridad laboral.

Pero no sólo preocupa a los ejecutivos españoles el futuro laboral. Existen problemas sociales a los que no son ajenos. La pobreza y el hambre, seguidos por la guerra y la violencia en la sociedad, son los temas que más afectan, aunque a los más jóvenes les preocupa también la polución y esperan para la próxima década un mayor respeto por el medio ambiente.

En definitiva, los nuevos ejecutivos han decidido terminar con el modelo de vida imperante durante muchos años, en el cual el trabajo y el dinero eran la base del éxito profesional. Ahora los jóvenes entran en el año 2000 con pie firme buscando la calidad de vida, la ampliación de horizontes y el desarrollo personal. Es un buen comienzo.

**Piénsalo...**   El análisis y la clasificación son dos formas diferentes de considerar un mismo tema. El análisis observa el tema de «los jóvenes ejecutivos» y pregunta: «¿Cuáles son los tipos de características que ese grupo comparte?» La clasificación observa el tema y pregunta: «¿Qué clases de jóvenes ejecutivos hay? ¿Tienen algunos de ellos características específicas que no compartan los demás? ¿Cuántos tipos de jóvenes ejecutivos hay?»

En el repaso de la gramática de este capítulo se comentan las varias formas de la construcción pasiva en español; hay más información y actividades para practicar estas construcciones en el **Cuaderno de práctica.**

El tema del texto anterior es las cualidades que encarna el «nuevo ejecutivo español». Según la tesis, el nuevo ejecutivo, a diferencia de los ejecutivos de hace varios años, se caracteriza más por cualidades que ponen la calidad de vida antes que el dinero, el poder y el estatus. El propósito es informar al lector de las principales conclusiones de un estudio sobre el tema, resumiendo los datos importantes del estudio. Al igual que todo texto expositorio, la estructura de éste incluye dos partes: la declaración de la tesis (en el primer párrafo) y la evidencia que la apoya (siguiendo la declaración).

Este texto se organiza según la técnica del análisis. Es decir, la autora empieza con un tema general —las aspiraciones y preocupaciones que caracterizan a los jóvenes ejecutivos— y después divide estas características en grupos específicos para explicarlos uno por uno.

Aunque en el texto sobre los jóvenes ejecutivos se encuentra alguna frase en la primera persona del plural («los españoles somos»), la escritora desarrolla su tema no como quien expresa una opinión o una experiencia personal, sino como quien presenta información objetiva, basada en hechos. En este texto se pueden encontrar tres técnicas que ayudan a establecer el tono formal y objetivo. Primero, la autora utiliza la tercera persona en vez de la primera: «los españoles anteponen… », «el joven profesional no desea… », «los jóvenes se muestran optimistas… ». Segundo, la autora reporta la información acompañada de números y porcentajes: «un tercio de los jóvenes… », «el 71 por ciento de los jóvenes… ». Tercero, recurre a construcciones pasivas o impersonales: en vez de escribir «yo pienso que… » o «en mi opinión… », la autora observa que «las conclusiones se desprenden de» un estudio, y que en el estudio «se aportan datos».

## Tarea

En este capítulo, Ud. va a redactar un ensayo expositorio sobre un tema que sea de interés para Ud. La evidencia que incluya para apoyar la tesis de su exposición debe organizarse según la técnica del análisis o de la clasificación.

**EN SU CUADERNO...**

repase los tipos de redacción con los que tiene experiencia: cartas, ensayos, apuntes y observaciones informales, poemas o cuentos, evaluaciones de sus clases o sus profesores. ¿Qué tipo de redacción hace Ud. con más frecuencia? ¿con menos frecuencia? ¿Qué tipo le gusta más? ¿Por qué?

**Piénsalo...**   Escribir es difícil cuando uno tiene que escribir algo y no tiene nada que decir. Pero igualmente difícil puede ser tener que escribir algo y tener demasiadas cosas que decir. ¿Por dónde empezar? ¿Cómo enfocar el tema? ¿Cómo organizar la información? En este capítulo vas a aprender varias técnicas que te ayudarán a resolver dilemas como éstos.

## PRIMERA ETAPA: *Antes de redactar*

En esta primera parte del capítulo, Ud. tendrá la oportunidad de

- explorar ideas relacionadas con varios temas que se prestan a la exposición

- experimentar con varias técnicas de organización para luego determinar cómo va a presentar la tesis y la evidencia que la apoya

- experimentar con varias técnicas de prerredacción para eligir el tema y la técnica de organización

- definir el propósito de su escrito

- identificar las necesidades de su lector

## LA GENERACIÓN Y RECOLECCIÓN DE IDEAS

Para escribir un ensayo expositorio —no importa si se organiza como un análisis o como una clasificación— el escritor tiene que escoger un tema, limitarlo y luego enfocarlo. Cada uno de estos pasos le ofrece oportunidades para generar y explorar ideas.

### Actividad A · La lluvia de ideas

Cada uno de los temas de la siguiente tabla puede examinarse desde la perspectiva de la clasificación o del análisis. Trabajando con dos o tres compañeros/as, escoja un tema de cada grupo (A, B o C). Hagan dos sesiones de lluvia de ideas para cada tema escogido, para crear preguntas de enfoque: dediquen una lluvia de ideas al análisis y otra a la clasificación. Cuatro o cinco minutos después, pasen al tema del grupo B. Repitan el ejercicio: escojan un tema y hagan dos sesiones de lluvia de ideas para crear preguntas de enfoque: una sesión desde la perspectiva del análisis y otra desde la perspectiva de la clasificación. Después de cuatro o cinco minutos, pasen al grupo C y repitan el ejercicio una vez más. Una persona de cada grupo debe servir de secretario/a para apuntar las preguntas sugeridas.

| | TEMAS (MEMORABLES, TERRIBLES, DIVERTIDOS, PERFECTOS,... ) | ANÁLISIS: LAS CARACTERÍSTICAS DE... | CLASIFICACIÓN: LAS DISTINTAS CLASES DE... |
|---|---|---|---|
| A | *Las experiencias* <br> • el amor <br> • la amistad <br> • un empleo <br> • la universidad <br> • una fiesta | | |
| B | *Los fenómenos* <br> • la música <br> • las dependencias <br> • la comunicación <br> • la tecnología <br> • una historia | | |
| C | *La gente* <br> • los maestros / los profesores <br> • los actores / los músicos <br> • los atletas <br> • los líderes / los héroes <br> • los animales domésticos | | |

Resuman los resultados de su trabajo en la tabla de ideas de su ***Cuaderno de práctica.*** Escriban los tres temas generales que escogieron; identifiquen para cada tema dos preguntas de enfoque que les parezcan posibles puntos de partida para un ensayo expositorio.

| TABLA DE IDEAS | | |
|---|---|---|
| *Tema general* | *Pregunta #1* | *Pregunta #2* |
|  |  |  |

**Piénsalo...**    Al trabajar en las actividades de este capítulo, cuando se te ocurran ideas que podrían servir de tema para una composición, agrégalas a tu tabla de ideas en el ***Cuaderno de práctica.***

**Actividad B**    La redacción libre

**1.** Escoja uno de los temas que ha apuntado en su tabla de ideas y una de las preguntas de enfoque indicadas en la tabla para este tema.

**2.** En su ***Cuaderno,*** escriba sobre el tema escogido durante cinco minutos, sin detenerse.

**3.** Examine lo que acaba de escribir. ¿Cuál parece ser la idea principal de sus observaciones? Resuma la idea principal en una oración.

**4.** Agregue esta idea a la tabla de ideas en su ***Cuaderno de práctica.***

**Piénsalo...**    Entre los propósitos de la redacción libre están el del desarrollo de la facilidad de expresión y el del desarrollo de la confianza en uno mismo. Es importante que no te preocupes por los errores de la forma, que no te apresures a revisar tu escrito, que no dudes de tus capacidades como escritor. Recuerda que tanto los escritores con mucha experiencia como los principiantes pueden encontrar dificultades al tratar de comunicar sus ideas por escrito. Lo que suele distinguir a los unos de los otros es la manera en que manejan estas dificultades. Las investigaciones sobre el proceso de la redacción indican que los escritores inexpertos utilizan estrategias ineficientes e incluso contraproducentes para escribir; estrategias que intensifican sus problemas. Por ejemplo, los escritores con poca experiencia tienden a abordar la tarea de escribir con una actitud perfeccionista; insisten en «hacerlo bien al primer intento». Estos escritores suelen pasar tanto tiempo tratando de encontrar la palabra precisa, redactando y volviendo a redactar cada oración, que terminan abandonándolo todo. Para los que escriben en una lengua extranjera, la sensación de no conocer suficientemente bien el idioma o de carecer del vocabulario adecuado para escribir bien puede ser muy intensa. No obstante, *la preocupación por la corrección gramatical y por detalles como si se está usando o no la palabra exacta, es de poca utilidad en las primeras etapas del proceso de redacción.* De hecho, cuando los escritores se concentran demasiado en la forma de lo escrito, pierden con frecuencia el hilo de lo que realmente quieren decir.

**Actividad C**   La lectura: Análisis y discusión

El siguiente texto explora el fenómeno de las dependencias. Como toda exposición, pretende contestar una pregunta determinada al respecto. ¿Puede Ud. identificar cuál es esa pregunta?

## USTED PUEDE SER UN ADICTO... AUNQUE NO TOME DROGAS

*Rincón del escritor*

En el **Rincón del escritor** puedes encontrar otras sugerencias y estrategias para manejar las dificultades que puedan presentársete al intentar expresar lo que piensas: la preocupación por la perfección, la redacción bilingüe, el uso de los comodines y la redacción de ideas en el orden en que se te ocurren.

«Lo confieso. He sido una adicta a la comida. Recuerdo que vaciaba el frigorífico en un abrir y cerrar de ojos. Cuando notaba que no podía comer más me entraba una angustia terrible. Iba al lavabo, me metía los dedos en la garganta, devolvía y empezaba a comer de nuevo. A los 36 años toqué fondo y acudí a una terapia de grupo. Ahora estoy completamente recuperada.» La actriz Jane Fonda describió así los síntomas de una enfermedad que padeció durante 23 años: la bulimia. Quien la sufre no puede parar de ingerir alimentos, si lo hace entra en un estado de ansiedad que sólo se aplaca al abrir de nuevo la nevera. Cuando su estómago está a punto de explotar, el enfermo vomita y continúa comiendo.

Pero, ¿puede algo tan inofensivo como unos calamares en su tinta o la tortilla de patatas crear adicción? ¿O es una maquinación de psicólogos modernos con ganas de dar el golpe proponiendo nuevas y extravagantes teorías? Los expertos aseguran que no sólo la comida, también el juego, el trabajo, las compras, el sexo, etcétera son capaces de enganchar a algunas personas como los estupefacientes atrapan a los toxicómanos. Como éstos, aquellas personas padecen síndrome de abstinencia y entran en un círculo vicioso del que creen imposible escapar.

Joaquín vivió ese infierno. Durante nueve años fue cliente asiduo del Casino de Madrid: «Lo mío era la ruleta. No podía dejarla. Me daba igual ganar o perder, lo importante era apostar. Con el tiempo la adicción fue creciendo. La tenía metida en la sangre. Todos los primeros de mes, cuando me ingresaban la nómina, corría al casino a gastarme el sueldo. Me endeudé hasta las cejas y los problemas familiares que tenía eran tremendos. Hice sufrir a mucha gente. Ahora que llevo dos años sin jugar me doy cuenta de lo bajo que llegué a caer».

Joaquín pertenece a ese afortunado 30 por ciento de ludópatas que ha conseguido superar su adicción. Ahora colabora con la asociación madrileña Amagger, donde ayuda desinteresadamente a otros jugadores a luchar contra la ludopatía. Allí acuden los enfermos, normalmente acompañados por sus familiares, y cuentan sus problemas en una terapia de grupo. «Lo importante es que el jugador se dé cuenta de que hay otras personas en su situación, que se desahogue y se sienta comprendido», comenta Joaquín. Sin embargo, aunque estos adictos consigan superar su dependencia, están condenados a vivir apartados del juego. Joaquín, por ejemplo, está completamente recuperado pero, cuando se le pregunta qué es lo que más le gusta hacer en la vida, dice tajante: «Jugar. No lo hago porque sé que me destruye, pero daría cualquier cosa por volver a un casino.»

En 1991 los españoles nos gastamos en lotería, casinos, bingos y máquinas tragaperras la friolera de tres billones de pesetas, una cantidad similar al presupuesto del Ministerio de Sanidad. Los expertos calculan que en nuestro país un millón de personas juega de forma regular, aunque no se sabe cuántos de ellos están realmente enfermos. La Asociación Americana de Psiquiatría reconoce que la ludopatía es un trastorno de tipo adictivo, como el alcoholismo. Y, al igual que muchos bebedores habituales no acaban esclavos de la botella, tampoco todos los que acuden al casino, compran la bonoloto o echan unas monedas en una de las 260.000 tragaperras que hay repartidas por España terminan convirtiéndose en ludópatas.

Pero no sólo el juego, son muchas las actividades que crean adicción. Ya el médico suizo Teofrasto Paracelso afirmó en la Edad Media: «Todos los comportamientos pueden convertirse en una droga». En 1936 el médico vienés Erns Gabriel, en su obra *Nueve tipos de dependencia,* señaló que la cleptomanía y la piromanía eran impulsos patológicos incontrolables. También la ludopatía era conocida por la medicina, y en los últimos años han surgido otras nuevas, como la adicción a los videojuegos o las compras.

Sin embargo, aunque los expertos reconocen la existencia de estas dependencias, no acaban de ponerse de acuerdo sobre por qué algunas personas se enganchan al juego, al sexo o a cualquier otro tipo de actividad. Para los médicos, esta clase de comportamientos compulsivos es producto de una neurosis; los psicoanalistas, en cambio, buscan la causa en la infancia del paciente, y los psicólogos hablan de falta de autocontrol. El psiquiatra Juan Antonio Vallejo Nágera afirmaba que estos enfermos son personas incapaces de dominar sus impulsos. Opinión que comparte la psicóloga Carmen Serrat Cuenca, directora del departamento de Clínica de Grupo Luria. Para ella, los ludópatas, pirómanos o cleptómanos no tienen capacidad de autocontrol: «El ser humano necesita alcanzar un nivel de satisfacción en la vida. Normalmente, éste se obtiene repartido en diversas actividades: el trabajo, el sexo, la comida… Sin embargo, cuando la persona se siente frustrada en alguna o muchas de estas facetas, entonces centra toda su atención en una sola. También fomenta este tipo de comportamientos adictivos la sociedad actual, que prima el éxito y el dinero rápido. Así ocurre, sobre todo, en el caso de los adictos al trabajo».

Juan, un abogado de 51 años, lleva dos meses acudiendo a un psicólogo. «Durante años he trabajado más de 15 horas diarias sin descanso. Los fines de semana me llevaba documentos a casa para estudiarlos y, hasta cuando estaba de vacaciones, me pasaba todo el día pegado al teléfono dando instrucciones a mis colaboradores. Hace unos meses quebró la empresa en la que trabajaba. Fue un desastre. Estaba sin empleo y no sabía qué hacer con mi vida. Sentí un vacío terrible y me volví agresivo, incluso con mis hijos». Juan es un *workaholic*. Y como la de todos los que padecen esta adicción al trabajo, su personalidad, según los especialistas, corresponde al llamado patrón A: un sujeto con excesivo afán de éxito, que necesita obtener los resultados de sus acciones de manera inmediata, perfeccionista. «La mayoría de estos pacientes están estresados, inquietos e insatisfechos. Su obsesión por el trabajo los aísla de la familia y de los amigos. Además, como no descansan lo suficiente, empiezan a rendir menos en su puesto laboral. Algunas personas jamás se dan cuenta de que están enfermas. A otras, la jubilación o el paro les abre los ojos», comenta Carmen Serrat Cuenca.

Pero, ¿dónde está la frontera entre un comportamiento normal y el adictivo? El psicólogo alemán Werner Gross ha establecido cuatro rasgos que caracterizan a estos enfermos:

1. El paciente pierde el control cuando desarrolla una actividad determinada.

2. Sufre síndrome de abstinencia si no puede practicarla.

3. Su dependencia es cada vez más fuerte.

4. El enfermo no siente interés por lo que le rodea; sólo por el objeto de su adicción.

Cuando se dan estos cuatro puntos, para Gross no hay lugar a dudas, estamos ante un adicto. Otros psicólogos, en cambio, hacen hincapié en las consecuencias negativas y autodestructivas de la dependencia. «Lo que diferencia al hábito de la adicción es que la segunda tiene efectos peligrosos para el sujeto», comenta el psicólogo Peter Púrpura, que atiende en su consulta de Nueva York. «Cuando un placer pone en riesgo tu vida, hay que empezar a hablar de adicción».

Y es que son precisamente las actividades placenteras las que crean dependencia. Pero, ¿en qué consiste ese placer? ¿Por qué disfrutamos ante una consola de videojuegos o sentimos algo parecido a una borrachera cuando estamos en tensión? Los investigadores apuntan una interesante teoría. En 1975 se descubrió que nuestro tejido cerebral segrega una hormona muy especial, la endorfina, que tiene un efecto euforizante, similar al que generan los opiáceos.

Se ha comprobado que este estimulante natural, segregado por el propio organismo, entra en acción cuando el sujeto se enfrenta a determinadas situaciones que le resultan estresantes como, por ejemplo, el juego. Así, frente a la ruleta, sentimos una euforia similar a la que experimenta un cocainómano tras esnifar una raya: aumento de la sudoración, de las pulsaciones… Si los adictos a determinados comportamientos producen mayor cantidad de estas endorfinas es algo que aún está por investigar, pero estas hormonas han abierto un nuevo e interesante campo de estudio.

Uno de los principales problemas que presentan estas adicciones es que el enfermo no suele pedir ayuda médica, hasta que ya es demasiado tarde. Al principio rechazan la terapia y niegan sistemáticamente estar enganchados. Sus familiares tampoco advierten pronto la enfermedad, ya que actúan clandestinamente: los ludópatas se escapan del trabajo para jugar, los bulímicos atracan la nevera por las noches y los adictos a los videojuegos se encierran en su cuarto para que nadie les moleste. No obstante, aunque su droga no es una sustancia prohibida, como la heroína, estos enfermos padecen un síndrome de abstinencia similar al que sufren los toxicómanos: depresiones, angustia y dolores físicos.

Terapias de grupo, tratamientos farmacológicos y el diván de un psicoanalista son algunas de las alternativas que proponen los especialistas para la curación de estas adicciones. Sin embargo, el porcentaje de éxitos es reducido: ronda el 30 por ciento. En algunos pacientes, como los cleptómanos, se busca la abstinencia total; en otros, un consumo controlado. Pero siempre el paso fundamental para superar cualquier dependencia es que el enfermo tome conciencia de su situación y decida curarse; que una mañana se levante y exclame como un *croupier* ante la ruleta: «No va más».

—*Mar Cohnen*

1. ¿Cuál es la pregunta central que busca contestar el texto anterior? ¿Cuál es la tesis?

2. El propósito de esta exposición es informar. ¿Cuáles son los datos específicos que incluye para apoyar la tesis?

3. ¿Cómo se organizan los datos, según el análisis o según la clasificación?

4. ¿Cómo es el tono del escrito? ¿Es muy personal o más bien impersonal y objetivo? ¿Por qué piensa Ud. eso? ¿Qué hay en el texto que crea ese tono? En el texto sobre los ejecutivos, se encontraban tres técnicas para ayudar a establecer un tono objetivo. ¿Encuentra Ud. algunas de esas técnicas en este texto? ¿Cuál(es)?

5. ¿Está Ud. de acuerdo con la selección de detalles que ha incluido el escritor para justificar su posición acerca del carácter adictivo de ciertas actividades comunes? ¿Hay otros datos que a Ud. le parezcan más importantes?

6. ¿Comparte Ud. la opinión expresada en el texto de que «todos los comportamientos pueden convertirse en una droga»? ¿Por qué sí o por qué no?

**EN SU CUADERNO...**

*explore más a fondo el tema de los comportamientos «normales» que pueden convertirse en drogas. Haga una lista de estos comportamientos (ir de compras, comer dulces, hacer ejercicio, navegar la red mundial, etcétera). Después, examine la lista para buscar una manera de clasificar las actividades (¿cuáles de verdad pueden convertirse en drogas? ¿cuáles son más peligrosas para hombres y cuáles para mujeres?) o de analizarlas (¿cuáles son sus características principales? ¿cuáles son las características de las personas que suelen «consumir» estas «sustancias»?).*

Como se vio en el Capítulo 2, muchas veces la narración se combina con la descripción en un solo texto. Del mismo modo, aunque es posible escribir una exposición en la que se use solamente un tipo de organización (ya sea la clasificación o la causa y efecto), con frecuencia combina el escritor varias técnicas dentro del mismo texto. Por ejemplo, en este texto se utiliza el análisis además de la clasificación. ¿Puede Ud. indicar dónde?

## Enfoque

- Repase la tabla de ideas en su **Cuaderno de práctica** y los apuntes de las actividades que Ud. ha hecho hasta este punto.

- Escoja un tema que le interese personalmente.

- En su **Cuaderno,** haga un <u>mapa semántico</u> de los aspectos del tema que le parezcan interesantes e importantes. Para hacer resaltar el análisis o la clasificación, aquí hay dos preguntas por considerar.

  a. *Análisis:* ¿De qué partes se compone la entidad / el concepto?

  b. *Clasificación:* ¿Cuáles son las diferentes clases de la entidad / del concepto?

## TÉCNICAS DE ORGANIZACIÓN Y EXPRESIÓN

*Hay más información y ejercicios de práctica sobre <u>la organización del párrafo</u>, <u>la oración temática</u> y la unidad del párrafo en el **Cuaderno de práctica** (pp. 60–64) y en el **Rincón del escritor**. También puede encontrar información sobre <u>las introducciones y conclusiones</u> en el Capítulo 4 de este libro y en el **Rincón del escritor**.*

### Pensando en el lector: La organización del escrito

Cuando Ud. escribe un sólo parrafo o un ensayo que se compone de multiples párrafos, típicamente tiene que llevar a cabo cuatro tareas:

- Identificar una idea central con un propósito y un lector claramente definidos.

- Desarrollar un punto central con hechos, observaciones y experiencias específicas que puedan servir de ejemplos y razones para convencer al lector.

- Organizar los detalles en un orden lógico.

- Escribir una introducción y una conclusión efectivas.

La introducción es muchas veces la parte más importante de un párrafo o un ensayo, puesto que con base en este trozo el lector suele decidir si va a seguir leyendo o no. No obstante, muchos expertos suelen escribir la introducción *después* de haber elaborado un borrador de todo el ensayo, una vez que han detectado la idea cabal de lo que realmente quieren demostrar. Ud. va a trabajar más con introducciones y conclusiones en el Capítulo 4.

En páginas anteriores (70–72), Ud. utilizó la técnica de limitar y enfocar de un tema para identificar una idea central y elaborar una tesis. Luego, al explorar y reunir información acerca de su tema, Ud. puede buscar <u>evidencia</u> —hechos, observaciones y experiencias— para sostener su tesis. El próximo paso consiste en arreglar estos detalles para formar un conjunto coherente y convincente.

En los escritos académicos, los ensayos y párrafos suelen comenzar con una generalización (se le llama **tesis** en el ensayo y **oración temática** en el párrafo) que luego se sigue con ejemplos o explicaciones más específicos. A la manera más común de organizar la información en un párrafo o ensayo se le conoce como «estrategia culminante» porque empieza con el punto menos importante y sigue progresivamente hasta concluir (o «culminar») con el punto de mayor peso. En *Composición: Proceso y síntesis,* Ud. va a practicar tres estrategias específicas para organizar la información en un ensayo o párrafo: la clasificación y el análisis, la comparación y el contraste, y la causa y el efecto. La estrategia culminante se puede combinar con cualquiera de estas tres estrategias.

En los escritos académicos, lo típico es que cada párrafo presente una idea central y que ésta pueda encontrarse en una oración dentro del párrafo. A esta oración se le da el nombre de **oración temática.** La oración temática identifica el tema que se va a tratar en un párrafo y sirve como «guía» o «foco» importantísimo tanto para el lector como para el escritor: por un lado, permite que el lector determine el contenido del conjunto; por el otro, ayuda al escritor a seleccionar razones y ejemplos de apoyo que deben incluirse en cada párrafo. Ya que el párrafo se considera una unidad coherente, al dividir una exposición en párrafos, el escritor indica al lector que cada una de estas subdivisiones presenta una idea diferente.

Para decidir qué información incluir en un escrito y cómo organizar dicha información, es importante anticipar las necesidades del lector. Así, el escritor hace uso de métodos de organización conocidos para asegurar que el lector comprenda la relación entre una idea y otra, y para que aprecie la importancia respectiva de las distintas ideas (la idea principal y las ideas de apoyo).

*Rincón del escritor*

Consulta el **Rincón del escritor** para obtener más información acerca de <u>las clases de evidencia</u> en la exposición y la argumentación.

*Rincón del escritor*

Consulta el **Rincón del escritor** para obtener más información acerca de <u>la coherencia</u>.

**Actividad A**   En grupos de dos o tres compañeros/as, hagan una <u>lluvia de ideas</u> para cada uno de los siguientes pares de conceptos. Comparen sus listas con las de los demás grupos de la clase, para crear una lista común por cada par de conceptos. Luego, dentro de su grupo, arreglen las ideas de cada lista según la estrategia culminante. ¿Qué punto merece mencionarse primero? ¿Cuál viene al final de la lista? Comparen sus listas con las de los demás grupos de la clase. ¿Hay mucha diferencia de opiniones?

La puntuación en las citas de los textos en este capítulo es típica de los textos en castellano publicados en países hispanoparlantes. Combina el guión largo ( — ) con las comillas (« »). Los textos en castellano publicados en los Estados Unidos siguen las mismas reglas que en cualquier país hispanoparlante en cuanto a las mayúsculas y la división de palabras (véase el Apéndice C del **Rincón del escritor**), pero para la puntuación siguen las reglas establecidas para el inglés. Hay información sobre algunos manuales de estilo en el Apéndice D del **Rincón del escritor.**

A menos que su profesor(a) le dé otras indicaciones, Ud. debe seguir las reglas del español para la división de palabras y las mayúsculas, y las reglas del inglés para la puntuación.

1. Las diferencias entre una profesión y un empleo

2. Las diferencias entre un equipo y un grupo

3. Las diferencias culturales entre su generación y la generación de sus padres

**Actividad B**   En cualquier ensayo, la tesis y las oraciones temáticas permiten que el texto sea coherente; sirven como el esqueleto al que luego se le va a agregar evidencia: razones, ejemplos y explicaciones. A continuación hay varias generalizaciones; tal y como están presentadas, resultan demasiado amplias como para guiar el contenido de un ensayo.

1. La contaminación del aire nos afecta a todos.

2. La gran mayoría de las personas no se preocupa por los problemas de los demás.

3. El ruido tiene efectos negativos en las personas.

4. La mayoría de las personas es conformista.

5. Ser bilingüe es una cosa positiva.

Realicen las siguientes actividades en grupos de dos o tres estudiantes.

- Conviertan cada generalización en una tesis que pueda desarrollarse detalladamente.

- Escriban tres oraciones temáticas sugeridas por la tesis (o por lo menos asociadas con ella). Arreglen las oraciones de manera lógica.

- Presenten su tesis y oraciones temáticas al resto de la clase.

Entre todos, comenten las siguientes cuestiones.

a. ¿Creen Uds. que la tesis reduce la generalización a una idea que se pueda manejar en un breve ensayo?

b. ¿Creen que la tesis resume bien los puntos principales mencionados en las oraciones temáticas?

c. ¿Se relacionan las oraciones temáticas directamente con los puntos mencionados en la tesis?

d. ¿Les parece lógico el orden de las oraciones temáticas?

## Estrategias del escritor: <u>Las citas</u>

En el Capítulo 2, Ud. observó cómo los diálogos dentro de una narración o descripción añaden interés al texto y hacen que el lenguaje sea más vivo. La exposición no suele incluir diálogo, sino citas directas e indirectas. El propósito es, antes que nada, apoyar la tesis de la exposición: la cita debe contener información importante que refuerce la idea principal del escrito. Asimismo, al igual que el diálogo en la narración, la cita hace que el lenguaje del texto sea más vivo; la selección de una buena cita puede hacer que un argumento se grabe más en la memoria. Por lo general, el escritor de una exposición busca establecer un tono impersonal y objetivo; la inclusión de algunas citas ofrece alguna variedad y ayuda a que el tono no resulte demasiado seco.

Además de las funciones mencionadas, las citas pueden hacer que el lector se identifique con el texto y acepte el razonamiento del escritor.

Una **cita directa** repite al pie de la letra las palabras de la persona a quien se cita. No es siempre necesario introducir al hablante con verbos de comunicación tales como «dice».

> —Trabajar en equipo es fundamental, ya que una persona sola no puede conseguir lo que quiere— dice Daniel González, jefe de operaciones.

> Joaquín vivió ese infierno durante nueve años: «Lo mío era la ruleta. No podía dejarla. Me daba igual ganar o perder, lo importante era apostar.»

Una **cita indirecta** resume las palabras en una paráfrasis.

> En 1936 el médico vienés Erns Gabriel, en su obra *Nueve tipos de dependencia,* señaló que la cleptomanía y la piromanía eran impulsos patológicos incontrolables.

> En cuanto al resto del mundo, los japoneses confiesan que su arma más preciada para conseguir el éxito es el carisma.

**Actividad A**  Análisis de textos

1. En el texto sobre los ejecutivos (páginas 75–77) la autora incluye varias citas directas. Vuelva a examinar ese texto. ¿Cuál(es) de las tres motivaciones para incluir citas se observa(n)? ¿Añaden nueva información? ¿Repiten la información, pero en una forma más viva e interesante? ¿Ayudan a convencer al lector de la validez de la presentación? ¿Tienen otro objetivo?

2. También en el texto sobre las dependencias (páginas 82–85) se incluyen varias citas. ¿En qué difiere el uso que se hace de las citas en este texto del uso que se hace en el texto sobre los ejecutivos?

3. El texto sobre los cambios en la estructura de la familia (páginas 66–67) sólo incluye una cita directa. ¿Cuál es? ¿Qué propósito tiene esta cita? ¿Es efectiva? Comente. ¿Le recomendaría Ud. al escritor que incorporara algunas otras citas al texto? ¿Por qué sí o por qué no?

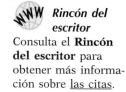

***Rincón del escritor***

Consulta el **Rincón del escritor** para obtener más información sobre las citas.

EN SU CUADERNO...

*examine el tema y los datos que ha reunido para su escrito. ¿Le parece que incluir algunas citas añadiría algo útil o interesante al escrito? ¿Por qué? ¿Qué tipo de citas sería apropiado? ¿Dónde las puede encontrar?*

**Actividad B**   Análisis de texto: «El éxito académico y la población hispana: ¿una solución o varias aproximaciones al problema?»

Lea con cuidado el siguiente texto y conteste las preguntas de análisis.

## EL ÉXITO ACADÉMICO Y LA POBLACIÓN HISPANA: ¿UNA SOLUCIÓN O VARIAS APROXIMACIONES AL PROBLEMA?

Los cambios demográficos de la población hispana en los Estados Unidos combinados con la deserción de los alumnos hispanos de las escuelas primarias y secundarias han creado una crisis de dimensión nacional en este país. Es sabido que actualmente la población de origen hispano incrementa con gran rapidez y que en su mayoría consta de personas menores de 18 años. También se ha determinado que este grupo representa un potencial consumidor de más de un billón de dólares. Desafortunadamente, es también este grupo el que tiene el nivel de escolaridad más bajo de todo el país.

Se ha propuesto un sinnúmero de soluciones y programas para intentar mejorar el aprovechamiento académico de los jóvenes hispanos. Entre las soluciones que hoy se estudian se encuentra el modelo presentado por la Universidad Hispana Nacional (*National Hispanic University*) de Oakland, California. Éste se basa en una clasificación de los estudiantes de origen hispano y en la convicción de que no existe una aproximación única al problema.

Según las investigaciones llevadas a cabo por Roberto Cruz, presidente de NHU, los estudiantes de origen hispano pueden dividirse en los siguientes grupos: 1) Los hispanos de clase media originarios de países latinoamericanos. Estos jóvenes por lo general hablan, leen y escriben el español con facilidad. Sus padres esperan que tengan éxito en la escuela, cosa que por lo regular logran en cuanto aprenden el inglés. 2) Los migrantes. Estos jóvenes, aunque nacen en los Estados Unidos, tienen pocas probabilidades de éxito. Son hablantes de la norma rural española y de una variante de inglés de poco prestigio. Normalmente se espera que este grupo de jóvenes tenga problemas serios en la escuela por la baja escolaridad de sus padres y por el hecho de que se desplazan varias veces durante el año escolar para seguir las temporadas de siembra y de cosecha. 3) Los hispanos estadounidenses que se retrasan en los estudios. Este grupo de jóvenes, aunque no tiene los problemas de la vida migratoria del grupo número 2, también encuentra que se les menosprecia tanto por su español como por su inglés. De nivel socioeconómico bajo, sufre los problemas del niño pobre dentro del sistema escolar diseñado para los hijos de la clase media. 4) Los hablantes monolingües del inglés. Estos jóvenes son productos de familias que han estado en este país por mucho tiempo o que, dadas sus aspiraciones, han enfatizado la importancia del inglés.

No hablan español, y con frecuencia se sienten confundidos en cuanto a su identidad cultural. Tanto los padres como los maestros esperan que estos jóvenes tengan éxito en los estudios. 5) Los estudiantes bilingües que triunfan en los estudios. Este grupo logra retener el uso de su lengua materna, aprender el inglés y tener éxito en los estudios. Generalmente estos estudiantes aprenden a trabajar dentro del sistema y forman grupos de apoyo con otros estudiantes.

Según el doctor Cruz, no puede hablarse de una sola solución para estos cinco grupos de estudiantes: para resolver el problema del fracaso académico y la deserción, es necesario identificar y evaluar al estudiante hispano y colocarlo dentro de una de las categorías susodichas. De ahí puede pasarse al diseño de un programa de instrucción que le permita al joven desarrollar el potencial que posee. No puede hablarse de una sola solución: las soluciones tendrán que tomar en cuenta las características de cada grupo.

1. ¿Cuál es el tema de este texto? ¿Cuál es la tesis?

2. ¿Cuál es el propósito del texto?

3. ¿Cómo se organiza la información del texto? ¿Sigue la estrategia culminante?

4. ¿Quién cree Ud. que es el lector anticipado? ¿Qué motivos tendría tal lector para leer este texto? ¿Cree Ud. que el escritor ha anticipado bien las necesidades del lector? Comente.

5. Analice el tono y la perspectiva del texto. ¿Es personal o impersonal? ¿formal o informal? ¿Qué hay en el texto que lo indique?

6. El texto no incluye citas directas como lo hacen varios de los textos que se han visto en este capítulo. En su opinión, ¿sería posible o recomendable incluir algunas? ¿Por qué sí o por qué no? Si ha dicho que sí, ¿qué tipos de citas se podrían incluir, y dónde?

**Actividad C**   Lectura: Análisis y discusión

Lea con cuidado el siguiente texto y conteste las preguntas.

## UN LENGUAJE SECRETO

*A*ún no saben hablar, todavía no entienden el significado de las palabras y, sin embargo, cualquier madre es capaz de comunicarse con su bebé desde el primer día. La naturaleza les ha enseñado, a padres e hijos, un lenguaje universal que no han tenido que aprender.

Resulta curioso observar cómo se comportan los adultos ante el recién nacido. Automáticamente sufren un cambio radical, instintivo e irreprimible: elevan el tono de voz, hacen gestos exagerados, abren mucho los ojos y le sonríen sin parar. De esta forma, hasta la persona más seria es capaz de convertirse en un tierno y divertido compañero de «conversación».

Esto es así porque todos han elegido la forma más acertada —y en realidad, la única eficaz— de tomar contacto con un bebé. Su esfuerzo se ve rápidamente recompensado. El pequeño se vuelve hacia la persona que le habla, le mira con ansiedad y le dedica una amplia sonrisa. Pero, ¿es posible que les entienda?

### Idioma universal

En casi todas las culturas, independientemente del idioma que se hable, este lenguaje funciona a las mil maravillas. Distintos tonos de voz, así como la forma de pronunciar una palabra, provocan en el bebé unos sentimientos determinados. Mucho antes de que empiece a hablar, puede comprender el significado de lo que se le dice. Capta rápidamente las expresiones de la cara, los gestos y el tono de voz de quien le habla, distinguiendo entre frases dichas con enfado, con tristeza, con alegría o con amor. Para él, lo importante no es lo que le decimos, sino cómo se lo decimos.

### La clave del éxito

Comunicarse con un bebé es algo muy sencillo, siempre que se conozcan las claves de su lenguaje. Las siguientes características admiten todo tipo de variantes:

*Tono de voz elevado:* Cuando una madre habla a su bebé, lo hace en voz muy alta, casi chillando. Inconscientemente está adaptando el tono de voz al oído aún inexperto de su recién nacido. Al principio, el pequeño percibe mejor los tonos agudos, por lo que capta la voz de la madre con mayor facilidad. Pero esto no significa que el bebé no pueda reaccionar a las llamadas de su padre; es más, probablemente, reconozca su voz, puesto que durante la gestación oye mejor las otras voces que las de su propia madre.

*Habla melodiosa:* Al bebé le encanta que le hablen canturreando. Desde chiquitín, pone de manifiesto su predilección por las canciones y por la música en general: los sonidos que suben y bajan de tono despiertan su interés, al igual que los ruidos invariables y constantes ejercen un efecto sedante sobre él.

*Entonación especial y repetición de palabras:* Se les habla siempre despacio, haciendo especial hincapié en las palabras importantes, abusando de las repeticiones, alargando las vocales y exagerando la entonación: «¡Mira, ahí viene papáááá! ¡Papáááá! ¡Ahí está papáááá!».

*Palabras sencillas:* Se usa una forma muy simplificada del lenguaje. Palabras simples, oraciones cortas y expresiones infantiles (guau guau en lugar de perro, pío pío en vez de pájaro), que sustituyen la complicada estructura gramatical del lenguaje de los adultos. Utilizar nombres y apodos en lugar de pronombres como tú y yo, facilita también la comprensión. Por ejemplo, en vez de decir ¿Dónde estás?, es mejor preguntar ¿Dónde está Sonia? ¿Dónde se ha escondido la brujilla de la casa?

*Contacto visual y dedicación absoluta:* Para captar y mantener la atención de un bebé, es imprescindible concentrarse en él. Si le hablamos sin mirarle a la cara, el pequeño pierde automáticamente todo el interés.

*El atractivo lenguaje de los gestos:* Ninguna madre se limita al uso del lenguaje oral. También la mímica y los gestos constituyen otro tipo de lenguaje que representa un papel muy importante en esta etapa. Mientras hablan con sus bebés, todas las mamás gesticulan en exceso, reforzando así el significado de lo que dicen.

*Contacto físico:* El bebé sólo atiende cuando tiene cerca a las personas que le hablan. Esto es así porque los recién nacidos sólo ven bien a una distancia máxima de unos veinte centímetros. Además, mediante las caricias, los abrazos y los masajes se establece una comunicación íntima entre los padres y el hijo.

## Una sana costumbre

Muchos padres hablan a sus hijos a todas horas: les saludan cuando se despiertan, les cantan mientras les bañan, les cuentan un cuento antes de dormirse… Este parloteo constante es muy beneficioso para el pequeño porque, aunque todavía las frases están para él vacías de contenido, muy pronto irá aprendiendo lo que significan. La repetición continua de sonidos y conceptos le será de gran ayuda en un futuro muy próximo. Cuando también consiga hacerse entender con palabras.

—*Silvia P. Köster*

1. ¿Cuál es el tema de este texto? ¿Cuál es la tesis?

2. ¿Cuál es el propósito del texto?

3. ¿Cómo se organiza la información del texto? ¿Sigue la estrategia culminante?

4. ¿Quién cree Ud. que es el lector anticipado? ¿Qué motivos tendría tal lector para leer este texto? ¿Cree Ud. que el escritor ha anticipado bien las necesidades del lector? Comente.

5. Analice el tono y la perspectiva del texto. ¿Es personal o impersonal? ¿formal o informal? ¿Qué hay en el texto que lo indique?

EN SU CUADERNO…

*explore más el tema del «lenguaje especial». Tome en cuenta las siguientes preguntas. ¿Cuáles son las características de un lenguaje especial? ¿de las personas o los grupos que lo desarrollan? ¿Cuáles son las motivaciones de quienes lo desarrollan? Y ¿cuáles son los contextos en los que se suele utilizar un lenguaje especial?*

6. El texto no incluye citas directas como lo hacen varios de los textos que se han visto en este capítulo. En su opinión, ¿sería posible o recomendable incluir algunas? ¿Por qué sí o por qué no? Si ha dicho que sí, ¿qué tipos de citas se podrían incluir, y dónde?

7. Además del lenguaje con que los padres y bebés se comunican, ¿qué otros tipos de lenguaje especial conoce Ud.? Por ejemplo, ¿se comunican con un lenguaje especial los seres humanos y sus animales domésticos? ¿los hermanos gemelos? Se dice que cada generación inventa su propio argot. Generalmente éste no constituye toda una lengua sino cierto lenguaje convencional que la mayoría de los de dicha generación comprende. ¿Puede Ud. identificar algunos ejemplos del argot de su generación?

# SEGUNDA ETAPA: *La redacción y la revisión de las versiones preliminares*

Después de terminar las actividades de prerredacción, Ud. escribirá un borrador de su ensayo expositorio.

Las actividades que se han llevado a cabo en la primera etapa de este capítulo le han dado a Ud. la oportunidad de desarrollar la materia prima para elaborar una exposición. En esta segunda parte del capítulo, tendrá la oportunidad de

- crear un plan de redacción para guiar la composición de su escrito

- desarrollar un borrador de su escrito

- experimentar con la técnica de revisión con grupos de consulta

- experimentar con la técnica de una lista de control

- desarrollar un plan de revisión

## Tarea

Escriba un texto expositorio que tenga como mínimo unas 500 palabras. Su texto puede organizarse como el texto «La estructura de la familia»; es decir, una tesis y varios ejemplos específicos. También puede Ud. explorar su tema utilizando la técnica del análisis o la técnica de la clasificación. Si quiere, puede incorporar citas directas o indirectas y otros detalles descriptivos, como se ha visto en varios de los textos de este capítulo. Su escrito debe adoptar el formato de un ensayo formal.

# EL PLAN DE REDACCIÓN: CÓMO SE ESCRIBE UNA EXPOSICIÓN

---

> **PLAN DE REDACCIÓN: LA EXPOSICIÓN**
>
> 1. El tema
>
> 2. La idea principal que quiero comunicarle a mi lector (la tesis)
>
> 3. Mi propósito como escritor
>    El lector y su propósito al leer
>    Cinco preguntas cuyas respuestas el lector busca en el escrito
>
> 4. La información (la evidencia) y su organización: ¿Sirve la informacion del texto para explicar y apoyar la idea principal? ¿Cómo se organiza la información del texto? ¿Se utiliza la clasificación? ¿el análisis? ¿Hay unidad en los diversos párrafos del texto?

1. El tema

   - Vuelva a examinar sus notas y apuntes de la sección de Enfoque (página 86).

   - Repase los varios temas examinados y escoja uno que le interese especialmente.

   - Ahora, complete la primera parte del plan de redacción en su *Cuaderno de práctica.*

2. La tesis

   - Examine los varios datos que Ud. ha reunido acerca del tema e identifique la idea principal que apoyan.

   - Ahora, complete la segunda parte del plan de redacción.

3. El propósito y el lector

   - Determine por qué Ud. quiere escribir sobre este tema. ¿Cuál es su propósito?

   - ¿Cuál es la actitud que Ud. tiene hacia el tema? ¿Por qué le parece interesante? ¿Cuál es la reacción que quiere provocar en su lector? ¿Cuáles son los aspectos del tema que mejor pueden dar a conocer esta actitud al lector?

   - Identifique al lector y el propósito de éste. ¿Por qué va a leer lo que Ud. escribe? ¿Qué sabe ya acerca del tema? ¿Cuál puede ser

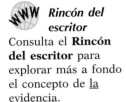

*Rincón del escritor*

Consulta el **Rincón del escritor** para explorar más a fondo el concepto de <u>la evidencia</u>.

su actitud al respecto? ¿Qué información busca? ¿Qué preguntas se va a hacer al respecto?

- Ahora, complete la tercera parte del plan de redacción.

4. La información (<u>la evidencia</u>) y su organización

- Recuerde y tome notas del tema en su totalidad. Luego, escoja los detalles que mejor se presten para apoyar la tesis que Ud. ha identificado y elimine aquellos que no se relacionen directamente con la tesis y que no ayuden a producir el impacto que Ud. desea.

- Decida cómo organizar la exposición; elabore un esquema en el cual se presenten la tesis y los detalles que se utilizarán para apoyarla.

- Ahora, complete la cuarta parte del plan de redacción.

Refiriéndose a su plan con frecuencia, escriba el borrador de su ensayo.

Determine qué tono tendrá la exposición (si va a ser formal o informal; si va a ser serio, alegre o irónico; si va a incluir ejemplos o anécdotas personales o si va a incluir datos impersonales y más bien objetivos).

Recuerde que para esta versión de su ensayo no debe preocuparse demasiado por el vocabulario o la gramática. Si no sabe o no recuerda una palabra o expresión en español, introduzca un <u>comodín</u> o escríbala en inglés y siga escribiendo.

## EL PLAN DE REVISIÓN: ACTIVIDADES CON GRUPOS DE CONSULTA

---

**PLAN DE REVISIÓN: LA EXPOSICIÓN** _____
(nombre del texto)

1. Comentarios positivos sobre el texto, ya sea en su totalidad o relacionados con alguna parte en particular (es decir, los datos reunidos, un ejemplo específico, la organización, la expresión de la tesis). Sea lo más específico posible.

2. Identifique la idea principal del texto. ¿Qué es lo que quiere explicar o defender? ¿Sirven todos los datos incluidos para defender la tesis? ¿Resulta una defensa convincente?

3. Identifique brevemente la organización de los datos (¿clasificación? ¿análisis?). ¿Se indica esto en la oración temática? ¿Le parece clara la organización de los datos?

---

**PLAN DE REVISIÓN: LA EXPOSICIÓN** _____
*(continued)*                                    (nombre del texto)

4. Los lectores quieren saber lo siguiente con respecto a esta tesis (marque la caja con este símbolo ✓ si el texto contesta la pregunta):

☐ _____

☐ _____

☐ _____

☐ _____

5. Comentarios constructivos acerca del texto

• Detalles o datos que necesitan agregarse, reorganizarse o cambiarse

• Cambios que podrían hacer más vivo y efectivo el lenguaje

• Cambios que podrían hacer más clara y lógica la presentación de la información (a nivel del párrafo o a nivel del ensayo)

6. Otros cambios que se recomiendan

---

**Leer y analizar.**    Lea el siguiente texto y apunte sus notas y respuestas a las preguntas. Responda a la primera pregunta antes de leer el texto.

**Texto:** «La torre de marfil no volverá a ser la misma»

1. Se les ha pedido a los estudiantes de una clase de composición que escriban un breve ensayo expositorio que presente una tesis acerca del tema y datos específicos que apoyen dicha tesis. Este texto explora el tema de la tecnología en la educación, y presenta la siguiente tesis: hay varias clases de tecnología en el contexto académico. Identifique tres o cuatro preguntas acerca del tema cuyas respuestas le gustaría a Ud. encontrar en el texto. Después, siga con el análisis.

Si quiere, Ud. puede aplicar estas mismas técnicas al texto de un compañero / una compañera de clase. En el Apéndice E del **Rincón del escritor** se ofrecen reglas de etiqueta para trabajar con el texto de un compañero.

## *Texto: La torre de marfil no volverá a ser la misma*

*Análisis*

*A*ntes considerada un lugar intelectual bastante separado del mundo común y corriente, la universidad se ve cada vez más afectada por la revolución tecnológica que ha cambiado profundamente casi todos los aspectos de la vida contemporánea. Desde la integración de la

2. ¿Acierta el escritor al contestar sus preguntas? ¿Contesta todas?

3. ¿Cuál es la idea principal que el escritor intenta expresar en este borrador?

4. ¿Se relaciona toda la información directamente con la idea principal? De lo contrario, ¿qué parte(s) no viene(n) al caso?

**Texto: *La torre de marfil no volverá a ser la misma*** (*continued*)

tecnología en la infraestructura académica, hasta su incorporación tanto en la instrucción como en el aprendizaje y en la misma comunicación entre profesores y estudiantes, la tecnología en diversas formas ahora es parte de la experiencia universitaria.

Una de las maneras en que la tecnología ha afectado profundamente el funcionamiento de la universidad tiene que ver con la infraestructura. Desde las grandes universidades hasta las instituciones más humildes, la tecnología ha eliminado las largas colas tradicionales a la hora de la matrícula. Los servicios relacionados con la planificación de horarios y la selección de clases, tanto como los relacionados con la cuantificación y archivo de las calificaciones, ahora se hacen electrónicamente.

En los salones de clase hay muchos ejemplos del uso de la tecnología instructiva. A diferencia de la tecnología educativa o pedagógica, la tecnología instructiva, según los expertos, tiene como objetivo el analizar, crear, implementar, evaluar y administrar las soluciones a aquellos problemas que se encuentran dentro de contextos en los cuales el aprendizaje tiene un propósito claro y funciona como actividad controlada. Con la ayuda de aparatos de la llamada «tecnología baja» —el proyector de diapositivas, la grabadora de cintas, la videocasetera— la presentación de casi cualquier materia puede ser más viva. Los aparatos de la «tecnología alta» —las computadoras multimedia, los discos compactos, los proyectores LCD— se encuentran con cada vez más frecuencia.

La tecnología instructiva tiene grandes impactos en la enseñanza y el aprendizaje

**Análisis** (*continued*)

5. ¿Hay partes sobre las cuales le gustaría a Ud. tener más información (explicación, ejemplos, detalles)?

6. ¿Hay partes del texto en que de repente se encuentre Ud. «perdido/a»?

7. ¿Captó su interés la introducción de manera que Ud. quiso seguir leyendo?

8. ¿Vuelve la conclusión a la tesis del texto? ¿Ayuda a explicar la importancia que tiene el tema a los ojos del escritor?

9. ¿Qué parte(s) del borrador le gusta(n) más?

| *Texto: La torre de marfil no volverá a ser la misma* (*continued*) | *Análisis* (*continued*) |
|---|---|
| aun fuera de los salones de clase. La investigación ya no tiene que ser limitada por los recursos disponibles de la biblioteca universitaria. Los profesores abren nuevos horizontes al crear o incorporar materias basadas en la Internet. Al mismo tiempo, los estudiantes van aprendiendo que el «salón de clase» en realidad no tiene paredes. Buscan información por la superautopista de la Internet y se comunican con sus profesores por medio del correo electrónico. «El correo electrónico me facilita mucho el trabajo de las clases —dice Kevin Jackson, estudiante de segundo año—. ¡Y además es muy divertido!» Tan divertido que algunos administradores ya empiezan a preocuparse. Parece que algunos estudiantes pasan días enteros pegados a la pequeña pantalla.<br><br>Por estos y muchos otros usos de la tecnología, la torre de marfil no volverá a ser la misma. | |

**Consultar y recomendar.** Dividan la clase en grupos de tres o cuatro estudiantes. Compartan los miembros de cada grupo su análisis de «La torre de marfil» u otro texto asignado. ¿Hay mucha diferencia de opiniones? Después de llegar a un acuerdo común, formulen un plan de revisión para el texto basándose en sus comentarios. Presenten su plan al resto de la clase; prepárense para justificar sus sugerencias.

## TÉCNICA DE UNA LISTA DE CONTROL

Este proceso de revisión puede aplicarse tanto al escrito de un compañero como a su propia composición. Para utilizarlo, Ud. debe examinar el escrito con base en cada una de las preguntas de esta lista de control (u otra que Ud. haya elaborado). Basándose en sus respuestas, formule un plan de revisión para el texto.

*Como Ud. sabe, es importante separar la revisión del contenido de la revisión de la forma. Véase la lista de control modelo para la revisión de la forma en la página 61. Agregue más cosas a la lista, según la importancia que tengan para Ud. y su texto.*

---

**LISTA DE CONTROL PARA LA EXPOSICIÓN**

☐ ¿Cuál es la meta o el propósito de la exposición?

☐ ¿Qué explica específicamente mi composición? ¿Cuál es la idea principal de mi texto?

☐ ¿A quién le escribo? ¿Quién es mi lector y qué quiere saber sobre el tema? ¿Qué puede saber ya al respecto?

☐ ¿Qué preguntas puede hacerse el lector con respecto al tema sobre el que escribo? ¿Las he contestado todas?

☐ ¿Qué impresión quiero dejar en el lector?

☐ ¿Cómo es la organización de los datos en el ensayo? ¿Es un análisis? ¿una clasificación? ¿otra categoría? ¿Se indica esto en la tesis misma?

☐ ¿Qué detalles o evidencia incluí en el texto? ¿Cómo contribuye cada detalle a lograr lo que me propongo?

☐ ¿Hay en mi composición algún detalle que no contribuya lo suficiente a crear la impresión que quiero dejar?

☐ ¿Capta la introducción el interés del lector?

☐ ¿Qué detalle escogí para terminar la exposición? ¿Por qué lo escogí?

☐ ¿Utilicé un vocabulario vivo y preciso, o utilicé términos generales y abstractos que no captan la esencia de lo que quiero expresar?

---

**TERCERA ETAPA:** *La revisión de la forma y la preparación de la versión final*

Al llegar a esta etapa se supone que el contenido y la organización de un escrito han pasado por una revisión rigurosa y que el escritor está satisfecho con ellos. Ha llegado el momento de poner atención a las cuestiones de la forma. En esta última etapa, Ud. tendrá la oportunidad de

- repasar la voz pasiva en español

- pulir la forma de su escrito, repasando sistemáticamente la gramática, el vocabulario y la ortografía

- redactar una versión final de la tarea para entregar

Esta revisión le será más fácil si la emprende por pasos; en cada paso se enfoca un sólo aspecto de la forma.

## REVISIÓN DE LOS ASPECTOS GRAMATICALES: LA VOZ PASIVA

*En el **Cuaderno de práctica** hay actividades para practicar los aspectos gramaticales, el vocabulario y la expresión presentados en los siguientes pasos.*

Una de las maneras de variar el estilo de una exposición es utilizar la voz pasiva. Por medio de la voz pasiva el énfasis de la oración recae sobre el receptor de la acción y no sobre quien lleva a cabo dicha acción. La voz pasiva en español tiene dos formas: la voz pasiva con **ser** y la voz pasiva refleja. A continuación se resumen brevemente los usos más frecuentes.

### La voz pasiva con *ser*

La voz pasiva es una construcción en la cual el sujeto no ejecuta la acción del verbo (es decir, no es el *agente* de la acción), sino que la recibe (es el *receptor*).

| VOZ ACTIVA: SUJETO = AGENTE |
|---|
| **El perro devoró** los huesos. |
| **El hombre ha abierto** la puerta. |

| VOZ PASIVA: SUJETO = RECEPTOR |
|---|
| **Los huesos fueron devorados** por el perro. |
| **La puerta ha sido abierta** por el hombre. |

Como lo demuestran estos ejemplos, la construcción pasiva con **ser** consta de tres partes.

| sujeto/receptor | ser + participio pasado | por + agente |
|---|---|---|

El verbo **ser** concuerda en número con el sujeto. Puede ocurrir en cualquier tiempo gramatical, aunque el uso del presente o el imperfecto es poco frecuente. El participio pasado funciona como adjetivo en esta construcción: concuerda en número y género con el sujeto. No es necesario incluir la frase **por** + *agente* a menos que se quiera identificar al agente. Presente o no en la oración, el agente queda implícito en la estructura de la voz pasiva: el lector comprende que *alguien* o *algo* es responsable de la acción.

## *Restricciones sobre el uso de la voz pasiva con* ser

Hay tres restricciones sobre el uso de la voz pasiva en español que la distinguen de la voz pasiva en inglés.

1. Generalmente los verbos de percepción (**ver, oír, escuchar, sentir,** entre otros) no se usan en la voz pasiva con **ser.** Tampoco se acostumbra usar en la voz pasiva con **ser** los verbos de emoción (**querer, odiar, temer,** etcétera).

2. No se puede construir una oración pasiva con un tiempo progresivo (**estar** + *gerundio*).

3. Sólo el complemento directo (C.D.) de un verbo activo puede ser el sujeto (S.) o recipiente (R.) de una oración pasiva con **ser.**

C.D.

María escribió **la carta.**

↓

**La carta** fue escrita por María.

S./R.

No obstante, si hay un complemento indirecto (C.I.) en la misma oración, no es posible construir una oración pasiva con el complemento directo.

C.I.        C.D.

María **le** escribió **la carta.**

↓

\***La carta** le fue escrita por María.[1]

Si se quiere darle más énfasis al complemento directo, es posible hacerlo con una oración activa en la cual el complemento directo ocurra dos veces.

María le escribió **la carta.**

↓

**La carta** se **la** escribió María.

Mi tío me regaló **este suéter.**

↓

**Este suéter** me **lo** regaló mi tío.

---

[1]Se emplea el asterisco (*) para señalar una forma defectuosa.

El complemento indirecto nunca puede ser el sujeto/receptor de una oración pasiva. En este caso la oración activa no admite otra alternativa.

C.I.
Jorge le dio un regalo a **Inés.**
↓
*\*Inés* fue dada un regalo por Jorge.

| ORACIÓN ACTIVA | ORACIÓN PASIVA INACEPTABLE | ALTERNATIVA |
|---|---|---|
| Los estudiantes odiaron el libro. | *El libro fue odiado por los estudiantes. (*verbo de emoción*) | oración activa |
| El niño estaba cantando los villancicos. | *Los villancicos estaban siendo cantados por el niño. (*forma progresiva*) | oración activa |
| El profesor les mostró las diapositivas. | *Las diapositivas les fueron mostradas por el profesor. (*presencia de un complemento indirecto*) | Las diapositivas se las mostró el profesor. |
| Guadalupe le compró el vestido a Patty. | *Patty fue comprada el vestido por Guadalupe. (*receptor es un complemento indirecto*) | oración activa |

## La voz pasiva refleja

En español, las diversas restricciones impuestas sobre el uso de la voz pasiva con **ser** impiden que se use con frecuencia en la lengua hablada y limitan también su uso en la lengua escrita. En cambio, la voz pasiva refleja se usa mucho —tanto en la lengua hablada como en la escrita— para expresar aquellas acciones en que no existe un agente específico o en que el agente no es parte esencial del mensaje.

| VOZ PASIVA REFLEJA | ANÁLISIS |
|---|---|
| El agua **se compone** de oxígeno e hidrógeno. | *No existe un agente específico en este caso.* |
| La construcción pasiva con *ser* no **se usa** con frecuencia. | *El agente —o sea, quien usa o no usa la construcción pasiva— no es parte esencial del mensaje.* |

Como ya se hizo notar, aunque el agente no siempre se menciona en la construcción pasiva con **ser,** su presencia está siempre implicada. En cambio, en la construcción refleja no hay ningún agente involucrado, ya sea implícita o explícitamente. Compare los siguientes ejemplos.

| VOZ PASIVA CON ser | VOZ PASIVA REFLEJA |
| --- | --- |
| El vaso **fue roto.** (*Se sobreentiende que alguien o algo, aunque no identificado aquí, lo rompió.*) | El vaso **se rompió.** (*No implica la presencia de agente alguno.*) |
| Los libros **fueron escritos** en el siglo XV. (*Hay un autor implícito en el mensaje.*) | **Se escribieron** los libros en el siglo XV. (*El agente no es parte importante del mensaje: los libros son el foco de interés.*) |

La voz pasiva refleja se construye con el pronombre reflexivo **se** más la tercera persona de la voz activa del verbo. Cuando el sujeto/receptor es una cosa (un ente inanimado), el verbo concuerda en número con el sujeto/receptor. Cuando el sujeto/receptor es un ente animado (una persona o un animal específico), lo precede la preposición **a,** y el verbo se conjuga en singular.

| VOZ PASIVA CON ENTE INANIMADO | ANÁLISIS |
| --- | --- |
| Se **abren las puertas** a las cinco. | *s./r. plural → verbo plural* |
| Antes no se **comía carne** los viernes. | *s./r. singular → verbo singular* |

| VOZ PASIVA CON ENTE ANIMADO | ANÁLISIS |
| --- | --- |
| Se **ve a los niños** desde la ventana. | *s./r. animado → preposición **a** + verbo singular* |
| En esta barra se **ataba a los caballos.** | *s./r. animado → preposición **a** + verbo singular* |

## Restricciones sobre el uso de la voz pasiva refleja

En la mayoría de los casos, cuando no se acepta la voz pasiva con **ser,** la voz pasiva refleja sí es aceptable.

*Verbo de percepción:*                    **Se vio** la película varias veces.

| | |
|---|---|
| *Verbo de emoción:* | Es obvio que **se quiere** mucho a doña Amalia. |
| *Tiempo progresivo:* | **Se está usando** menos petróleo últimamente. |
| *Complemento directo con un complemento indirecto presente:* | **Se le dijeron** las palabras mágicas. |

Sólo hay dos restricciones sobre el uso de la voz pasiva refleja.

1. El complemento indirecto no puede ser el sujeto/receptor de una construcción pasiva refleja. En este caso las alternativas son una oración activa o una oración pasiva refleja en que el complemento directo sea el sujeto/receptor de la acción.

2. No se debe usar la voz pasiva refleja si el agente queda mencionado explícitamente en la oración. En este caso es preferible usar la voz pasiva con **ser.**

| ORACIÓN ACTIVA | ORACIÓN REFLEJA INACEPTABLE | ALTERNATIVA |
|---|---|---|
| Le mandaron las flores a Inés. | *Se le mandó a Inés las flores. | Se le mandaron las flores a Inés. (*El complemento directo es el* S./R.) |
| Los niños rompieron la taza. | *Se rompió la taza por los niños. | La taza fue rota por los niños. (*voz pasiva con* **ser**) |

## REVISIÓN DE LOS ASPECTOS GRAMATICALES YA ESTUDIADOS

Después de revisar los usos de la voz pasiva con **ser,** la voz pasiva refleja y la construcción reflexiva impersonal, revise también:

1. El uso de **ser** y **estar**

2. El uso del pretérito y del imperfecto

## REVISIÓN DEL VOCABULARIO Y DE LA EXPRESIÓN

Después de revisar la gramática, lea su escrito de nuevo, con ojo crítico particularmente en el vocabulario. En el ***Cuaderno de práctica*** hay una lista de vocabulario útil para hacer el análisis y la clasificación.

Consúltela y haga las actividades correspondientes antes de revisar su escrito.

### 4to PASO  REVISIÓN DE LA ORTOGRAFÍA

Después de revisar los aspectos gramaticales estudiados y las notas sobre el vocabulario y la expresión, repase su escrito, buscando los posibles errores de acentuación y ortografía.

### 5to PASO  PREPARACIÓN DE LA VERSIÓN FINAL

Escriba una nueva versión de su trabajo ya con las correcciones y los cambios necesarios.

---

**Piénsalo...**   Si puedes, pídele a un compañero / una compañera que lea tu texto, buscando los errores que pueda tener de gramática o expresión. Le puedes facilitar la lectura si le preparas una lista de control como el de la página 61, indicándole claramente los puntos de mayor interés.

# La exposición (Parte 2)

# Orientación

## LA EXPOSICIÓN (PARTE 2): COMPARACIÓN/ CONTRASTE Y CAUSA/EFECTO

Como se vio en el Capítulo 3, para escribir una buena exposición es necesario saber escoger y limitar el tema. Las preguntas de enfoque que guían el proceso de investigación de los varios aspectos de un tema pueden utilizarse para organizar los datos reunidos. En el Capítulo 3 se examinaron dos de estas técnicas de investigación y organización: el análisis y la clasificación. En este capítulo se verán otras dos técnicas: la de comparación y contraste, y la de causa y efecto.

### La exposición con base en la comparación y el contraste

La comparación demuestra las semejanzas que existen entre dos entidades; el contraste señala las diferencias. Estos métodos de exposición pueden utilizarse cuando el escritor desea hacer lo siguiente.

1. Presentar información sobre algo que el lector desconoce, dándolo a conocer por medio de sus semejanzas o diferencias con algo que el lector sí conoce. Por ejemplo, para explicarle a alguien lo que es un auto deportivo utilitario, puede compararse éste con otros tipos de vehículos.

2. Presentar información sobre *dos* entidades que el lector desconoce, comparándolas o contrastándolas con algo ya conocido. Por ejemplo, para hablar de dos novelas que el lector no conoce, se puede hacer una comparación o contraste entre la definición de una novela ideal y las dos novelas que quieren discutirse.

3. Presentar información sobre alguna idea general mediante la comparación y/o el contraste de dos entidades que el lector ya conoce. Por ejemplo, para desarrollar el tema de las grandes religiones visto en su contexto social y cultural, se puede hacer una comparación y contraste entre el catolicismo, el budismo y la religión azteca.

4. Evaluar o hacer un juicio sobre dos entidades.

Hay dos tipos de estructura que son fundamentales y que se utilizan al escribir una exposición basada en la comparación y/o el contraste.

1. *La presentación completa de las dos entidades.* En este tipo de estructura, se presentan todos los aspectos de una entidad, se

incluye un párrafo de transición y se sigue con la discusión completa de la otra entidad.

2. *La presentación de un aspecto de una entidad, seguida por la comparación y/o el contraste de éste con un mismo aspecto de la entidad opuesta.* En este tipo de estructura se compara o se hace el contraste de una característica que ambas entidades tengan en común, antes de pasar a la característica siguiente. Comúnmente, en este tipo de organización se presentan primero las semejanzas que hay entre las dos entidades antes de pasar a hablar de sus diferencias.

**Rincón del escritor**
Consulta el **Rincón del escritor** para obtener más información acerca de los temas subrayados a continuación.

## Ejemplos de las estructuras fundamentales

**¡!** **Piénsalo...** El escritor tiene que anticipar las preguntas de su lector, no sólo en cuanto a la información que incluye en su escrito, sino también en lo que se refiere a la organización. Para asegurar que el lector comprenda la relación entre una idea y otra, y para que aprecie la importancia respectiva de las diversas ideas (la idea principal y las ideas de apoyo), el escritor le deja al lector una serie de guías o señales retóricas. Entre éstas están las frases de introducción y conclusión, las cuales estudiarás más tarde en este capítulo, y las frases de transición que estudiarás en el Capítulo 6.

Como vimos en el Capítulo 3, otro recurso del escritor consiste en establecer una organización clara dentro del ensayo total y dentro de cada párrafo de su escrito.

## Estructura 1: La presentación completa de dos entidades

| *Tema:* | El auto deportivo utilitario |
|---|---|
| *Propósito:* | Informar al lector sobre un tipo de vehículo |
| *Párrafo 1:* <br> *Introducción* <br> *Tesis* | Comentarios introductorios <br> El auto deportivo utilitario, uno de los vehículos más vendidos en los Estados Unidos, tiene parecido con varios otros vehículos, pero al mismo tiempo presenta diferencias importantes. |
| *Párrafo 2:* <br> *Oración temática* | El auto deportivo utilitario comparte varias características con la minifurgoneta y la camioneta. <br> 1. Característica 1: el tamaño, el área de carga <br> 2. Característica 2: la combinación de la función utilitaria y la función porta-pasajeros <br> 3. Característica 3: el diseño a la vez deportivo y poderoso (cuatro por cuatro y un motor de gran potencia) |

## Estructura 1: La presentación completa de dos entidades (*continued*)

| | |
|---|---|
| *Párrafo 3:*<br>*Oración temática* | <u>Por otro lado, se notan diferencias importantes entre el auto</u> <u>deportivo utilitario y otros tipos de vehículos.</u><br>1. Característica 1: El tamaño del auto deportivo utilitario es mucho mayor que el de casi cualquier otro tipo de coche para pasajeros.<br>2. Característica 2: El diseño abierto del área de carga representa un contraste obvio con el diseno del baúl cerrado típico de la gran mayoría de los coches para pasajeros.<br>3. Característica 3: La eficiencia del motor es relativamente baja en comparación con muchos otros vehículos para pasajeros. |
| *Párrafo 4:*<br>*Conclusión* | Resumen de las ideas principales. |

## Estructura 2: Comparación y/o contraste de los aspectos de dos entidades, comentados uno por uno

| | |
|---|---|
| *Tema:* | La poesía chicana |
| *Propósito:* | Informar al lector sobre un determinado tipo de poesía comparándola y contrastándola con la poesía lírica tradicional |
| *Párrafo 1:*<br>*Introducción*<br>*Tesis* | Comentarios introductorios<br><u>La poesía chicana, aunque es un género nuevo, tiene un gran</u> <u>parecido con la poesía lírica tradicional.</u> |
| *Párrafo 2:*<br>*Oración temática*<br>*Comparación* | <u>La poesía chicana y la poesía tradicional utilizan el mismo tipo</u> <u>de estrofa.</u><br>1. detalle 1<br>2. detalle 2<br>3. detalle 3 |
| *Párrafo 3:*<br>*Oración temática*<br>*Comparación* | <u>La poesía chicana y la poesía lírica usan los mismos temas.</u><br>1. detalle 1<br>2. detalle 2<br>3. detalle 3 |
| *Párrafo 4:*<br>*Oración temática*<br>*Comparación* | <u>Los dos tipos de poesía utilizan lenguaje metafórico.</u><br>1. detalle 1<br>2. detalle 2 |

### Estructura 2: Comparación y/o contraste de los... (*continued*)

| | |
|---|---|
| *Párrafo 5:*<br>*Oración temática*<br>*Contraste* | <u>La poesía chicana sólo se aparta de la poesía tradicional en</u><br><u>algunos aspectos.</u><br>1. detalle 1<br>2. detalle 2 |
| *Párrafo 6:*<br>*Conclusión* | Resumen de las ideas principales |

En el siguiente texto se trata un **tema** general: los cambios lingüísticos que resultan del contacto entre lenguas. La idea principal (**la tesis**) es que algunos de estos cambios tienen ciertas características en común, pero otros no las tienen. La evidencia para apoyar esta idea central se organiza por medio de la técnica de la comparación y el contraste. El texto sigue la estructura que ya se ha señalado. La introducción incluye información que sirve de fondo para el tema y luego pasa a presentar la tesis. La tesis pone de manifiesto que se va a hablar de las variedades del español haciendo una comparación y contraste entre las características distintorias.

Los siguientes párrafos comentan primero las semejanzas entre las variedades, luego las diferencias, y por último, concluyen con una paráfrasis de la tesis.

La conclusión resume las ideas presentadas en los dos párrafos principales sin agregar comentarios personales acerca del carácter positivo (o negativo) de los cambios.

El **propósito** es informativo: el texto presenta información para dar a conocer o explicar las varias características de diferentes variedades del español. En cuanto al punto de vista y tono, se nota que la exposición va dirigida a un lector que no tiene una preparación lingüística técnica; es decir, no va dirigida a un grupo de expertos. La actitud del escritor hacia el tema es, como en la mayor parte de las exposiciones, en gran medida neutral.

El escritor de esta exposición da por sentado el hecho de que el lector ya sabe algo de la estructura del español y por lo tanto va a poder apreciar la mención de algunos ejemplos, sin requerir grandes detalles.

### El poder del contacto lingüístico: El español y sus variaciones

| | |
|---|---|
| *Párrafo 1:*<br>*Introducción* | Una de las grandes verdades de la lingüística es que las lenguas que están en contacto siempre están cambiando. Para poder hablar de contacto lingüístico —cuando dos lenguas se usan en |

## El poder del contacto lingüístico: El español y sus variaciones (*continued*)

| | |
|---|---|
| *Tesis* 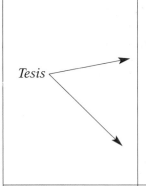 | un mismo espacio geográfico— ha de existir un grupo de personas que sean bilingües, o sea, que puedan usar las dos lenguas en una determinada situación. <u>El español está en contacto con varias lenguas de distintas regiones</u> tanto de España (el catalán, el gallego y el vasco) como de Hispanoamérica (el quechua, el guaraní y las lenguas mayas, por mencionar sólo algunas de las lenguas indígenas involucradas), y los Estados Unidos (el inglés). <u>Como consecuencia de este contacto lingüístico, han surgido ciertas variedades de español. Muchas de estas variedades comparten características muy similares, pero en algunos casos se destacan contrastes importantes.</u> |
| *Párrafo 2: Oración temática Comparación: Semejanzas entre los cambios que resultaron de ciertos contactos y los que resultaron de otros contactos* | <u>Tanto en España como en Hispanoamérica, el contacto de lenguas dio como resultado variedades del español con muchas características semejantes.</u> Por ejemplo, se notan cambios fonológicos (las diferencias entre la pronunciación de la «ll»y la «y»), al igual que cambios léxicos (*caco* y *chocolate*) y sintácticos (colocar el objeto antes del verbo). Es interesante ver que, a veces, diferentes variedades del español —influidas por el contacto con dos o tres lenguas indígenas distintas— comparten el mismo tipo de cambio. Por ejemplo, el contacto del español tanto con el maya como con el guaraní resulta en el uso redundante del pronombre posesivo (*su casa de Juan*); el contacto del español con el maya y el quechua resulta en el uso extendido del diminutivo (*callandito, acasito, ellita*). |
| *Párrafo 3: Oración temática Contraste: Diferencias que se notan en un contexto en particular* | <u>Por otro lado, las variedades del español que resultan del contacto lingüístico demuestran características muy distintas si el español no es la lengua mayoritaria.</u> Por ejemplo, el caso de contacto entre el español y el inglés es muy diferente al contacto del español con las lenguas indígenas. El español no es la lengua mayoritaria en los Estados Unidos, mientras que sí lo es en Perú o en Argentina. En los Estados Unidos, el español sólo se enseña en la escuela en programas o clases especiales. Por lo general, se reserva el inglés para el ámbito público y las situaciones formales, y el español para el ámbito privado y los contextos menos formales. Este tipo de contacto produce típicamente los préstamos de la lengua mayoritaria (el inglés) a la lengua minoritaria (el español): *pícap, cartún, crismas*. Otros tipos de préstamos consisten en traducciones literales: ir para atrás (*to go back; regresar*) escuela alta (*high school; escuela secundaria*). |

## El poder del contacto lingüístico: El español y sus variaciones (*continued*)

| *Párrafo 4:*<br>*Conclusión* | En conclusión, el español ha estado y continúa estando en contacto con muchas lenguas, lo que trae como consecuencia cambios lingüísticos. Algunos cambios son similares, ya sea a nivel de vocabulario o pronunciación. Otros son muy diferentes y son consecuencia de la situación social que comparten (o que no comparten) el español y las otras lenguas. |
| --- | --- |

Se utiliza la técnica de la comparación y/o el contraste cuando se desea señalar las semejanzas y/o las diferencias entre dos o más conjuntos o entidades. La comparación y/o el contraste puede ser el enfoque principal de una exposición —como lo es en el texto sobre las variedades del español— o puede usarse junto con otras técnicas. Por ejemplo, el concepto de una generación —la del llamado «Baby Boom», la «Generación X» y la generación de «los milenarios» (formada por los que nacieron al principio de la década de los 80)— intriga a muchas personas. Un escritor que decidió explorar este tema escribió un ensayo al respecto titulado «Los milenarios: una nueva generación»; aquí se presenta un bosquejo de este texto.

I. Introducción
   Tesis: los miembros de esta generación se diferencian de los de otras generaciones anteriores por sus valores y actitudes hacia la sociedad.

II. Características de esta generación (en comparación con las otras)

III. ¿Cómo se explican estas diferencias?

IV. El efecto o impacto de estas diferencias: ¿Cómo van a afectar al mundo los miembros de esta generación?

V. Conclusión

Para apoyar su tesis relacionada con la generación de «los milenarios», el escritor organiza los datos en una serie de comparaciones y contrastes. Sin embargo, a diferencia del texto sobre las variedades del español, gran parte del ensayo explora también otras preguntas: ¿Cómo se explican estas diferencias generacionales? ¿Qué impacto tienen estas diferencias; es decir, qué se puede esperar de los miembros de tal generación?

## La exposición con base en la causa y el efecto

Una exposición con base en la causa examina un objeto o un fenómeno y busca responder a preguntas como: «¿Por qué es así?» o «¿Cómo ha llegado a ser así?». La exposición con base en el efecto tiene como propósito contestar la pregunta: «¿Cuáles son las consecuencias de esto?». Es posible enfocar una exposición concentrándose en sólo una de estas perspectivas, pero es más común combinar ambas en un mismo ensayo; es decir, examinar el porqué de cierta situación y luego explicar las consecuencias que esta pueda tener sobre determinado grupo, creencia o actividad.

Tanto las causas como los efectos se pueden dividir en dos grupos: los directos y los indirectos. Una causa indirecta está separada en el tiempo (y el espacio) de su resultado, mientras que la causa directa tiene una relación más obvia e íntima con éste. Por ejemplo, si fulano de tal, un fumador empedernido, muere de cáncer de pulmón, la causa directa de su fallecimiento es el cáncer, mientras que la causa indirecta es el hábito de fumar.

**Piénsalo...** Muchas personas confunden las causas directas con las indirectas, especialmente cuando unas tienen mayor impacto emotivo que las otras, como puede verse en este dibujo.

A la persona que llamó a la bibliotecaria, la causa de su problema actual le trae a la memoria las repercusiones de una decisión histórica de su padre; situación que, a pesar de su impacto emotivo, no guarda relación con los problemas actuales. La fuerza o validez de un argumento no reside en el carácter directo o indirecto de las circunstancias examinadas: las causas directas pueden ser tan triviales y las causas indirectas pueden ser tan remotas que su relación con lo examinado resulta poco sólida. La tarea del escritor es investigar y procesar los datos con cuidado para luego poder presentarlos al lector de manera convincente.

THE CHRONICLE OF HIGHER EDUCATION                    MARK LITZLER

*Bueno, a ver, empecemos de nuevo... no desde la parte en la que tu padre no te dejó estudiar danza, sino a partir del momento en que intentaste cambiar el nombre del directorio.*

## LOS ANCIANOS DE VILCABAMBA

*L*a expectativa de vida en algunos países, como los Estados Unidos, se ha incrementado a partir del siglo pasado en más de 30 años, el aumento más alto en toda la historia de la humanidad: en 1985 era de 71 años para los hombres y 78 para las mujeres. Pero, ¿cuántos años podrá vivir una persona sometida constantemente a la presión del progreso y la vida moderna? Todo debe tener un límite aunque para algunos esto no parece ser cierto, pues llegan a edades avanzadas en pleno uso de sus facultades tanto físicas como mentales, muchas veces superando el siglo de edad, lo cual los convierte en objeto de estudio para médicos y científicos que desean conocer cuál es el secreto que les ha permitido alcanzar esa longevidad.

Los habitantes del poblado de Vilcabamba, al sur del Ecuador, son uno de estos casos, y son estudiados desde 1940, cuando el censo reveló algunos datos asombrosos sobre las edades de sus habitantes: el 18% de la población tenía más de 65 años de edad —a diferencia del 4% en el resto del Ecuador y 9% en los Estados Unidos—; 11% superaba los 70 años, y nueve personas tenían entre 100 y 130 años; el censo reveló también que algunos nonagenarios aún trabajaban en el campo, que muchas mujeres se dedicaban a tejer lana y a preparar pan en la panadería local, y que algunos hombres trabajaban haciendo ladrillos de adobe, material con el que están fabricadas la mayoría de las casas que hay en el lugar.

Pero, ¿por qué los pobladores de este pueblo tan apartado del mundo alcanzan esas edades? Para tratar de contestar esta pregunta se han realizado estudios en Vilcabamba, como el que llevó a cabo un grupo de investigadores patrocinado por la Fundación de Estudios Avanzados en Humanos.

Las personas de edad avanzada de Vilcabamba son de las más pobres del mundo. Su ingreso apenas supera los U.S. $2.00 diarios en jornadas de trabajo mayores de ocho horas. Desde la Reforma Agraria, varios han sido obligados a cambiar sus áreas de trabajo a causa de su incapacidad para rentar o comprar las tierras donde pasaron muchos de sus años trabajando, y no reciben pensión ni otra ayuda económica.

Vilcabamba está dentro de un valle alto rodeado de cuatro grandes montañas de los Andes y cubierto de una vegetación tropical exuberante. El pueblo está formado por 12 calles que se cruzan, y en el centro tiene una bella iglesia de 120 años de antigüedad y un parque adornado con árboles y flores. Su nombre parece venir de la palabra quechua *huilco,* que es una pequeña planta nativa del valle, o, como otros afirman, de las palabras *vilca,* que significa «sagrado» y *bamba,* «valle», en la lengua de los shuara, los primeros indígenas que habitaron el valle. En 1975, la población rural era de 3.555 personas y la del pueblo, de 819 (con nueve centenarios). En septiembre de 1987, la población llegaba a 6.000, con seis centenarios (diez veces la tasa para la población total de los Estados

Unidos), y 19 personas tenían más de 90 años (diez mujeres y nueve hombres). Debido a los bajos ingresos que se reciben por cultivar la tierra, los jóvenes de Vilcabamba generalmente emigran del pueblo en busca de mejores oportunidades de trabajo en poblaciones más grandes, como Loja, al norte, dejando a los viejos, por lo que es difícil encontrar familias compuestas por tres o cuatro generaciones, como era usual hace diez años.

Los viejos de Vilcabamba viven en condiciones que, en la mayoría de los países desarrollados, se podrían considerar deplorables. No tienen agua corriente ni sanitarios dentro de sus habitaciones, la falta de gas los hace utilizar hornos de leña, y cocinan poca cantidad de comida cada vez, pues la falta de refrigeración no permite almacenar mucho alimento ni por largos períodos; sorprendentemente para los nutriólogos, cocinan con manteca de cerdo. La mayoría de las habitaciones de los viejos no tiene ventanas, y no es extraño encontrar aves y ocasionalmente cerdos, vagando dentro de las viviendas.

Siempre se ha dicho que el ejercicio físico ayuda a conservar la salud, y parece ser que esto es lo que contribuye a la larga vida de los ancianos de Vilcabamba. Los hombres y las mujeres desarrollan actividades físicas desde el lunes hasta el sábado a mediodía, y solamente descansan el sábado en la tarde y el domingo. Sus tareas incluyen la siembra y colecta de granos y vegetales en el campo, además de alimentar y atender a sus animales; algunos hombres preparan hojas del tabaco que se produce en el lugar. Las tareas de las mujeres no son menos duras: les corresponde lavar la ropa en los ríos, limpiar la casa, preparar las comidas y atender a los nietos. Al mediodía llevan la comida a sus esposos y a otros trabajadores hasta los lugares de trabajo, teniendo que subir y bajar colinas, a veces en jornadas que les llevan más de dos horas, y después regresar también caminando hasta la casa.

La alimentación, parece que es la clave de su longevidad. El almuerzo, que es la ración más pesada del día, consiste en una taza de maíz o arroz hervido con vegetales (yuca, papas, zanahorias, unas bananas pequeñas llamadas «guineos» y trozos de carne). Uno de los alimentos que más se preparan es el caldo de huesos. La leche fresca de vaca o cabra se consume en cantidades pequeñas. Los vegetales se colectan frescos y las frutas generalmente se comen en el lugar mismo de donde se obtienen. La dieta incluye cerezas silvestres, nueces y granos enteros, aunque no mantequilla, bebidas frescas, ni ensaladas. El pan lo comen poco. No utilizan mostaza o especias. Los guisos se preparan con poca o nada de sal. La comida generalmente no tiene preservativos o aditivos. El azúcar es poco refinado, de color café, y está preparado en bloques llamados «panela» o «raspadura».

Desde hace pocos años se ha empezado a observar un aumento en los casos de hipertensión y diabetes, enfermedades que se atribuyen a cambios en los hábitos alimenticios de las personas que tienen acceso a las tabletas de sal, al azúcar refinado y a los alimentos enlatados. En general, la dieta de los viejos es baja en calorías (menos de 1.500), proteínas (la mayoría obtenidas de vegetales) y grasas (16% o menos).

Como a todos, les gusta el café, el tabaco y, ocasionalmente, el alcohol. El café lo preparan fuerte y lo mantienen frío en botellas uno o dos días hasta el momento en que lo toman, cuando lo vierten en agua caliente. El tabaco lo fuma la mayoría, algunos entre 40 y 60 cigarrillos diarios, preparados por ellos mismos en hojas de maíz o papel importado desde Loja. No son pocos los ancianos que consumen alcohol (aguardiente preparado de caña de alto contenido etílico), llegando a tomar hasta cuatro vasos diarios, aunque es rara la mujer que fuma o ingiere alcohol.

La actitud mental de los pobladores de Vilcabamba también es factor importante en su buena salud. Todos ellos están bien adaptados a su medio. Son activos de mente y cuerpo, y siempre tienen una actitud optimista frente a la vida. Todos se sienten orgullosos de haber vivido tantos años sin los avances del «progreso». La tranquilidad de los «viejos» les ha hecho ganarse el nombre de «pavos».

Quienes conocen a los habitantes de Vilcabamba se hacen siempre la misma pregunta: ¿Por qué tantos pobladores de este lugar logran alcanzar edades que parecen imposibles en otros países del mundo? Las condiciones de vida y salud son pobres. La mayoría ha vivido sin haber recibido nunca una vacuna, medicamento o suplemento de minerales o vitaminas. Algunos médicos exponen sus teorías del por qué de la longevidad de los viejos de Vilcabamba: «la tranquilidad de la gente que vive sin tensiones, sin el *stress* permanente de nuestra civilización, sin ambiciones económicas o espíritu de competencia, lejos de las influencias del mundo civilizado, …la actividad física diaria y el alimento natural bajo en calorías contribuyen en buena medida a compensar la falta de medios, bienes y oportunidades», y añaden: «…la importancia de Vilcabamba no reside en el área de la longevidad que alcanzan sus viejos, sino en la buena salud que presentan a edades tan avanzadas».

La civilización continúa adelante y, con ella, la calidad de la vida. Pero, el acelerado y gigantesco progreso que ha experimentado la civilización puede volverse en nuestra contra y reducir nuestra vida, impidiéndonos disfrutar de una edad avanzada en pleno uso de nuestras facultades, como los ancianos de Vilcabamba.

Este texto trata el tema de la asombrosa longevidad de los habitantes de Vilcabamba, un pueblo del Ecuador. **La pregunta central** del texto es: ¿Cómo es que estas personas alcanzan edades tan avanzadas? La respuesta a esta pregunta de enfoque es **la tesis** del texto: los habitantes viven tan largo tiempo debido a su forma de vida (mucha actividad física, poca tensión y estrés) y a su dieta (alimento natural bajo en calorías). **El propósito** es informar. Tanto la pregunta central como la organización de los datos siguen la técnica de la causa y el efecto; además de incluir los factores que contribuyen a la longevidad de los de Vilcabamba, el escritor examina otros factores que, paradójicamente, resultan de poca importancia. No es que esta información no venga al caso; por el contrario, estos datos ayudan a establecer la validez de las conclusiones que se reportan.

**El tono** de este texto es bastante académico y distanciado en el sentido de que se incluye poca información individual y personal acerca de los habitantes de Vilcabamba. La técnica informal de hacerle preguntas directas al lector («¿Por qué los pobladores alcanzan esas edades?») pronto se convierte en una presentación desinteresada de los hechos, la cual hace referencia a los habitantes sólo como un grupo de sujetos de estudio. No hay nombres personales ni citas directas; se utiliza casi exclusivamente la tercera persona plural y la construcción pasiva refleja.

## Tarea

En este capítulo, Ud. va a redactar un ensayo expositorio sobre un tema de interés para Ud. La evidencia que incluya para apoyar la tesis de su exposición debe organizarse según la técnica de la comparación y el contraste, la técnica de la causa y el efecto, o una combinación de ambas técnicas.

*Piénsalo...*   La combinación de técnicas usada en el texto «Los ancianos de Vilcabamba» es bastante común en la escritura de ensayos. La combinación le ofrece al escritor una mayor libertad y flexibilidad para acercarse al tema. Por otro lado, esto significa que necesita tomar precauciones para asegurarse de que el lector siga la línea de pensamiento, comprenda lo que el escritor está haciendo y capte las relaciones entre las distintas partes de la información. Cuando leas los textos de este capítulo, presta atención especial al modo en que los escritores han organizado la información. ¿Qué hacen para que el lector pueda seguir la presentación y captar la idea? ¿Cómo despiertan las expectativas del lector?

## PRIMERA ETAPA: *Antes de redactar*

En esta primera parte del capítulo, Ud. tendrá la oportunidad de

- explorar ideas relacionadas con varios temas que se prestan a la exposición

- experimentar con varias técnicas de organización para luego determinar cómo presentar la tesis y la evidencia que la apoya

- experimentar con varias técnicas de prerredacción para elegir el tema y la técnica de organización

- definir el propósito de su escrito

- identificar las necesidades de su lector

# LA GENERACIÓN Y RECOLECCIÓN DE IDEAS

**Actividad A**   La lluvia de ideas

Cada uno de los siguientes temas puede examinarse desde varias perspectivas: análisis y clasificación, comparación y contraste, causa y efecto.

1. Trabajando en grupos de dos o tres, escojan uno de los temas de cada columna (A, B y C). Hagan una lluvia de ideas para crear preguntas de enfoque sobre cada uno de los temas escogidos. (Trabajen cada tema durante cuatro o cinco minutos antes de pasar al siguiente tema.) No es necesario guiar la lluvia de ideas hacia una perspectiva específica. Exploren todos los aspectos que les vengan a la mente sobre cada tema. ¿Cuántas preguntas diferentes se les ocurren para cada tema? Un miembro del grupo debe servir de secretario/a para apuntar las preguntas sugeridas.

| A: LAS EXPERIENCIAS | B: LOS FENÓMENOS | C: LA GENTE |
|---|---|---|
| • el matrimonio y el divorcio | • el analfabetismo | • los extraterrestres |
| • la inspiración | • la violencia | • la Generación X |
| • los desastres naturales | • el contacto lingüístico | • las mujeres y los hombres |
| • la risa y el humor | • la salud | • la diversidad cultural |
| • el estrés | • la imagen | • los animales domésticos |

2. Terminadas las sesiones de lluvia de ideas, examinen las preguntas de enfoque que resultaron de cada una. Identifiquen las preguntas que podrían servir para un escrito que explore la comparación y contraste, y las que podrían servir para un escrito que explore causa y efecto.

3. Compartan el resultado de los dos primeros pasos con los resultados de los demás grupos de la clase. Entre todos, elaboren una tabla de ideas con los temas y las preguntas. ¿Hay mucha diferencia de opiniones?

| TABLA DE IDEAS | | |
|---|---|---|
| *Tema general* | *Pregunta específica* | *Orientación* (¿*comparación y contraste?* ¿*causa y efecto?*) |
| | | |

**Actividad B**   Perspectivas e intercambios

1. Hoy en día se valora mucho el habla. Todos los medios de comu-nicación ofrecen oportunidades para conversar: los «talk shows» dominan la televisión, el radio «talk» es todo un fenómeno y hay un sinnúmero de «chat rooms» en la Internet. Por otro lado, al acto de escuchar se le dedica poca atención. Ya nadie sabe escu-char atentamente, ni quiere hacerlo. ¿Cómo se explica esta ten-dencia? ¿A qué se debe la popularidad de los talk shows? ¿Qué significa «saber escuchar»? ¿Importa saber escuchar? ¿Por qué sí o por qué no?

2. Muchas personas «mayores» —desde los treintones hasta los sep-tuagenarios— están volviendo de nuevo a las aulas universitarias. ¿Cómo se explica esta tendencia? ¿Qué motiva a una persona mayor a volver a ser estudiante? ¿Cuáles son los problemas que estas personas confrontan en la universidad? ¿Qué dificultades crean para los profesores o los demás estudiantes? Además de la posibilidad de obtener un título (*degree*), ¿qué otros beneficios obtienen las personas mayores de tal experiencia? ¿En qué se dife-rencia su experiencia de la de los estudiantes más jóvenes?

3. Muchos intercambios entre dos personas (o grupos de personas) se originan en la necesidad de contestar a la pregunta «¿por qué?». A

veces, los intercambios pueden ser cómicos, como en la conversación entre Knute y su maestro de composición.

La pregunta del maestro es seria. ¿Por qué resulta cómica la respuesta? ¿Qué otras preguntas tipo «¿por qué?» son típicas entre los estudiantes y maestros?

En ciertos casos, las preguntas y respuestas pueden tener resultados más serios; por ejemplo, un tema para un ensayo expositorio. En grupos de dos o tres, hagan una lluvia de ideas acerca de posibles preguntas tipo «¿por qué?» para cada uno de los siguientes pares de personas. Comparen sus preguntas con las de los otros grupos para identificar los temas expositorios más interesantes.

- los padres / los maestros de escuela
- los políticos / los miembros de la prensa
- los miembros de un grupo minoritario / los ejecutivos de una red publicitaria

**4.** Lo real y lo ficticio; el arte y la verdad: no siempre es fácil distinguir el uno del otro, ni separar las causas de los efectos. Sin embargo, es interesante analizar los cambios que han ocurrido a la par que se presentan ciertos fenómenos en los medios de comunicación populares. ¿Cree Ud. que los medios reflejan cambios que ocurren en la sociedad o son los medios quienes los inician e impulsan? ¿Qué patrones (*patterns*) puede Ud. identificar en las siguientes áreas? ¿De dónde vienen estos patrones y qué significan?

- el primer galán (*leading man*) o el «malo» (*bad guy*): sus características físicas y cualidades personales
- la familia: definición, funcionamiento, características típicas
- la mujer ideal: sus características físicas y cualidades personales
- la figura del extraterrestre y las características de un «encuentro» con otros seres
- la tecnología: su impacto en la vida contemporánea y su relación con otros aspectos de ésta
- ¿ ?

**5.** Hoy en día, el fenómeno de lenguas en contacto es muy común en los Estados Unidos. Debido a fenómenos como el comercio, la inmigración y los matrimonios mixtos, el contacto de lenguas es más una regla que una excepción. También es una fuente de riqueza y expansión para las lenguas y las culturas, ya que el contacto permite un intercambio. Sin embargo, quizás por ignorancia, hay gente que piensa que el contacto lingüístico no es favorable. ¿Por qué crees que esto ocurre? ¿Cuál puede ser la causa de estos sentimientos adversos? ¿Cuál cree Ud. que sea su impacto? Piense en la región donde Ud. vive. ¿Hay lenguas en contacto? Reflexione acerca de los contactos lingüísticos. ¿Qué influencias puede Ud. ver de una lengua sobre la otra? Si actualmente no hay lenguas en contacto en la región donde Ud. vive, ¿hubo contacto lingüístico en esa región en el pasado? Comente.

**Actividad C** Observación y comentario (Parte 1)

1. Examine la foto que aparece a continuación. ¿Qué ocurre? ¿Quiénes son los personajes y dónde se encuentran? ¿En qué reside la ironía de la foto? Entre todos, comenten los posibles mensajes comunicados por la foto.

2. Ahora examine los dibujos de la página 123. ¿Qué ocurre en ellos? ¿Quiénes son los personajes y dónde están? ¿Cómo se pueden explicar las motivaciones de las personas? ¿Por qué actúan así? ¿Qué posibles consecuencias pueden tener sus acciones? Entre todos, comenten los posibles mensajes comunicados por estos dibujos. ¿Cuál podría ser el tema de cada uno?

3. ¿Qué emociones provocan los dibujos en Ud.? ¿Por qué?

**4.** En la siguiente gráfica no hay personas, pero sí se hace referencia
a la sociedad y a la manera de vivir. ¿Cuál es el tema? ¿Le parece
que es una gráfica efectiva? ¿Por qué sí o por qué no? ¿Podría Ud.
aplicar esta misma técnica para resumir por escrito los mensajes
sugeridos por la foto y los dos dibujos anteriores? Comente.

**Actividad D**    Observación y comentario (Parte 2) y <u>el mapa semántico</u>

1. Divídanse en grupos de tres o cuatro personas. Su profesor(a) le asignará a cada grupo una de las gráficas de la Actividad C. Exploren en grupo el tema de su gráfica con más profundidad, haciendo preguntas de enfoque.

2. En grupo, identifiquen las preguntas que mejor se presten a la exploración de causas y efectos y las que se presten a la comparación y/o el contraste.

3. Compartan su análisis con los de los demás grupos de la clase, modificando sus listas con las sugerencias de los demás.

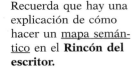

*Rincón del escritor*

Recuerda que hay una explicación de cómo hacer un <u>mapa semántico</u> en el **Rincón del escritor.**

4. En grupo, escojan uno de los temas ya comentados y enfocados, y hagan un mapa semántico de ese tema. Después de cinco minutos, cada grupo debe recrear el mapa para su tema en la pizarra.

5. Entre todos, comenten los varios mapas. ¿Cuál es la tesis sugerida por cada uno? ¿Hay en uno u otro mapa alguna información omitida que se deba agregar?

6. Agregue los nuevos temas interesantes a su tabla de ideas en el *Cuaderno de práctica.*

**Actividad E**    La lectura: ¿Hablas CyberSpanglish?

El siguiente texto explora el fenómeno de la comunicación. Como toda exposición, este texto pretende contestar una pregunta específica al respecto. ¿Puede Ud. identificar esa pregunta?

**¿HABLAS CYBERSPANGLISH? ¡PODRÍAS ESTAR HABLÁNDOLO YA!**

*C*omenzó en los escritorios con computadoras de hispanohablantes y continúa extendiéndose sobre el globo al paso del número creciente de hispanos que se conectan con la Internet. En tanto que el mundo se vuelve más enlazado por redes de computadoras, usuarios hispanohablantes de computadoras y de la red mundial se han visto necesitados de modos ingeniosos para explicar lo que hacen: «Voy a emailearlo ahorita; zoomea más para verlo más grande; necesito rebutear la computadora otra vez».

Es Spanglish para computadoras —un CyberSpanglish. Es un híbrido, diferente del Spanglish callejero de las ciudades norteamericanas, que ha aparecido para resolver problemas intrincados tales como «¿Cómo se dice 'click on a hypertext link or an icon'?: ¡Cliquéalo, pues!» Los usuarios latinos conectados con la red se han rebelado contra las reglas y tradiciones antiguas de su lengua y se han creado una identidad comunitaria de la Era de la Información. Así, el CyberSpanglish no es sólo un indicio de la evolución de una lengua, sino también de la de su gente —aquéllos que están unidos por las redes de computadoras y que crean su propio conjunto de códigos para comunicarse eficientemente acerca de la tecnología innovada.

En consecuencia, muchos términos híbridos han devenido en formas idiomáticas aceptadas. Ciertos coloquialismos del inglés no tienen equivalentes en español. En tales casos, los usuarios reconocen «emailear» (*to e-mail*) en vez de «enviar por correo electrónico», o «linkear» (*to link*) en lugar de «enlazar», o «el Web» (*the Web*) en vez de «la Telaraña».

Tales trabalenguas como «hacer un golpecito seco» (*to click*) erosionan la lealtad que los usuarios hispanohablantes de computadoras le tienen al español puro. A la vez, muchos latinos astutos acerca de la informática también hablan inglés, lo cual les da la oportunidad y los medios para crear el CyberSpanglish. Al trabajar con «máquinas en inglés», estos ciberlatinos, generalmente con educación superior, están creando continuamente nuevos modismos para hablar sobre el «infobahn». La tecnología ha adoptado el léxico de sus creadores: anglohablantes norteamericanos, estirando los límites del vocabulario no sólo del español sino también de lenguas locales alrededor del mundo.

Para algunos, el cambio amenaza la pureza cultural. Otros lo aceptan como una evolución necesaria, como un modo de comunicar lo que se necesita comunicar. La Internet y su lengua franca, el inglés, han arribado a las comunidades hispanohablantes conectadas con la red, y dos culturas se han vuelto más entrelazadas. La transformación hasta se puede comparar con otras encrucijadas que le dieron forma a otras lenguas: la invasión árabe-beréber de Iberia, la que le dio palabras árabes que los hispanohablantes usaron a la manera del latín; o la conquista normanda, que le dio al inglés tantas palabras francesas para usarse en una lengua germánica. Como el español y el inglés, los ciberlatinos toman prestados términos que usan a su propia manera, hispánica y única.

En medio de conversaciones, mensajes transmitidos, y documentación informática, los ciberlatinos salen con términos del CyberSpanglish, confeccionando híbridos de inglés y español y ajustándolos a sus necesidades. Al igual que los puertorriqueños en Nueva York o los mexicoamericanos en el suroeste, los latinos conectados con la red usan elementos del inglés y del español pero mantienen la sintaxis del español y la pronunciación de los vocablos prestados. Los practicantes del CyberSpanglish con frecuencia usan vocablos sin traducirlos, como verbos del inglés conjugados en español («emailear»), y como palabras del español con nuevos significados porque se parecen a la palabra del inglés («fuentes» por «fonts»). El fenómeno se ha vuelto tan común que existen foros en la Internet sobre el asunto.

En la medida en que evolucione la tecnología, así evolucionará el español. Poco se duda que el CyberSpanglish permanecerá como un fenómeno dinámico a través de las comunidades latinas conectadas en la oficina, en la escuela e incluso en el hogar. Aunque algunos arguyan que el CyberSpanglish es un tipo de idioma impuro, el mundo hispanohablante debe contar con la facilidad para comunicar los conceptos de la tecnología para mantenerse al corriente con ella. La evolución de vocablos del CyberSpanglish ayuda en el diseño de terminología informática nueva que se necesita en la lengua hispánica. La innovación de términos nuevos servirá de estímulo a los hispanohablantes en el uso de un vocabulario más formalizado, en vez de términos híbridos improvisados sin suficiente discernimiento.

Las comunidades latinas conectadas con la red han elegido avanzar con la tecnología. La lengua cambia al paso de la tecnología.

—*Yolanda M. Rivas*

1. ¿Cuál es la pregunta central que este texto busca contestar? ¿Cuál es la tesis?

2. El propósito de esta exposición es informar. ¿Cuáles son los datos específicos que se incluyen para apoyar la tesis?

3. ¿Cómo se organizan los datos? ¿Por medio de la técnica de la comparación y el contraste? ¿la causa y el efecto? ¿Por medio de ambas técnicas?

4. ¿Cómo es el tono del escrito? ¿Es muy personal o más bien impersonal y objetivo? ¿Por qué piensa Ud. eso? ¿Qué aspecto del texto crea ese tono?

5. ¿Está Ud. de acuerdo con la selección de detalles que ha incluido la escritora para justificar su posición acerca del carácter lingüístico del «CyberSpanglish»? ¿Hay otros datos que a Ud. le parezcan más importantes? Comente.

6. Según el texto, el CyberSpanglish ha surgido como respuesta a las necesidades específicas de la comunicación electrónica. ¿Qué opina Ud. de este razonamiento? Por lo general, cuando se han inventado nuevos medios de comunicación —como el teléfono, las máquinas de escribir, los procesadores de palabras y las máquinas de fax— ¿se han inventado también «nuevas lenguas» relacionadas con ellos? Comente.

7. ¿Utiliza Ud. el correo electrónico? ¿En qué son similares un mensaje por correo electrónico y una carta personal? ¿apuntes en un diario (*journal*) personal? ¿un recado por *voice mail*? ¿un recado por *instant messaging*? ¿En qué difieren?

8. En general, ¿piensa Ud. que el correo electrónico, el *instant messaging* y el *voice mail* son inventos positivos? ¿Por qué sí o por qué no? Trabajando con un compañero / una compañera, elaboren una gráfica para la comunicación en la edad electrónica parecida a la gráfica relacionada con el coche (página 123). Después, compartan su gráfica con el resto de la clase. ¿Hay mucha diferencia de opiniones?

9. Imagínese que los miembros de la clase van a hacer una presentación acerca del carácter y el impacto de la comunicación electrónica en el mundo contemporáneo. ¿Cómo se tendría que modificar la información incluida en la presentación si el público estuviera formado principalmente de...

   • individuos poco experimentados en el uso del correo electrónico?

   • individuos que identifican la tecnología con la despersonalización de la sociedad moderna?

   • estudiantes universitarios?

No se olvide de modificar su tabla de ideas con los nuevos temas que resulten de esta actividad.

## Enfoque

• Repase la tabla de ideas en su ***Cuaderno de práctica*** y los apuntes de las actividades que Ud. ha hecho hasta este punto.

• Escoja un tema que le interese personalmente.

• En su ***Cuaderno,*** haga un <u>mapa semántico</u> de los aspectos del tema que le parezcan interesantes e importantes. Para hacer resaltar la comparación y el contraste, aquí hay varias preguntas por considerar.

   a. *Comparación:* ¿En qué son semejantes esta entidad y esa otra? ¿Qué características tienen ambas en común?

   b. *Contraste*: ¿En qué son diferentes esta entidad y esa otra? ¿Qué características las diferencian?

• Para hacer resaltar la causa y el efecto, aquí hay algunas preguntas por considerar.

   a. *Causa:* ¿Por qué es así este objeto o fenómeno? ¿Cómo ha llegado a ser así?

   b. *Efecto:* ¿Qué impacto ha tenido este objeto o fenómeno en la sociedad, en la vida personal, etcétera? ¿Cuáles son sus consecuencias?

**Piénsalo...**   Como dijimos en el Capítulo 3, no todo escritor prepara un <u>bosquejo</u> formal antes de empezar a escribir un ensayo. Sin embargo, debe ser posible construir un esquema concreto *después* de haber escrito el ensayo. Esta técnica puede ayudarte a identificar los siguientes problemas potenciales.

- Agujeros en el texto: «Dije que iba a mostrar *Y* y *Z*; mostré *Y*, de acuerdo, pero ¿dónde está *Z*?»

- Situaciones de lógica incorrecta: «Hummm... estos ejemplos tenían que mostrar la evidencia de por qué algo es como es; es decir, por qué es de esa manera y no de otra, pero sólo dicen lo útil que es este asunto para la sociedad, y no explican en ningún momento la relación causa/efecto.»

- Saltos de pensamiento o razonamiento: «Toda esta sección empieza hablando sobre *X* y acaba hablando sobre algo totalmente diferente. Esta última parte es bastante interesante, así que quiero conservarla; pero es evidente que no está en el lugar adecuado.»

En el **Rincón del escritor** y en el Capítulo 3 del ***Cuaderno de práctica*** hay un gran número de consejos muy útiles sobre la coherencia del párrafo, que puedes aplicar perfectamente a la coherencia del texto. Sería una buena idea que repasaras estos consejos antes de hacer el esquema de tu ensayo.

## TÉCNICAS DE ORGANIZACIÓN Y EXPRESIÓN

*Rincón del escritor*

En el **Rincón del escritor** puedes encontrar más información sobre éstos y otros temas.

### Pensando en el lector: Introducciones y conclusiones

Como ya se ha visto, uno de los recursos importantes del escritor para asegurar que su lector siga el razonamiento del escrito es establecer una <u>organización de párrafo</u> lógica y clara. También de gran importancia es el uso de frases que marcan abiertamente momentos importantes en el escrito. Los más básicos son la introducción, la conclusión y los cambios de tema. En este capítulo se presentarán las frases de introducción y conclusión. En el Capítulo 6 se hablará de las <u>frases de transición</u>.

### La introducción

El primer párrafo de una exposición tiene como propósito informar al lector sobre lo que está por leer; pretende captar su interés o limitar el tema indicando qué dirección tomará la exposición.

Con frecuencia se emplean dos tipos de introducción. El primer tipo revela lo que será el tema general de la exposición, y tiene dos propósitos.

1. Presentar en términos generales el tema de la exposición.

2. Incluir en la última oración la tesis de la exposición, a su vez apoyada en cada uno de los párrafos del texto.

Este tipo de introducción utiliza con gran frecuencia una estructura que puede representarse mediante un triángulo invertido.

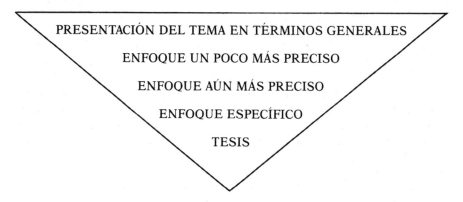

PRESENTACIÓN DEL TEMA EN TÉRMINOS GENERALES

ENFOQUE UN POCO MÁS PRECISO

ENFOQUE AÚN MÁS PRECISO

ENFOQUE ESPECÍFICO

TESIS

En la siguiente introducción se ve claramente esta estructura.

El uso de los narcóticos ha aumentado en grandes proporciones en el mundo entero. Su consumo, que hasta hace solamente unas cuantas décadas era característico de los medios criminales o de ciertos grupos marginales, es hoy en día común entre la llamada «gente decente». Más alarmante aún es el hecho de que su uso se ha generalizado también entre la juventud. Se sabe que el tráfico de drogas existe en forma activa entre jovencitos de 11 a 13 años de edad. Los problemas que encuentran estos niños se empiezan a estudiar hoy con detenimiento y ya se ha logrado una mejor comprensión de las causas de su dependencia de las drogas y de las posibles soluciones que pueden tener tales problemas.

Este tipo de introducción a menudo enumera brevemente los puntos principales en que se va a apoyar la tesis.

El segundo tipo de introducción, al que se le ha dado el nombre de «gancho», es un poco más complejo. El propósito fundamental del gancho es llamar la atención del lector neutral a quien quizás poco le interese el tema. Para lograr este propósito se usan diferentes estrategias.

1. Se puede empezar con una pregunta.

   ¿Será posible que todavía haya personas que crean en la honradez del ser humano?

2. Puede utilizarse la definición de algo muy conocido que luego servirá para establecer un contraste humorístico.

   El automóvil es un vehículo que sirve como medio de transporte. ¡Qué error comete el ingenuo que todavía cree en esto!

3. Puede utilizarse un ejemplo que incluya una narración.

   Margarita llegó a su casa a las seis y media después del trabajo. Pasó por sus niños a la guardería y ahora comienza a preparar la cena. Después arreglará la ropa de todos para el día siguiente y limpiará un poco la casa. A las diez de la noche, se encontrará cansadísima. Así es la vida de un gran número de madres que viven solas, separadas del marido y sin el apoyo de parientes cercanos. Los problemas de estas madres y de sus hijos son cada día más graves.

4. Puede utilizarse una descripción.

   Aunque algunas de estas estrategias son más comunes que otras, todas pueden usarse con éxito. Su uso depende solamente del propósito del escritor y, sobre todo, de la clase de lector a quien se dirija.

   La introducción, entonces, es un párrafo que le permite al escritor poner un marco alrededor de su tema; es decir, explicar a qué se refiere, por qué viene al caso, por qué es de interés. Le permite también despertar el interés del lector en alguna forma especial. La introducción es útil también porque le ofrece al lector una idea preliminar del contenido general del texto.

   Es importante planear de antemano la estrategia que se empleará en la introducción, tanto para interesar al lector como para hacerle saber qué aspectos van a tratarse en la exposición. Ciertas introducciones, como las que se incluyen a continuación, deben evitarse.

   • En esta composición voy a hablar de... porque me parece muy interesante.

   • Quiero hablar aquí de...

   • Una cosa que quiero decir sobre... es...

   • El propósito de esta composición es...

**La conclusión**

Una conclusión bien escrita consiste en un párrafo conciso que apoya la idea principal y deja saber al lector que se ha dado fin a la discusión. Hay varias estrategias que pueden utilizarse para escribir conclusiones.

1. Se puede hacer un resumen de los aspectos principales. Este tipo de conclusión se presta especialmente para las exposiciones largas.

2. Se puede ofrecer una opinión. En estos casos el escritor evalúa los hechos expuestos y emite un juicio al respecto.

3. Se puede recomendar una acción.

4. Se puede repetir la idea principal presentada en la tesis.

5. Se pueden comentar las implicaciones de las ideas presentadas.

6. Se pueden reiterar las ideas, el tono, etcétera, de la introducción, para darle unidad a lo escrito.

Como en el caso de la introducción, el contenido de la conclusión depende del propósito específico del escritor y de la clase de lector a quien se dirija. Al llegar a este punto, lo importante es darle a entender al lector que el texto ha terminado y ofrecerle, al mismo tiempo, una impresión final.

**Actividad**    Análisis de textos

1. Vuelva a examinar el texto «El poder del contacto lingüístico» (páginas 111–113). ¿En qué consiste la introducción de ese texto? ¿Es su propósito resumir los puntos principales que se van a explicar más adelante o captar el interés del lector? ¿Es otro el propósito? En su opinión, ¿es una introducción efectiva? ¿Por qué sí o por qué no? Tomando en cuenta el propósito del texto y su tono, ¿le parece apropiada la introducción? Si opina que no, ¿qué cambios recomendaría Ud. que se hicieran?

2. Vuelva a examinar el texto sobre los ancianos de Vilcabamba (páginas 115–117). Según las observaciones de la página 118, «El tono de este texto es bastante académico y distanciado» y la información se presenta de manera «desinteresada» e impersonal? ¿Se aplican también estos comentarios a la introducción y la conclusión? Explique. En su opinión, ¿es efectiva la conclusión? ¿Por qué sí o por qué no? Si dice que no, ¿qué cambios recomendaría Ud. que se hicieran?

3. Examine de nuevo el texto «CyberSpanglish» (páginas 124–126). ¿Son efectivas la introducción y la conclusión del texto? ¿Le recomendaría Ud. a la autora que hiciera algunos cambios? Comente.

4. De los varios tipos de introducción y conclusión comentados aquí, ¿qué tipo le gusta más a Ud.? ¿Por qué?

## Estrategias del escritor: La técnica para <u>llegar al núcleo del mensaje</u>

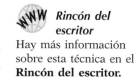

**Rincón del escritor**
Hay más información sobre esta técnica en el **Rincón del escritor.**

Una de las razones por las cuales la escritura puede presentar dificultades es que el escritor, a diferencia del orador, tiene que «hablar» sin el beneficio de una respuesta o reacción directa o inmediata. En cambio, anticipa el efecto de sus palabras en un lector ausente.

Sin embargo, el aspecto solitario de la redacción no debe interferir con la búsqueda de reacciones por parte de algunos lectores. De hecho, una estrategia muy útil consiste en condensar las ideas principales para explicárselas en resumen a un amigo o compañero. Esta estrategia, que se ha llamado en inglés «*nutshelling*»,[1] le ayuda al escritor a distinguir

---

[1] Más información sobre esta estrategia puede encontrarse en *Problem-solving Strategies for Writing* de Linda Flower (International Thomson, quinta edición, 2003).

las ideas principales de las subordinadas. Al hacer esto, el escritor se enfoca aún más en lo esencial de su mensaje, e incluso puede llegar a una nueva comprensión conceptual de lo que quiere decir.

Esta técnica para llegar al núcleo del mensaje de un escrito se lleva a cabo en dos etapas. Primero, hay que buscar un amigo y presentarle en unas cuantas oraciones la esencia del argumento. A este proceso se le llama **la identificación del mensaje.** Segundo, hay que imaginar a un maestro de escuela que debe enseñarle esto mismo a un grupo que no sabe nada sobre el tema. ¿Cómo ha de explicar u organizar sus ideas para que este grupo las capte? ¿Qué información ha de incluir de modo que el grupo comprenda *el propósito* de su presentación y no simplemente los hechos específicos? Al igual que cualquier maestro, tendrá que tomar en cuenta las características más sobresalientes de su público y escoger los ejemplos y el lenguaje más apropiados para dicho público.

En resumidas cuentas, el escritor debe preguntarse, primero: ¿Qué quiero que el lector aprenda de mi escrito? y, segundo: ¿Cómo he de conceptuar y presentar la materia para lograrlo?

**Actividad A**   Llegar al núcleo del mensaje (Parte 1)

**1.** Imagínese que un compañero le ha pedido a Ud. que le ayude con la técnica de llegar al núcleo del mensaje de un texto que está escribiendo para su clase. Para ello, le muestra el título y los primeros cuatro párrafos de su texto (página 133). Léalos brevemente. ¿Qué puede Ud. deducir, de esta primera lectura, acerca de lo que le quiere «enseñar» su compañero?

**2.** Entre todos, comenten el tema sugerido por este trozo. Ya que el texto está dirigido a los miembros de su clase, ¿qué tiene que hacer su compañero para presentar la materia de manera que sea de interés para el grupo? ¿Qué actitudes o información previa debe tener en cuenta? ¿Qué preguntas debe contestar? En otras palabras, ¿qué tiene que hacer de modo que Uds., sus lectores, capten «el propósito de su presentación y no simplemente los hechos específicos»?

### JUEGO SINIESTRO: POR QUÉ TANTOS JUEGOS DE COMPUTADORA CONTIENEN VIOLENCIA E IMÁGENES DIABÓLICAS

*Para los no iniciados, los juegos de computadora de tiroteos pueden parecer amenazantes, hasta repulsivos. No obstante, los juegos se cuentan entre el* software *de consumo más popular al alcance en el mercado. Los que desarrollan los juegos y los que los observan de cerca explican por qué tal puede ser el caso.*

*—Por STEVEN L. KENT*
*Especial para The Seattle Times*

Visitar los estantes de juegos en el almacén local de *software* es muy parecido a pasearse por el salón del horror de un museo de cera. El arte gráfico de la caja para «Diablo», un producto de Blizzard Entertainment y el juego de más venta en el mercado, muestra un ardiente diablo rojo gruñendo, con diminutos ojos amarillos y cuernos de carnero en la cabeza. Algunos estantes más allá, la caja de «Shivers Two», un juego nuevo de Sierra On-Line, pinta un diablo gris con cuernos de ciervo.

«Outlaw», de LucasArts, presenta un tiroteo. «Command and Conquer», de Westwood Studios, encuadra un soldado observando una explosión. «MechWarrior 2», de Activision, muestra un robot amenazante.

Al echar un vistazo por el almacén, se tiene la impresión de que la mitad de los juegos contiene diablos, violencia o actitudes antisociales en general pintados en el empaquetado. Muchos tienen todos estos elementos. Bueno, cierto está que «IndyCar II», de Sierra, tiene coches de carrera, y «Myst», de Broderbund, muestra una isla. Y la mayoría de los fabricantes está sujeto a un sistema de autocensura.

Aun así, a juzgar por las apariencias de la industria de los juegos de computadora, parece que tales juegos en su mayor parte son acerca de violencia, de matanzas y de diablos.

**3.** Ahora lean el resto del texto. ¿Qué tal acertaron Uds. con respecto a sus recomendaciones? Y el texto, ¿logra el propósito del escritor? Comenten.

En diciembre, el senador Joseph Lieberman, demócrata de Connecticut y crítico principal de juegos de video y de computadora, denunció el tenor de dichos juegos. «Demasiados juegos en el mercado, ahora, en la temporada de fiestas navideñas, son más violentos, más antisociales y en general más repulsivos que nunca», dijo.

Sin embargo, estos juegos persisten —e incluso son ampliamente imitados— y la causa puede ser algo complicada.

En pocas palabras, se venden bien. Una mirada a los 20 juegos de mayor venta —como lo estima PC Data, una compañía de Reston, Virginia, que hace investigaciones del mercado— descubre que más de la mitad de esos juegos contiene en su esencia violencia, combates o guerras.

Chris Charla, jefe editor de *Next Generation,* una acreditada revista de juegos de video y de computadora, observó que «Doom», un juego de **id,** una compañía pequeña, lanzado al mercado en 1993 y lleno de violencia e imágenes satánicas, simplemente se ha vuelto uno de los más exitosos en la historia de la informática.

«Lo que pasa en la industria informática es que cada innovación se ve seguida de años y años de copias serviles», dijo Charla. «De inmediato, cuando 'Doom' salió al mercado, todo el mundo decidió que la manera de tener éxito sería fabricar sus juegos de modo que también parecieran satánicos y violentos.»

Aunque estos juegos se vendan bien —o por lo menos sigan una fórmula establecida— sería justo preguntarse por qué otras categorías, como juegos humorísticos o acerca de celebridades, no se venden tan bien. Aquí las respuestas podrían ser más difíciles.

Para Henry Jenkins, director de estudios de los medios de comunicación en el Instituto de Tecnología de Massachusetts, la violencia en los juegos de computadora es una extensión de la cultura de pandillas entre los hombres jóvenes norteamericanos.

«La violencia ocurre porque los juegos de video están ocupando el lugar de las culturas de pandillas tradicionales, las cuales tenían raíces en la violencia», dijo. «Eran culturas de osadías, de despliegues de destrezas, retos físicos y puñetazos, los cuales eran parte del modo en que los jóvenes de la sociedad norteamericana alcanzaban la madurez.»

Jenkins, cuyo campo de estudios incluye la ciencia ficción y la cultura popular, dijo que los juegos violentos no son nuevos para los jóvenes, pero que la tecnología de computadoras y juegos de video está exponiendo por primera vez a muchas madres a la forma violenta de jugar de sus hijos.

«Los juegos de video son más controvertidos porque ocurren dentro de la casa», dijo. «Madres que nunca habían sido expuestas a aquella cultura de la calle se ven de súbito confrontadas con ello, y se asustan de todas esas imágenes violentas.» El diseñador de «Doom», John Romero, ve la violencia como igual a otros tipos de actividades en el foco de diferentes juegos. «Mario 64 es un juego netamente de exploración», dijo. «Correteas y coleccionas cosas y exploras. Los juegos de tiroteos básicamente añaden tiroteos encima de eso. Es básicamente añadir un par de cosas nuevas. Estoy seguro de que podemos hallar otras actividades, pero dispararles a cosas es muy divertido.»

Jenkins, de hecho, dijo que los juegos de video podrían ofrecer una forma de desahogo más segura que formas de jugar anteriores. «Los juegos de video toman su lugar (el de la violencia y la osadía) y ofrecen algunas de las mismas imágenes, con frecuencia de una manera que ofrece más seguridad», dijo. «Ocurren dentro de la casa, y el público puede jugarlos sin entrar en contacto físico entre sí mismos.»

Como Romero ha dicho: «Andar disparando a diestra y siniestra no se puede hacer en la realidad, a menos que uno quiera que lo metan en la cárcel por una larga temporada.»

Los defensores de los juegos arguyen que la violencia en los juegos de video difiere de la de otros medios, incluyendo el cine.

Por cierto, no hay duda que juegos como «Doom», «WarCraft II» y «Quake» contienen una mayor cantidad de violencia que películas de cine o televisión. Si películas tan ultraviolentas como «Natural Born Killers» y «Reservoir Dogs» tuvieran la mitad de los asesinatos por segundo que tiene

«Duke NuKem 3D», el público se aburriría, o se sentiría desconcertado o asqueado.

Este aspecto le da a la violencia de los juegos de computadora una cualidad repetitiva, caricaturesca. La mayoría de los demonios de «Doom» muere de la misma manera, y sea que se les dé un puñetazo, o un pistoletazo, o se les chamusque con una pistola de plasma, o se les saje con una motosierra. Los demonios gruñen, revientan en sangre y caen de espaldas.

En el cine, cuando los personajes mueren, comúnmente parecen sufrir y mueren despacio. A veces son desmembrados o se retuercen en agonía. Las muertes del cine, en otras palabras, toman tiempo. Las muertes en los juegos de computadora son generalmente rápidas —en cualquier momento un personaje está bien, al otro momento revienta como globo y muere: un contribuyente más a la irrealidad de la violencia en los juegos de computadora.

Aunque tanta violencia parece gobernar estos juegos, otra cualidad que ha alarmado a los críticos es el uso frecuente de imaginería diabólica. Si el análisis de Jenkins está en lo cierto, la cultura de pandillas podría haber conllevado juegos violentos durante el último siglo, pero ciertamente no ha implicado el culto a Satanás, por lo menos en una escala semejante. Juegos como «Doom» y «WarCraft II» están llenos de símbolos satánicos; «Diablo», «Phantasmagoria» y «Shivers Two» tienen figuras de diablos en la caja.

«Esas imágenes probablemente están allí por la misma razón que Black Sabbath puso esas cosas en sus álbumes en los años 70 —sólo por su impacto», dijo Romero.

Según Romero, las imágenes satánicas añaden el factor de miedo a los juegos como «Doom». «La gente le teme al juego», afirma. «Eso es diferente de los juegos de aventuras de señale-y-'clic' en los que lo emocional no toma parte. Cuando puedes invocar el espanto en el que juega, ya sea con imágenes satánicas o con pasillos oscuros con monstruos gruñentes, eso es más estimulante para el jugador.»

Charla concedió que las imágenes satánicas fueron solamente parte de la impresión visual que se escogió para el juego. «Cuando creas un ambiente de mazmorra, quieres que sea espeluznante, que dé escalofríos, y mucho de esa imaginería satánica añade al efecto y lo sostiene», dijo. «Sucede que los demonios son el tema de 'Doom', tal como el saqueo de tumbas es el tema de 'Tomb Raider' y tal como 'Nanotek Warrior' ocurre en un ambiente espacial.»

Charla ve el surgimiento de imágenes del ocultismo en los juegos de computadora como una extensión de la cultura popular, y no como una indicación de creencias religiosas. «Pienso que muchos de los juegos y jugadores tienen interés en cosas fantasiosas, y eso se presta a conjuros y brujos y el ocultismo y arcanos. Ése es uno de los orígenes», dijo. «Terminas con bastantes imágenes que no son satánicas en la mente de los que juegan. Ellos no las consideran satánicas; son sencillamente ocultismo. Si ello significa que son automáticamente satánicas, es otra discusión por completo. Son solamento aderezo. Sencillamente son llamativas».

**Actividad B**   Llegar al núcleo del mensaje (Parte 2)

1. Vuelva al tema que Ud. ha escogido y analice con cuidado las ideas que ha apuntado hasta este punto con respecto al tema y el lector, las posibilidades de organización y el propósito.

2. Identifique brevemente la esencia del argumento que va a presentar.

3. Trabajando con un compañero / una compañera, sigan los pasos que se describen en la página 132 para llegar al núcleo de su mensaje.

4. Finalmente, examine sus apuntes de nuevo. ¿Qué cambios quiere Ud. incorporar, basándose en esta actividad?

## SEGUNDA ETAPA: *La redacción y la revisión de las versiones preliminares*

Después de terminar las actividades de prerredacción, Ud. escribirá un borrador de su ensayo expositorio.

Las actividades que se han llevado a cabo en la primera etapa de este capítulo le han dado a Ud. la oportunidad de desarrollar la materia prima para elaborar una exposición. En esta segunda parte del capítulo, tendrá la oportunidad de

- crear un plan de redacción para guiar la composición de su escrito
- desarrollar un borrador de su escrito
- experimentar con la técnica de revisión con grupos de consulta
- experimentar con la técnica de una lista de control
- desarrollar un plan de revisión

### Tarea

Escriba un texto expositorio que tenga como mínimo unas 500 palabras. Su texto puede organizarse como «El poder del contacto lingüístico» (páginas 111–113): presentando una tesis con base en una sola técnica para examinar y explicar un tema (comparación/contraste o causa/efecto), más varios ejemplos específicos. También puede explorar su tema utilizando una combinación de técnicas, como se hizo en «Los ancianos de Vilcabamba» (páginas 115–117) y en «¿Hablas CyberSpanglish?» (páginas 124–126). Por lo general, no se empieza por elegir una técnica de escritura (comparación/contraste o causa/efecto), sino con un tema o una pregunta interesante. La organización suele derivarse de la información reunida. Si quiere, puede incorporar citas directas y otros detalles descriptivos, como se ha visto en varios de los textos de este capítulo y del Capítulo 3. Su escrito debe adoptar el formato de un ensayo formal. Así como en sus escritos anteriores, es importante reconocer y apreciar las necesidades específicas de su lector. Su ensayo debe incluir una introducción y una conclusión apropiadas. Como ya se dijo en el capítulo anterior, es a veces más fácil escribir la introducción después de haber redactado un borrador del ensayo total.

# EL PLAN DE REDACCIÓN: CÓMO SE ESCRIBE UNA EXPOSICIÓN

---

**PLAN DE REDACCIÓN: LA EXPOSICIÓN**

1. El tema

2. La idea principal que quiero comunicarle a mi lector (la tesis)

3. Mi propósito como escritor
   El lector y su propósito al leer
   Cinco preguntas cuyas respuestas el lector busca en el escrito

4. La información (la evidencia) y su organización: ¿Sirve la información del texto para explicar y apoyar la idea principal? ¿Cómo se organiza la información del texto? ¿Se utiliza la comparación y el contraste? ¿la causa y el efecto? ¿otro tipo de organización o combinación de organizaciones? ¿Se presenta la información de cada párrafo lógicamente?

5. La introducción y la conclusión

---

1. El tema

   • Vuelva a examinar sus notas y apuntes de la sección de Enfoque.

   • Repase los varios temas examinados y escoja uno que le interese especialmente.

   • Ahora, complete la primera parte del plan de redacción en su *Cuaderno de práctica.*

2. La tesis

- Examine los varios datos que ha reunido acerca del tema e identifique la idea principal que éstos apoyan.

- Ahora, complete la segunda parte del plan de redacción.

3. El propósito y el lector

- Determine por qué quiere Ud. hablar sobre este asunto. ¿Cuál es su propósito?

- ¿Cuál es su actitud hacia el tema? ¿Por qué le parece interesante? ¿Cuál es la reacción que quiere provocar en su lector? ¿Cuáles son los aspectos del tema que mejor puedan dar a conocer esta actitud al lector?

- Identifique al lector y a su propósito. ¿Por qué va a leer lo que Ud. escribe? ¿Qué sabe ya acerca del tema? ¿Cuál puede ser su actitud al respecto? ¿Qué información busca? ¿Qué preguntas se va a hacer al respecto?

- Ahora, complete la tercera parte del plan de redacción.

4. La información (la evidencia) y su organización

- Recuerde y tome notas del tema en su totalidad. Luego, escoja los detalles que mejor se presten para apoyar la tesis que Ud. ha identificado y elimine aquéllos que no se relacionen directamente con la tesis ni ayuden a producir el impacto que Ud. desea.

- Determine cómo va a organizar la exposición; elabore un esquema en el cual se presenten la tesis y los detalles que se utilizarán para apoyarla.

- Ahora, complete la cuarta parte del plan de redacción.

5. La introducción y la conclusión

- ¿Qué propósitos tiene la introducción? ¿entretener? ¿llamar la atención del lector? ¿presentar la tesis y/o los puntos principales del texto? ¿otro? ¿Es efectiva?

- ¿Qué propósitos tiene la conclusión? ¿repetir los puntos principales del texto? ¿ofrecer nuevas perspectivas? ¿Es efectiva?

- Ahora complete la quinta parte del plan de redacción.

Refiriéndose a su plan con frecuencia, escriba el borrador de su ensayo.

Determine qué tono tendrá la exposición; es decir, si va a ser formal o informal; si va a ser serio, alegre o irónico; si va a incluir ejemplos o anécdotas personales o si va a incluir datos impersonales, más bien objetivos.

Recuerde que para esta versión de su ensayo no debe preocuparse demasiado por cuestiones de la forma; es decir, ni por el vocabulario ni por la gramática. Si no sabe o no recuerda una palabra o expresión en español, introduzca un comodín o escríbala en inglés y siga escribiendo.

# EL PLAN DE REVISIÓN: ACTIVIDADES CON GRUPOS DE CONSULTA

---

**PLAN DE REVISIÓN: LA EXPOSICIÓN** _____
                                    (nombre del texto)

1. Comentarios positivos sobre el texto, ya sea en su totalidad o relacionados con alguna parte en particular (es decir, los datos reunidos, un ejemplo específico, la organización, la expresión de la tesis, la manera de presentar o de concluir el texto). Sea lo más específico posible.

2. Identifique la idea principal del texto. ¿Qué es lo que quiere explicar o defender? ¿Sirven todos los datos incluidos para defender la tesis? ¿Resulta una defensa convincente?

3. Identifique brevemente la organización de los datos (¿comparación y contraste? ¿causa y efecto? ¿otra?). ¿Le parece clara la organización de los datos? ¿Le parece una manera efectiva de presentar la información?

4. Los lectores quieren saber lo siguiente con respecto a esta tesis (marque la caja con este símbolo ✓ si el texto contesta la pregunta).

   ☐ _____

   ☐ _____

   ☐ _____

   ☐ _____

5. Comentarios constructivos acerca del texto

   • Detalles o datos que necesitan agregarse, reorganizarse o cambiarse

   • Cambios que podrían hacer más vivo y efectivo el lenguaje

   • Cambios que podrían hacer más efectiva la introducción

   • Cambios que podrían hacer más efectiva la conclusión

6. Otros cambios que se recomiendan

*En este capítulo se ofrece un solo texto modelo para las actividades en grupos de consulta. Para practicar más, se puede aplicar esta misma técnica al borrador de un compañero / una compañera de clase. En el Apéndice D del **Rincón del escritor** se ofrecen reglas de etiqueta para trabajar con el texto de un compañero.*

**Leer y analizar.**   Lea el siguiente texto y apunte todas sus notas y respuestas a las preguntas. Responda a la primera pregunta antes de leer el texto.

**Texto:** «El medio ambiente y las políticas económicas: ¿Quién gana y quién pierde?»

1. Se les ha pedido a los estudiantes de una clase de composición que escriban un breve ensayo expositorio. Este texto explora la relación entre el medio ambiente y la política económica. Según el texto,

esta relación guarda aspectos positivos y aspectos negativos. Identifique tres o cuatro preguntas acerca del tema cuyas respuestas a Ud. le gustaría encontrar en el texto. Después, siga con el análisis.

**Texto: El medio ambiente y las políticas económicas: ¿Quién gana y quién pierde?**

*Análisis*

Todas las actividades económicas, sin importar su índole, tienen consecuencias profundas sobre el medio ambiente. No todo el mundo comparte la misma opinión acerca de la naturaleza de estas consecuencias; es decir, si son positivas o negativas. A veces dichas consecuencias se ven como ejemplos de progreso, otras como signos de amenaza. El tema ha provocado controversia tanto en los países del oeste como en los del oriente y cada año se gastan millones de dólares en tecnología nueva. Quienes consideran las actividades económicas y el desarrollo industrial como algo positivo, como un signo de progreso, afirman que las actividades económicas ayudan a determinar el tipo de política ambiental que debe seguirse, y su evolución. O sea, dicen que la relación entre políticas económicas y medio ambiente es positiva. Los nuevos descubrimentos tecnológicos que resultan de la investigación industrial producen nuevas formas de control o supervisión de la contaminación. En varios países esta supervisión es obligatoria; en otras, no. Sin embargo, las universidades que ofrecen programas de gerencia industrial pueden aprovechar la necesidad de gente entrenada en la supervisión, ya que sus graduados rápidamente encontrarán empleo. La relación entre la educación y la economía es cada vez más estrecha. Además, por supuesto, una economía sana provee la financiación necesaria para poder invertir en la protección del medio ambiente, el uso de energías alternativas y otros pasos provechosos.

2. ¿Acierta el escritor al contestar sus preguntas? ¿Contesta todas?

3. ¿Cuál es la idea principal que el escritor intenta expresar en este borrador?

4. ¿Se relaciona toda la información directamente con la idea principal? De lo contrario, ¿que parte(s) no viene(n) al caso?

5. ¿Hay partes sobre las cuales le gustaría a Ud. tener más información (explicación, ejemplos, detalles)?

6. ¿Hay partes del texto en que de repente se encuentre Ud. «perdido/a»?

7. Haga rápidamente un bosquejo del texto en su totalidad. ¿Encuentra en su bosquejo partes donde la organización del texto deba cambiarse?

8. ¿Captó su interés la introducción de manera que Ud. quiso seguir leyendo?

9. ¿Qué parte(s) del borrador le gusta(n) más?

10. ¿Le sirvió la conclusión como resumen de la información general del texto? ¿Le ayudó a comprender la importancia del tema para el escritor?

*Texto: El medio ambiente...* (*continued*)          *Análisis* (*continued*)

En cambio, hay quienes consideran las actividades económicas algo negativo, más que un progreso. Por ejemplo, la industria causa desechos y contaminación, y a veces explota los recursos naturales de forma indiscriminada, hasta causar su extinción. Según algunos, la extinción (la muerte de toda una especie) es un proceso natural y parte de la evolución normal de esa especie. En los últimos años, miles y miles de especies han desaparecido de la tierra. La construcción de nuevas plantas industriales y de las infraestructuras necesarias para alimentarlas afecta el paisaje y la vida silvestre. En los Estados Unidos, la construcción de esta infraestructura se beneficia de toda una serie de exenciones de impuestos, una de las razones por las cuales hoy en día se observa un proceso de construcción por todas partes. Además, las técnicas de cultivo intensivo, basadas en la maximación de la producción, han cambiado de forma irreversible el aspecto del campo. Lo que antes se consideraba una práctica normal y natural (por ejemplo, la rotación de cultivos para que no sufra la tierra, para que no se agote) se ve ahora como ineficaz. El respecto por la naturaleza y por sus ciclos se ve ahora como conducta retrógrada.

En conclusión, la relación entre las políticas económicas y la protección del medio ambiente no es sencilla, y siempre va a tener consecuencias positivas y negativas.

**Consultar y recomendar.** Dividan la clase en grupos de tres o cuatro estudiantes. Compartan los miembros de cada grupo su análisis de «El medio ambiente y las políticas económicas» u otro texto asignado. ¿Hay mucha diferencia de opiniones? Después de llegar a un acuerdo común, formulen un plan de revisión para su texto basándose en sus comentarios. Presenten su plan al resto de la clase y prepárense para justificar sus sugerencias.

*Como Ud. sabe, es importante separar la revisión del contenido de la revisión de la forma. Véase la lista de control modelo para la revisión de la forma en la página 61. Recuerde que puede adaptar la lista para incluir las cosas que más le importan.*

# TÉCNICA DE UNA LISTA DE CONTROL

El siguiente proceso de revisión puede aplicarse tanto al escrito de un compañero como a su propia composición. Para utilizar este proceso, Ud. debe examinar el escrito con base en cada una de las preguntas. Basándose en sus respuestas, formule un plan de revisión para el texto.

---

### LISTA DE CONTROL PARA LA EXPOSICIÓN

☐ ¿Cuál es la meta o el propósito de la exposición?

☐ ¿Qué explica específicamente mi composición? ¿Cuál es la idea principal de mi texto? ¿Logro comunicar y enseñar al lector la esencia de mis ideas?

☐ ¿A quién le escribo? ¿Quién es mi lector y qué quiere saber sobre el tema? ¿Qué puede saber ya al respecto?

☐ ¿Qué preguntas puede hacerse el lector con respecto al tema sobre el que escribo? ¿Las he contestado todas?

☐ ¿Qué impresión quiero dejar en el lector?

☐ ¿Qué tono he adoptado en el ensayo? ¿Es apropiado para mi propósito?

☐ ¿Cuál es la organización de los datos en el ensayo? ¿comparación y contraste? ¿causa y efecto? ¿una combinación de ambas? ¿Se indica esto en la tesis misma?

☐ ¿Qué detalles o evidencia he incluido en el texto? ¿Cómo contribuye cada detalle a lograr lo que me propongo? ¿Son lógicas y válidas las relaciones (causa y efecto o comparación y contraste) que quiero establecer? ¿Hay otros datos que deba tomar en cuenta?

☐ ¿Hay en mi composición algún detalle que no contribuya lo suficiente a crear la impresión que quiero dejar?

☐ ¿Para qué sirve la introducción? ¿Capta el interés del lector? ¿Presenta, en breve, los puntos que se van a tratar con más detalle en el ensayo?

☐ ¿Para qué sirve la conclusión? ¿Resume los puntos clave del ensayo? ¿Ayuda a establecer la importancia del tema?

☐ ¿He utilizado un vocabulario claro y vivo, o he utilizado términos generales y abstractos que no captan la esencia de lo que quiero compartir?

---

**TERCERA ETAPA:** *La revisión de la forma y la preparación de la versión final*

---

Al llegar a esta etapa se supone que el contenido y la organización de un escrito han pasado por una revisión rigurosa y que el escritor está satisfecho con ellos. Ha llegado el momento de poner atención a las cuestiones de la forma. En esta última etapa, Ud. tendrá la oportunidad de

- repasar el subjuntivo en español
- pulir la forma de su escrito, repasando sistemáticamente la gramática, el vocabulario y la ortografía
- redactar una versión final de la tarea para entregar

Esta revisión le será más fácil si la emprende por pasos; en cada paso se enfoca un sólo aspecto de la forma.

 REVISIÓN DE LOS ASPECTOS GRAMATICALES: EL SUBJUNTIVO

Los dos modos principales del español son el indicativo y el subjuntivo. Con muy pocas excepciones,[2] el subjuntivo sólo se encuentra en cláusulas subordinadas.

## El subjuntivo en cláusulas subordinadas

Una cláusula subordinada es una oración que va incluida dentro de otra oración.

| | |
|---|---|
| El coche es nuevo. Compré el coche. | → El coche **que compré** es nuevo. |
| Sé algo. Ellos no pueden venir. | → Sé **que ellos no pueden venir.** |

La cláusula subordinada puede tener varias funciones: nominal, adjetival o adverbial.

*En el **Cuaderno de práctica** hay actividades para practicar las construcciones gramaticales, el vocabulario y la expresión que se tratan en los siguientes pasos.*

---

[2]Véase el subjuntivo en otras construcciones (Capítulo 4 del ***Cuaderno de práctica***).

| *Nominal:* | Creen **que es un libro bueno.** | (La cláusula funciona como complemento directo del verbo **creer.**) |
| *Adjetival:* | Es un libro **que trata de la historia colonial.** | (La cláusula describe el sustantivo **libro.**) |
| *Adverbial:* | Vienen **cuando pueden.** | (La cláusula indica cuándo, cómo, dónde o por qué ocurre la acción principal: **venir.**) |

En todos estos casos se usa el subjuntivo, en vez del indicativo, en la cláusula subordinada cuando:

1. La cláusula se refiere a lo que está fuera de lo que el hablante considera real: es decir, lo no conocido o lo no experimentado.

2. El mensaje de la oración principal expresa un comentario personal o una reacción emocional acerca del contenido de la cláusula subordinada.

A continuación se presentan estas dos condiciones en detalle.

## Lo conocido *versus* lo no conocido

El conocimiento puede resultar de la experiencia personal obtenida por medio de información que se recibe a través de los sentidos o de fuentes confiables: libros, lógica, creencias generalmente aceptadas como verdaderas, etcétera. Cuando la cláusula subordinada trata de lo conocido o de lo experimentado, *se usa el indicativo.*

| EJEMPLOS | ANÁLISIS |
|---|---|
| *Cláusula nominal* ||
| Sabemos **que ellos no tienen suficiente dinero.** | *La información «no tienen suficiente dinero» se considera verdadera.* |
| Veo **que Ud. se compró un Mercedes.** | *«Ud. se compró un Mercedes» es parte de mi experiencia personal; puedo afirmar su realidad.* |
| Es **que son unos desagradecidos.** | *Se afirma algo que se considera verdadero y que se sabe a través de una experiencia directa.* |

| EJEMPLOS | ANÁLISIS |
|---|---|
| *Cláusula adjetival* | |
| Viven en una casa **que está cerca del lago.** | *Sé que la casa donde viven tiene esa característica.* |
| Hay varias personas aquí **que hablan francés.** | *Por experiencia personal sé que existen estas personas que tienen la capacidad de hablar francés.* |
| Dieron el premio a los **que llegaron primero.** | *«Los» se refiere a un grupo específico, conocido.* |
| Hizo todo lo **que pudo para ayudarnos.** | *«Todo» se refiere a ciertas acciones específicas, conocidas.* |
| *Cláusula adverbial* | |
| Sus planes me parecen bien hechos; Ud. puede viajar **como quiere.** | *El que habla está enterado de la manera en que el otro quiere viajar.* |
| Siempre van a Dooley's **tan pronto como salen del trabajo.** | *Se afirma la realidad de una serie de acciones habituales de las que se tiene conocimiento.* |
| **Ya que se conoce al aspirante,** no será necesario entrevistarlo. | *Se afirma que se conoce al aspirante; esto se acepta como real.* |
| **Por mucho que trabajan,** nunca salen adelante. | *Se sabe cuánto trabajan; «mucho», en este contexto, es una cantidad conocida.* |

Note que, en todos estos ejemplos, se usó el indicativo —tanto en la oración principal como en la oración subordinada— porque es el modo que corresponde cuando se hace una afirmación. Una afirmación se hace basándose en lo conocido o en lo experimentado y consiste en una declaración sobre la verdad de lo que se conoce o de lo que se ha experimentado. Sin embargo, cuando uno se refiere a sucesos o circunstancias de los que no se tiene conocimiento ni experiencia alguna, no es posible hacer una afirmación sobre ellos; por lo tanto, no es posible usar el indicativo. En las cláusulas cuyo contenido habla de lo que está fuera del alcance de nuestra experiencia, *se usa el subjuntivo.*

Lo no experimentado o lo no conocido incluye lo que no existe, lo que todavía no ha ocurrido y también lo que *puede* existir o *puede* haber ocurrido pero que se desconoce personalmente.

| EJEMPLOS | ANÁLISIS |
|---|---|
| *Cláusula nominal* | |
| Dudo **que ellos tengan suficiente dinero.** | *No se conoce su situación económica lo suficiente para hacer una afirmación absoluta.* |
| Es posible **que él se haya comprado un Mercedes.** | *No se sabe con seguridad si él se compró un Mercedes; la situación forma parte de lo no conocido.* |
| No es **que sean unos desagradecidos,** sino que tienen otras formas de expresar su agradecimiento. | *Se niega la existencia de cierta situación.* |
| Quiero **que se vayan inmediatamente.** | *La acción de irse todavía no ha ocurrido y, por lo tanto, no ha sido experimentada.* |
| *Cláusula adjetival* | |
| Buscan una casa **que esté cerca del lago.** | *Se afirma solamente que ellos buscan la casa; no se sabe si la casa misma existe.* |
| No hay nadie aquí **que hable francés.** | *No es posible tener experiencia o conocimiento de algo que no existe.* |
| Quieren dar el premio a los **que lleguen primero.** | *En este momento no se sabe quiénes serán los primeros en llegar; «los» se refiere a algo no conocido.* |
| Hará todo lo **que pueda para ayudarnos.** | *«Todo» se refiere a ciertas acciones todavía no realizadas y por lo tanto no conocidas.* |
| *Cláusula adverbial* | |
| Ud. puede viajar **como quiera.** | *El que habla no tiene idea de la manera en que el otro quiere viajar.* |
| Piensan ir a Dooley's **tan pronto como salgan del trabajo.** | *El «ir a Dooley's», al igual que el salir del trabajo, son acciones futuras y, por lo tanto, no experimentadas.* |
| Debes llevar el paraguas **en caso de que llueva.** | *La acción de llover es incierta; se presenta como una posibilidad, no como una realidad.* |
| Abren la ventana **para que haya más ventilación.** | *Sólo se puede afirmar la acción de abrir la ventana; el efecto de esa acción es hipotético, no es un hecho afirmado.* |
| **Por mucho que trabajen,** nunca saldrán adelante. | *No se sabe exactamente cuánto trabajarán; «mucho», en este contexto, es una cantidad no conocida.* |

Puede deducirse que a veces es necesario usar el subjuntivo en la oración subordinada, cuando se refiere a acciones que tendrán lugar en el futuro y cuando se describe una circunstancia inexistente o no específica. La oración principal puede estar formada por un solo verbo, por una expresión impersonal o por una frase.

Deseamos  
Es necesario   } que se vaya de aquí inmediatamente.  
Nuestro deseo es

Recuerde: a pesar de la gran variedad de estructuras y mensajes que exigen el subjuntivo, siempre están presentes dos características. Primero, se habla de objetos, seres o circunstancias que no forman parte de lo conocido o lo experimentado; segundo, esta información se presenta en una oración subordinada.

## Casos especiales

A. *Lo indefinido no es siempre lo no específico.* Muchas descripciones del subjuntivo indican que su uso puede ser motivado por un pronombre indefinido (**alguien, cualquier**) o por un artículo indefinido (**un, una**).

| | |
|---|---|
| Necesitan a alguien que pueda hacerlo. | *They need someone (who may or may not exist) who can do it.* |
| Buscan un negociante que tenga experiencia internacional. | *They are looking for a businessman (who may or may not exist) who has international experience.* |
| Cualquier persona que viviera allí tendría la misma opinión. | *Any person who lived there (no knowledge of who, in fact, does) would have the same opinion.* |

Sin embargo, es importante señalar que *no* es la presencia de un pronombre o de un artículo indefinido lo que ocasiona el uso del subjuntivo, sino el significado de la oración. Compare los siguientes ejemplos.

| | |
|---|---|
| Veo **una/la** manzana que es verde. | «Una» manzana, tanto como «la» manzana, se refieren a entidades *específicas*, conocidas. → *indicativo* |

| | |
|---|---|
| ¿Existe **una/la** persona que entienda estas ecuaciones? | En este contexto, tanto «una» como «la» preceden una entidad *no específica;* no sabe si tal persona existe. → *subjuntivo* |

Tanto el artículo definido como el artículo indefinido pueden exigir el uso del subjuntivo si el sustantivo que se describe se refiere a una entidad no específica; es decir, si el sustantivo no corresponde a una entidad de cuya existencia el hablante tenga conocimiento o experiencia.

| | |
|---|---|
| Hay alguien que puede hacerlo. | *There is someone (I know the person) who can do it.* |
| Buscan a un negociante (creen que se llama Ruf) que tiene experiencia internacional. | *They are looking for a businessman—they think his name is Ruf—who has international experience.* |
| Todas las personas que viven allí deben tener la misma opinión. | *Every person who lives there should have the same opinion.* |

**B.** ***Duda y seguridad.*** Tradicionalmente las expresiones **creer, es cierto** y **es seguro** (entre otras) se han asociado con la certidumbre (y con el indicativo), mientras que sus formas negativas e interrogativas se han asociado con la duda (y con el subjuntivo). Sin embargo, es importante reconocer que la duda y la certidumbre son dos polos opuestos y que entre ambos extremos existen varios grados que no se prestan a clasificaciones absolutas. Por eso, muchas expresiones llamadas «dubitativas» admiten los dos modos: con el subjuntivo se acentúa la incertidumbre; con el indicativo se manifiesta una inclinación hacia la afirmación.

| | |
|---|---|
| No creo que sea así. | *I don't think it's that way (but I'm not sure).* |
| No creo que es así. | *I (really) don't think it's that way.* |
| Sospecho que esté mintiendo. | *I suspect (but I'm not sure) that he may be lying.* |
| Sospecho que está mintiendo. | *I suspect (and I feel pretty sure) that he is lying.* |

Por otro lado, la incertidumbre no parece eliminarse totalmente en las expresiones **no dudar, no ser dudoso** y **no haber duda.** Aunque «exigen» el indicativo, con mucha frecuencia se expresan en el subjuntivo: **No dudo que sea inteligente.**

## El subjuntivo de emoción y comentario personal

Como hemos visto, es posible decir que el indicativo es el modo usado para la información y la afirmación, mientras que el subjuntivo es el modo apropiado para la opinión y la especulación. El otro contraste fundamental entre los dos modos asocia el indicativo con la objetividad y el subjuntivo con la subjetividad. El indicativo es el modo que se usa para la información; el subjuntivo, para hacer comentarios sobre ella.

En la mayoría de estos casos el contraste entre el indicativo y el subjuntivo en la oración subordinada ya no se basa en la diferencia que existe entre una afirmación y una especulación. Por ejemplo, en los dos casos siguientes, «va a llover» se presenta como información verdadera. El contraste radica en la manera de comunicar esa información. El indicativo se reserva para el reportaje objetivo, mientras que el subjuntivo se usa para llevar el mensaje emotivo y el comentario personal.

| EJEMPLOS | | ANÁLISIS |
|---|---|---|
| El meteorólogo { asegura / dice / cree / señala / anuncia / explica / afirma / opina } | que mañana **va** a llover. | *En la oración principal se indica que la información contenida en la oración subordinada se considera un hecho.* |
| ¡Qué pena / Sentimos / Es bueno para la cosecha / ¡Qué horror / Es increíble / Nos alegramos de / Es una lástima } | que mañana **vaya** a llover(!). | *En la oración principal se expresa un comentario o un juicio emocional sobre la información de la oración subordinada.* |

## Casos especiales

**A.** *Temer* y *esperar*. **Temer** y **esperar** van seguidos del subjuntivo cuando tienen una connotación emotiva (*to fear* y *to hope*). **Temer** en el sentido de *to suspect* y **esperar** con el significado de *to expect* van seguidos del indicativo y con frecuencia del tiempo futuro.

Nadie contesta el teléfono; temo que no hayan llegado.

*No one answers the phone; I'm afraid that they may not have arrived.*

| | |
|---|---|
| Siempre lleva el mismo traje; temo que no tiene otro. | *He always wears the same suit; I suspect he doesn't have another.* |
| Espero que todos se diviertan mucho en la fiesta. | *I hope that you all have a good time at the party.* |
| Se espera que la ceremonia durará menos de dos horas. | *It is expected that the ceremony will last less than two hours.* |

**B.** **Ojalá (que).** Para expresar el deseo o la esperanza de que algo ocurra, **ojalá (que)** va seguido del presente de subjuntivo. Para expresar un deseo imposible o contrario a la realidad, se usa el pasado de subjuntivo.

| | |
|---|---|
| Ojalá que sean ricos. | *I hope they are rich.* |
| Ojalá que fueran ricos. | *I wish they were rich.* |
| Ojalá que lo hayan visto. | *I hope they have seen it.* |
| Ojalá que lo hubieran visto. | *I wish they had seen it.* |

**C.** **El (hecho de) que.** Esta expresión exige el subjuntivo cuando presenta información ya conocida por los oyentes, información que después es la base de algún comentario o la causa de una reacción emotiva. Se usa con el indicativo cuando la información, además de ser nueva, se presenta sin comentario alguno.

| | |
|---|---|
| El (hecho de) que sea el hijo de un noble no debe tener ninguna importancia. | *The fact that he is the son of a nobleman should not be important at all.* |
| Les sorprendió mucho el hecho de que Ud. nunca hubiera asistido a la universidad. | *They were very surprised by the fact that you had never attended the university.* |
| Luego mencionaron el hecho de que, en su juventud, había matado varios animalitos. | *Then they mentioned the fact that, in his youth, he had killed several small animals.* |

## El subjuntivo en oraciones condicionales

Hay tres clases de oraciones condicionales: las que describen una situación incierta, pero posible; las que describen una futura situación, poco probable; y las que describen una situación falsa y contraria a la realidad. Se usa el indicativo en la primera clase de oraciones y el subjuntivo en las restantes.

| | |
|---|---|
| Si **tengo** dinero, quiero ir al cine este fin de semana. | *If I have money (possibly I will), I want to go to the movies this weekend.* |

| | |
|---|---|
| Si **conociera** al presidente, le haría algunas sugerencias. | *If I were to meet the president (a future event that I consider improbable), I would give him a few suggestions.* |
| Si yo **fuera** el presidente, no haría caso de los consejos de los desconocidos. | *If I were the president (but I am not), I would not pay any attention to the advice of strangers.* |

En la primera clase de oraciones condicionales, pueden ocurrir casi todos los tiempos del indicativo.

| | |
|---|---|
| Si **tenía** mucho apoyo, ¿por qué no **ganó** las elecciones? | *If she had a lot of support, why didn't she win the election?* |
| Si **fue** al hospital, es porque **estaba** muy enfermo. | *If he went to the hospital, it was because he was very sick.* |
| No sé si **tendrás** tiempo, pero **debes** visitar el museo de arte. | *I don't know if you will have time, but you should visit the art museum.* |

En las otras dos clases, sin embargo, la oración principal siempre se expresa en el *condicional* (en cualquiera de sus formas: simple, perfecta o progresiva), mientras que la cláusula que lleva **si** se expresa en el *pasado de subjuntivo.*

| | |
|---|---|
| Si **pudiera** escoger otra edad en que vivir, **escogería** el Renacimiento. | *If I could choose another age in which to live, I would choose the Renaissance.* |
| **Habría podido** entender mejor la película si **hubiera aprendido** italiano. | *I would have been able to understand the film better if I had learned Italian.* |
| Si **estuvieras ganando** $1.000.000 al año, ¿**estarías estudiando** aquí? | *If you were earning $1,000,000 a year, would you be studying here?* |

Dos variaciones del patrón de la oración condicional son

1. Usar una frase preposicional con **de** en vez de la cláusula que lleva **si.**

| | |
|---|---|
| **De tener más tiempo,** iría a verlo. | **Si tuviera más tiempo,** iría a verlo. |
| **De haber recibido una invitación,** ¿habrías asistido a la fiesta? | **Si hubieras recibido una invitación,** ¿habrías asistido a la fiesta? |

2. Usar el pasado de subjuntivo en lugar del condicional cuando se trata de las formas perfectas.

<table>
<tr><td>Si hubiera tenido dinero, me hubiera comprado una casa cerca del mar.</td><td>Si hubiera tenido dinero, me habría comprado una casa cerca del mar.</td></tr>
</table>

Después de la expresión **como si,** siempre se usa una forma del pasado de subjuntivo; no es necesario usar el condicional en la oración principal.

| | |
|---|---|
| Comen **como si fuera** su última comida. | *They're eating as if it were their last meal.* |
| Fue **como si** todo el mundo se me **cayera** encima. | *It was as if the whole world came crashing down on me.* |

Por lo general el presente de subjuntivo no ocurre en las oraciones condicionales.

# REVISIÓN DE LOS ASPECTOS GRAMATICALES YA ESTUDIADOS

Después de revisar los usos del subjuntivo, revise también:

1. El uso de **ser** y **estar**

2. El uso del pretérito y el imperfecto

3. El uso de la voz pasiva con **ser,** la voz pasiva refleja y la construcción pasiva impersonal

# REVISIÓN DEL VOCABULARIO Y DE LA EXPRESIÓN

Después de revisar la gramática, lea su escrito de nuevo, con ojo crítico particularmente en el vocabulario. En el *Cuaderno de práctica* hay listas de vocabulario útil para hacer la exposición. Consúltelas y haga las actividades correspondientes antes de revisar su escrito.

# REVISIÓN DE LA ORTOGRAFÍA

Después de revisar los aspectos gramaticales estudiados y las notas sobre el vocabulario y la expresión, repase su escrito buscando los posibles errores de acentuación y de ortografía.

## 5to PASO   PREPARACIÓN DE LA VERSIÓN FINAL

Escriba una nueva versión de su trabajo ya con las correcciones y los cambios necesarios.

---

**¡!**   *Piénsalo...*    Si puedes, pídele a un compañero / una compañera que lea tu texto, buscando los posibles errores gramaticales o de expresión. Le puedes facilitar la lectura si le preparas una lista de control como el de la página 61, indicándole claramente los puntos de mayor interés.

# La argumentación (Parte 1)

# Orientación

## LA ARGUMENTACIÓN (PARTE 1)

Los dos propósitos más comunes de la escritura dentro del contexto académico son:

1. *explicar, informar, aclarar*

   El escritor acumula y organiza los datos con la intención de presentárselos al lector de manera objetiva. No se trata de las opiniones personales del escritor. La mayoría de los modelos expositorios que aquí se han visto hasta ahora son de este tipo.

2. *convencer, persuadir*

   El escritor presenta su información, pero también adopta una posición, se aferra a una idea que quiere que el lector acepte convencido. Desea explicarle a éste su opinión y además presentarla con suficiente evidencia para demostrar que es válida y justificada. Va más allá de la mera presentación de la información; incluye también alguna evaluación de la misma. El escrito que pretende convencer se llama **argumentación.**

El ensayo expositorio empieza con una tesis que comunica y resume la información que se va a presentar. El ensayo argumentativo, por otro lado, empieza con una postura fundamental que luego va a justificarse. Compare las siguientes afirmaciones.

   La revolución industrial, que empezó en Inglaterra en 1760 y algo más tarde en otros países occidentales, sustituyó las herramientas de mano por las herramientas mecánicas.

   Los efectos de la revolución industrial se notaron en todos los aspectos de la vida económica; sin embargo, las repercusiones más profundas y más amplias se percibieron en el ámbito social.

La primera oración es la presentación de un hecho; comunica cierta información. La segunda oración es la presentación de una opinión. La primera oración podría servir de tesis para un ensayo expositorio; la segunda, para un ensayo argumentativo.

   *Tesis expositoria:* El sistema de cargo vitalicio (*tenure*), que opera desde hace muchos años en casi todas las universidades y *colleges* en los Estados Unidos, les garantiza seguridad de empleo a los profesores que lo obtienen.

*Tesis argumentativa:* A pesar de la crítica severa de que es objeto el sistema de cargo vitalicio en las universidades estadounidenses, existen fuertes razones para mantenerlo vigente.

La tesis expositoria presenta hechos; es descriptiva e informativa, pero no indica cuál es la opinión del escritor acerca del tema. La tesis argumentativa mantiene una postura fundamental acerca del tema, reconoce que existen perspectivas contrarias y ofrece información que justifica la opinión del escritor como si ésta fuera necesariamente correcta. La diferencia entre estas dos tesis refleja la diferencia fundamental entre la exposición y la argumentación.

Para defender con efectividad, por escrito, una postura fundamental, importa saber lo más que se pueda acerca de la postura contraria para así poder reconocer las objeciones que existan y poder responder a ellas. Es esencial convencer al lector de que se han examinado varias opiniones sobre el tema y que se ha llegado a la conclusión racional de que la postura que se defiende es la más acertada.

**Rincón del escritor**

Puedes encontrar más información acerca de la evidencia en el **Rincón del escritor.**

Para justificar o apoyar la postura fundamental, la evidencia puede sacar provecho de todas las técnicas de organización que ya se han presentado: la descripción, la narración y la exposición (con sus varias estrategias de desarrollo: comparación y contraste, análisis, causa y efecto, etcétera). Con frecuencia se utilizan varias estrategias en el mismo ensayo. Por ejemplo, para convencer o persuadir al lector, se puede empezar por narrar un hecho que incluya una descripción. Entonces puede darse una definición de los conceptos que se presentan, para luego pasar a hacer un análisis o clasificación del hecho mismo y, finalmente, hacer una comparación o contraste con otras ideas.

**¡!  Piénsalo...**   Para algunas personas, el término «argumentación» puede connotar sentimientos hostiles como enojo, sarcasmo y hasta disputa. Pero en el contexto retórico (de la redacción, por ejemplo, o de las presentaciones orales formales como las que se hacen en la corte), la argumentación no implica antagonismo o controversia. Los argumentos son opiniones justificadas con evidencia. Presentan y apoyan un punto de vista, eso sí; el lenguaje que se debe usar ha de ser enérgico y firme, pero no hostil u ofensivo: no se persuade con ofensas e insultos. Se hablará más sobre el lenguaje y el tono apropiados en las páginas 171–172.

## Aproximaciones a la argumentación

La argumentación puede consistir, por ejemplo, en la simple justificación de la opinión del escritor acerca de un asunto determinado, o en el esfuerzo por convencer al lector de que piense o actúe de una manera dada. En todo caso, la estructura del ensayo argumentativo tiene que reconocer que existen otras opiniones acerca del tema. Esto se puede hacer empezando el texto con alguna información acerca de las opiniones contrarias (= contra), para luego dedicar la mayor parte del escrito a la explicación y defensa de la postura del escritor (= pro). También puede el escritor incluir algunas notas breves acerca de la oposición (= contra) en cada párrafo en que presenta la opinión que defiende (= pro). La conclusión reitera la postura fundamental y agrega unas observaciones más: la importancia del tema, el impacto de la perspectiva que se acaba de exponer o una posible solución al dilema, si acaso éste existe. A continuación se presentan en forma esquemática estas dos organizaciones.

## 1. Reconocer temprana y brevemente las posiciones contrarias; dedicar la mayor parte del ensayo a la justificación de la postura fundamental

| | |
|---|---|
| *Tema:* | El impacto de la revolución industrial |
| *Postura fundamental:* | El impacto en la sociedad (por ejemplo, definición de «trabajo», «valor», «contribución a la sociedad») fue más importante que ningún otro. |
| *Tesis:* | Los efectos de la revolución industrial se notaron en todos los aspectos de la vida económica (contra); sin embargo, las repercusiones más profundas y más amplias se percibieron en el ámbito social (pro). |
| *Contra:* | Efectos económicos de la revolución industrial<br><br>• ejemplo #1<br>• ejemplo #2<br><br>Amplios y variados; sin embargo, no tan significativos ni tan duraderos como los efectos sociales. |
| *Pro:* | Efecto social #1 |
| *Pro:* | Efecto social #2 |
| *Pro:* | Efecto social #3 |
| *Conclusión:* | Los efectos de la revolución industrial, como los de toda revolución, transcendieron su contexto inicial —la economía, el mercado y el lugar de trabajo— para transformar los valores fundamentales de la sociedad. |

## 2. Incorporar las posiciones contrarias brevemente en la presentación de cada punto a favor de la postura fundamental

| | |
|---|---|
| *Tema:* | El aborto |
| *Postura fundamental:* | El aborto es defendible y justificable. |
| *Tesis:* | Aunque muchos creen que el aborto es inmoral y que sus defensores son viles (contra), hay razones por las cuales la sociedad debe defenderlo (pro). |
| *Punto #1:* | La postura actual de la Iglesia Católica (contra). No obstante, hay que reconocer que la postura de la Iglesia ha cambiado con el transcurso de los siglos; el aborto fue permisible en un tiempo (pro). |
| *Punto #2:* | Quienes tildan al aborto de asesinato (contra) lo aceptan a veces bajo ciertas circunstancias (violación, incesto) (pro). |
| *Punto #3:* | La adopción ofrece una buena alternativa al aborto (contra) con tal de que el proceso de dar a luz no ponga en peligro la vida de la madre (pro). |
| *Punto #4:* | La mujer tiene el derecho y la responsabilidad de disponer de su cuerpo (pro). |
| *Punto #5:* | Decisión de la mujer, el médico y sus conciencias, sin que intervenga el gobierno (pro). |
| *Conclusión:* | El aborto representa un paso dificilísimo; es una decisión sobre la cual la sociedad y muchas personas de buena voluntad han agonizado durante siglos. Ya es hora de que se deje de tratar el tema como algo unidimensional y a los individuos confrontados con la decisión como monstruos o criminales. |

Al desarrollar el ensayo argumentativo, puede ser útil darle al lector una idea de la trayectoria del problema, del origen del debate. Se puede estructurar la presentación de la evidencia de manera progresiva; es decir, empezando por los puntos de mayor impacto o por los de menor importancia, para luego pasar a los puntos más convincentes al final.

El siguiente ensayo apareció en una revista hispana. Presenta una tesis clara, con ejemplos específicos que la justifican, y una opinión adversa. Sin embargo, no es un ensayo argumentativo. Es más bien una columna editorial: presenta y explica una opinión, pero no busca convencer al lector de que se han examinado cabalmente las opiniones contrarias; no intenta establecer la validez de esta opinión por encima de otras. La columna editorial no es igual a la argumentación.

## POR CULPA DE LA INFORMACIÓN

No es que el mundo esté peor que antes. Lo que pasa es que los noticieros son mejores, y uno se entera cada vez más pronto de cada vez más sitios.

Hoy suceden en 24 horas más hechos que en la vida de nuestros abuelos en 24 años. Además nos enteramos de todo. Uno está paseando en su auto en una plácida mañana de sol, y de pronto la voz del locutor estalla en la radio: «Boletín especial: ¡último momento! ¡Se rebelaron los ñoquis-ñoquis en la Polinesia! ¡Hay agitación en el Himalaya! ¡Violento incendio en el Ártico! ¡Cambió de sexo Miss Triángulo de las Bermudas!»

Hasta el siglo pasado la vida era mucho más serena. Nadie se enteraba de nada. La Revolución Francesa de 1789 influyó sobre los hombres de América Latina recién en 1805. En cambio ahora Bush y Gorbachev se reúnen en Londres, y a los dos minutos todo el mundo sabe de qué hablaron y qué marca de ketchup le puso el americano al caviar ruso. En la época de los virreinatos, el Duque de la Pelusa perdía todos los bienes en Castilla, pero su familia seguía viviendo a todo lujo en Cochabamba porque la noticia de la bancarrota venía por carabela y tardaba tres años en llegar. En cambio hoy, usted tiene la mala suerte de que le reboten un cheque por falta de fondos en un banco de Hong Kong, y a los 60 segundos la computadora se lo ha informado a todos los bancos del mundo, y nadie le da más crédito.

En la época de Diego Portales, la gente de Chile iba a veranear de Valparaíso a Viña del Mar y tomaba diligencias preparadas para un largo viaje por inhóspitos caminos llenos de tierra. Hoy uno toma el avión Concord en París y llega a Caracas 20 minutos antes de haber salido.

Antes las noticias llegaban despacio y uno tenía tiempo de adaptarse. Ahora vienen todas de golpe. En El Cairo todos recuerdan al señor que en el año 1200 AC se presentó en el palacio real y pidió hablar con el rey Tutankamon para quien llevaba una carta de recomendación, y los edecanes le informaron «El faraón Tutankamon ya no trabaja más aquí. Murió hace 100 años. Pero si quiere verlo, está ahí nomás, en la cuarta pirámide doblando a la derecha». Claro, el tipo no había tenido manera de enterarse de la muerte de Tutankamon. En cambio, ahora las partes empiezan a informar «Atención, el señor Perico Pimpinela, ex ministro de Caramelos de Menta de Luxoria, está indispuesto. Es posible que sea grave. Siga sitonizando y si se muere, ¡usted será el primero en saberlo!… »

> En el siglo XV, alguien traía la noticia de que un tal Cristóbal Colón había descubierto América, y la gente comentaba «entonces la Tierra es redonda nomás». Y nada más. Ahí se terminaba el asunto porque no había más detalles para seguir con el tema. En cambio ahora la televisión trasmite en directo imágenes que el Voyager envía desde Saturno, y los niños murmuran malhumorados: «Ufa... ¿y para esto cortaron Los Simpsons?»
>
> —*Aldo Cammarota*

Hay dos claves para escribir un buen ensayo argumentativo. La primera consiste en escoger un tema que permita más de una sola opinión; la segunda, en dar evidencia que indique un examen cuidadoso de varios puntos de vista. No es suficiente presentar un tema controvertido; tampoco basta presentar una sola opinión al respeto. El siguiente texto trata un tema menos serio que el anterior; sin embargo, logra defender su tesis de manera convincente.

## ¿Y DESPUÉS DEL ALMUERZO, QUÉ?

Nada más cambiante en la vida del hombre que las expresiones culturales. Cambia el arte, cambia la moda, cambia la música y hasta las costumbres alimentarias de los hombres.

Mientras a principios de siglo las mujeres preferían faldas largas, ahora las desean cortas; mientras las tradicionales familias santafereñas se deleitaban con las melodías entonadas por sus hijas, los hogares modernos se han acostumbrado a la música estridente a puerta cerrada en la alcoba de los hijos adolescentes; mientras a mediados del siglo pasado los artistas se deleitaban con el regreso al romanticismo, en la actualidad la abstracción reina en las galerías de arte; mientras los niños de las primeras décadas de este siglo gozaban con helados batidos y hostigantes, hoy el gusto por el dulce se inclina hacia los merengues y las cremas.

Y aunque ya no es raro escuchar que las cosas se transforman, el último alarido de la cultura gastronómica ha lanzado a más de un especialista a la pista de restaurantes y hoteles de lujo.

La razón es muy sencilla: un almuerzo ya no es ocasión de reunión. Tampoco es necesidad de calmar el apetito y disfrutar la charla de un amigo. Ahora el desayuno o el almuerzo se ha convertido en la excusa perfecta para iniciar negocios, cerrarlos, concretarlos, evadirlos y hasta sugerirlos.

De lunes a viernes los desayunos y almuerzos ejecutivos han dejado de ser lo que son para tomar las riendas del horario laboral de negocios. Su costo no es pérdida de utilidades. Se considera una inversión. Día a día ejecutivos y profesionales de todas las disciplinas se reúnen en la mañana o al mediodía para plantear o escuchar alternativas de negocios.

Y aunque la reunión parece tan sencilla, el éxito de un desayuno o almuerzo de negocios ya no radica en el sabor de los alimentos sino en la sazón del negocio que habrá de cerrarse.

El reto aunque apetitoso, parece convertirse en un bumerán. Se devuelve en contra de la negociación misma.

Según el profesor norteamericano de sicología en la Universidad de California, Paul Ekman, autor del libro «Desenmascarando el rostro», los desayunos o almuerzos ejecutivos no son adecuados para realizar negocios a alto nivel.

Si bien este tipo de actos sociales ayudan a fortificar la relación entre las partes de la negociación, está comprobado que resultan poco eficaces en el logro de las metas deseadas para el negocio.

Las razones son varias. Para Ekman, «la gente tiene más práctica para mentir con las palabras que con el rostro y más práctica con la cara que con los movimientos del cuerpo».

Los restaurantes opacan los cambios de la voz, el lenguaje corporal y los códigos faciales que son aspectos importantes para observar las reacciones del oponente.

Asimismo, los desayunos o almuerzos dan demasiada importancia a las habilidades sociales. Para Ekman, la comodidad de un establecimiento pone en evidencia un condicionamiento para la negociación.

En ese sentido, puede afirmarse que durante un desayuno ejecutivo no se puede detectar la creatividad y la agudeza de un personaje. Las acciones de negociación se ven limitadas por un acto de naturaleza social más que laboral.

El hecho de llamar al mesero, tomar un trago o un bocado son estrategias que sirven de pretexto para eludir determinadas situaciones molestas para el ejecutivo que negocia.

Asimismo, el carácter de comunidad del restaurante hace que sea un lugar inapropiado para expresar con libertad reacciones de ira por ejemplo. Pues ante un público desconocido, el ejecutivo debe controlar sus sentimientos.

Generalmente, el negocio viene a concretarse en la oficina. Según algunos expertos, la única posibilidad para poder controlar un desayuno o un almuerzo es realizar una agenda previa para saber qué se quiere lograr en él y así vencer el principal obstáculo: el desperdicio del tiempo durante la situación social de descanso.

Este texto reconoce que la práctica de «la comida de negocios» tiene sus proponentes y que algunos piensan que es una costumbre valiosa; luego presenta información contraria: no es una buena idea hacer negocios durante las comidas por las siguientes razones... El tema puede ser poco serio, pero la presentación de la información es sólida: el texto no es la simple presentación de un solo punto de vista, sino que justifica su posición frente a otras posibles.

Ahora lea el suiguiente texto. ¿Cuál es la tesis? ¿Y el propósito? Haga un bosquejo del texto y analice su contenido. ¿Es un ensayo argumentativo o un ensayo expositorio?

## LA ENSEÑANZA DE LA LECTURA

*L*a lectura puede definirse como aquella actividad humana que tiene como objeto la extracción del significado de un texto escrito. Al leer, el lector extrae el significado de los símbolos escritos; es decir, comprende el sentido de lo que representan. Sin comprensión, no puede decirse que se ha llevado a cabo el proceso de la lectura. Desafortunadamente, hoy en día, la mala interpretación de lo que significa *leer* ha afectado la forma en que se enseña a leer tanto a los niños en su primera lengua como a los alumnos de lengua extranjera.

En el caso de la enseñanza de la lectura a los niños, el error más común que comete el maestro es creer que la lectura consiste en pronunciar en voz alta ciertas combinaciones de sonidos. En la mayoría de los casos, esto hace que el alumno trabaje con palabras aisladas y no con textos que verdaderamente tienen significado. Se le enseña al niño que ciertos símbolos grafémicos tienen un valor definitivo: la letra *a* se pronuncia como [a], etcétera; y cuando éste puede relacionar las letras con los sonidos se dice que ya sabe leer. No se consideran las limitaciones que esta estrategia le impone, pues al tratar de leer un texto palabra por palabra, el significado de la lectura en su totalidad se le escapará.

La enseñanza de la lectura en una lengua extranjera también refleja una mala interpretación del proceso de la lectura. Aunque generalmente el estudiante de lengua extranjera es un lector maduro que ya ha logrado adquirir práctica en extraer el significado de textos de diferentes tipos en su primera lengua, se usa con él el mismo método que se utiliza con los niños. En este caso también parece considerarse la lectura un proceso que consiste en leer en voz alta. Para muchos profesores de lengua extranjera, leer significa pronunciar correctamente lo que se lee. En un gran número de cursos de lengua extranjera, el profesor utiliza la lectura sólo para corregir la pronunciación de los estudiantes. Rara vez se le da al alumno la oportunidad de practicar la lectura en silencio y de descubrir así en el contexto el significado de ciertas palabras desconocidas. Con gran frecuencia, el estudiante de lengua extranjera sólo logra leer palabra por palabra; por eso concluye que leer es traducir.

Los métodos que hoy se utilizan para la enseñanza de la lectura se basan en la interpretación de lo que se cree que este proceso significa. Para poder cambiar estos métodos —es obvio que necesitan cambiarse ya que parecen haber tenido un éxito limitado— es necesario educar tanto al público como al personal educativo sobre el verdadero significado de la lectura.

La tesis del ensayo anterior afirma que la metodología actual de la enseñanza de la lectura, la cual se deriva de una interpretación falsa del proceso, se pone en práctica tanto en las escuelas primarias como en las clases para adultos. ¿Cuál es el objetivo principal de este ensayo? ¿convencer? ¿informar? ¿Es un texto argumentativo o un texto expositorio?

El texto describe cómo cierta interpretación de un concepto básico (en este caso, la lectura) afecta las prácticas educativas; ofrece ejemplos de estas prácticas y las relaciona con la interpretación de lo que es la lectura; sugiere que tales prácticas son ineficaces y termina recomendando enérgicamente que se cambien. A pesar de su tono autoritario y la urgente recomendación de la conclusión, no es éste un texto argumentativo sino expositorio: empieza con una tesis (las prácticas educativas reflejan cierta interpretación del aprendizaje) y luego la apoya con ejemplos específicos. El texto es insistente —el autor tiene opiniones sólidas— pero no incluye la característica definitiva de la argumentación: el intento de establecer y justificar una postura fundamental ante otras posibles opiniones. ¿Cómo sería un texto argumentativo sobre este mismo tema? Examine el siguiente bosquejo.

| *Tema:* | La enseñanza de la lectura |
|---|---|
| *Postura fundamental:* | La enseñanza de la lectura es ineficaz porque parte de un concepto erróneo de lo que significa *leer*. |
| *Tesis:* | La enseñanza de la lectura basada en técnicas de pronunciación de ciertos sonidos en voz alta parte de un concepto inadecuado de lo que constituye la lectura (pro). No obstante su amplia aceptación y larga tradición en salones de enseñanza de ambos tipos de idiomas, nativos y extranjeros (contra), esta metodología es ineficaz y debería reemplazarse (pro). |
| *Contra:* | Algunas personas creen que enunciar sonidos es lo que constituye leer<br>• razones<br>• razones |
| *Pro:* | evidencia de que leer en voz alta no equivale a leer con comprensión |

| | |
|---|---|
| *Pro:* | evidencia de que el sonido interfiere en la comprensión |
| *Pro:* | teoría nueva sobre la lectura → técnicas nuevas de enseñanza |
| *Pro:* | evidencia de que la metodología nueva produce mejores lectores en ambos idiomas, el nativo y el extranjero |
| *Conclusión:* | Para obtener eficacia en la enseñanza de la lectura, hay que cambiar de metodología: de una basada en la lectura en voz alta a una basada en la teoría nueva. |

## Tarea

En este capítulo, Ud. va a redactar un ensayo argumentativo sobre un tema que sea de interés para Ud. La evidencia que incluya para apoyar la tesis puede organizarse según cualquiera de las técnicas (o alguna combinación de ellas) que se han estudiado hasta este punto. No olvide que su texto tiene que reconocer opiniones contrarias a la que quiere justificar.

**Piénsalo...**   Es más fácil construir un argumento si se empieza con un tema controvertido. Pero recuerda que un «*hot topic*» por sí solo no garantiza una presentación argumentativa válida. Tampoco lo puede garantizar la presentación vehemente de una opinión. Para escribir un buen ensayo argumentativo, hay que adoptar una actitud y luego justificarla a través de la presentación de evidencia, la cual también debe incluir una explicación razonable de opiniones contrarias.

## PRIMERA ETAPA: *Antes de redactar*

En esta primera parte del capítulo, Ud. tendrá la oportunidad de

- explorar ideas relacionadas con varios temas que se prestan a la argumentación
- experimentar con varias técnicas de prerredacción para escoger el tema y la técnica de organización
- identificar las necesidades del lector a quien Ud. escribe

# LA GENERACIÓN Y RECOLECCIÓN DE IDEAS

**Actividad A**  Observación y comentario

| TABLA DE IDEAS |
| --- |
| *Afirmación que se quiere apoyar (o disputar)* |
| |
| |

Usando las preguntas como punto de partida, comenten brevemente las siguientes cuatro escenas. Apunten en la tabla de ideas los temas que le parezcan más interesantes y apropiados para un ensayo argumentativo.

EN SU CUADERNO...

*haga una lluvia de ideas sobre el tema de los «hot topics». Identifique todos los que se le ocurran. Después, escoja uno de los temas.*

*Prepare una tabla con dos columnas: una de pros y otra de contras. Dedique dos minutos a identificar todas las ideas que pueda a favor del tema (pro) y todas las opiniones en contra. Después examine las ideas y haga la redacción libre sobre el tema.*

*Finalmente, analice lo que ha escrito. ¿Cuál es la idea principal?*

1. ¿En qué consiste la ironía del dibujo? ¿Cree Ud. que el consumo de alcohol representa un problema tan grave como el de las drogas? ¿Entre qué grupos es frecuente el abuso del alcohol? ¿Y el abuso de las drogas? ¿Cuáles son las causas de estos abusos? ¿Y los efectos? ¿Quién es responsable de los efectos nocivos del consumo de algunos productos de venta legal como los cigarrillos y el alcohol? ¿la compañía que los fabrica y los vende? ¿el individuo que decide consumirlos? Explique. ¿Cree Ud. que ha aumentado en los últimos años el uso (y el abuso) de estas sustancias? ¿Por qué? ¿Cree Ud. que la legalización de algunas drogas podría ser una de las soluciones? Explique.

**2.** ¿En qué consiste la ironía del dibjuo? ¿Es hipócrita la mujer o es una buena madre? Explique. Algunas personas creen que una buena educación y un buen servicio médico o legal son derechos de todo ciudadano y que no deben depender del dinero que uno tenga. ¿Está Ud. de acuerdo? ¿Por qué sí o por qué no? ¿Cree Ud. que el sistema de asistencia pública (*welfare*) afecta a la sociedad de manera negativa o que la afecta de manera positiva? Explique. ¿Existen mejores alternativas? ¿Por qué son mejores?

**3.** ¿En qué consiste la ironía del dibujo? ¿Refleja la realidad de su familia o los conflictos de alguien que Ud. conoce? ¿Son inevitables los conflictos entre las generaciones? ¿Piensa Ud. que las personas tienden a ser más tolerantes a medida que se hacen mayores o que tienden a serlo menos? Explique. ¿Heredamos ideas y actitudes de nuestros padres?

Según este dibujo, las diferencias generacionales que están a la vista tienen que ver con la ropa y los gustos en cuanto a la música y otros pasatiempos. Otros —por ejemplo, los autores del artículo sobre la transformación de la familia europea (páginas 66–67)— dirían que durante estas tres generaciones algo mucho más profundo ha cambiado: la estructura misma de la familia y la definición del concepto de «familia». ¿Está Ud. de acuerdo? ¿En qué son diferentes los conceptos de «familia» y «pariente» de lo que eran en 1965? ¿Cuáles de estos cambios son positivos, en su opinión? ¿Cuáles son negativos? ¿Por qué? Los grupos religiosos suelen tener interés en ayudar a definir el concepto de «familia» y de esa forma determinar qué grupos pueden o no pueden constituir una familia. ¿Debe el estado intervenir en este asunto? ¿Por qué sí o por qué no?

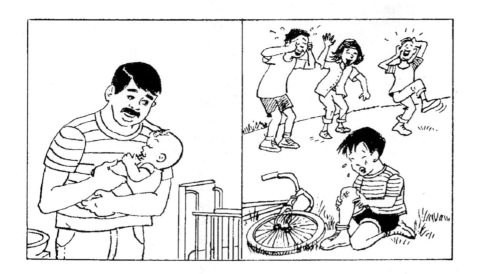

**4.** En las últimas décadas, se ha reconocido la existencia de expectativas estereotipadas con respecto a las niñas y las mujeres, y cómo éstas limitan su pleno desarrollo. También existen expectativas estereotipadas con respecto a los niños y los hombres, según las cuales los varones deben ser independientes, intrépidos, fuertes, competitivos, estoicos, y nunca llorar ni mostrar sus emociones. Según el psicólogo William Pollack, la sociedad encierra a los niños en una camisa de fuerza (*straight jacket*) de género, por lo que los jóvenes de hoy confrontan una crisis. ¿Está Ud. de acuerdo?

Trabaje con uno o dos compañeros/as para identificar las características que la sociedad valora en los niños y los hombres, y las que la sociedad rechaza. Compartiendo sus listas con los otros grupos, identifiquen los comportamientos que revelan estos estereotipos (por ejemplo, cómo tratan los adultos a los niños, o la manera en que los maestros de escuela responden a sus alumnos varones). ¿Creen Uds. que estas expectativas y comportamientos ayudan a los varones, o cree Ud. que tienen un impacto dañino? ¿En qué sentido? Expliquen.

Según Pollack, la sociedad manda «mensajes contradictorios» a los niños; es decir, rechaza características en los jóvenes que luego se valoran en los adultos. El dibujo de la página anterior demuestra uno. ¿En qué consiste? ¿Conoce Ud. otros ejemplos de «mensajes contradictorios»? Explique.

**Actividad B**   Pros y contras

**1.** Cada uno de los siguientes temas admite aspectos a favor y aspectos en contra. Trabajando con dos o tres compañeros/as, escojan un tema de la tabla. Hagan una lluvia de ideas para crear dos listas: una de pros y otra de contras. ¿Cuántos aspectos diferentes se les ocurren para cada tema?

Después de cuatro o cinco minutos, escojan otro tema y repitan el ejercicio: hagan una lluvia de ideas para identificar todos los puntos en pro y en contra que puedan. Un miembro del grupo debe servir de secretario/a para apuntar las ideas sugeridas.

| PROS | POSTURA O ACTITUD | CONTRAS |
|------|-------------------|---------|
| | La educación secundaria debería ser obligatoria hasta los 16 años. | |
| | La televisión no debería permitirse en los tribunales. | |
| | El uso de los medios de difusión debería ser gratis para los candidatos políticos. | |
| | El suicidio asistido debería ser legal. | |
| | Los padres deberían ser responsables de los daños ocasionados por sus hijos (por ejemplo, el vandalismo). | |
| | El inglés debería ser el idioma oficial de los Estados Unidos. | |
| | Las médicos no deberían ayudar a las mujeres mayores de 50 años a quedarse encintas. | |
| | *Otro tema (de su elección)* | |

**2.** Terminadas las sesiones de lluvia de ideas, compartan entre todos las ideas relacionadas con cada tema, para recopilar una lista comprehensiva de posibles pros y contras.

**3.** ¿Servirían las ideas apuntadas para persuadir a cada uno de los siguientes grupos de lectores? Divídanse en equipos de tres o cuatro; su profesor(a) le asignará a cada equipo un grupo de lectores. Cada equipo debe examinar la lista de puntos en pro y en contra para cada uno de los temas desde la perspectiva de su grupo de lectores. ¿Qué puntos les parecen convincentes? ¿Cuáles habría que tachar? Expliquen.

- jóvenes de entre 14 y 18 años de edad
- personas mayores, de la edad de sus padres; profesionales
- ancianos de la edad de sus abuelos; jubilados
- jóvenes profesionales de entre 20 y 30 años de edad

**Actividad C** La lectura: «Los cuentos son muy viejos»

El siguiente texto examina el papel que los cuentos infantiles juegan en el desarrollo de los estereotipos masculino y femenino; acepta la idea de que los cuentos ofrecen «acondicionamiento cultural» y ofrece datos para apoyar esta tesis. ¿Le parece convincente el texto?

## LOS CUENTOS SON MUY VIEJOS

Dice María Luisa Bemberg en el prólogo de su film *Juguetes:* «Desde la infancia, las expectativas de conducta son distintas para cada sexo. Se educa a los hijos de manera específica para que actúen de manera específica. Los juguetes y los cuentos no son inocentes: son el primer acondicionamiento cultural».

Por ello, quisiera ocuparme acá de mostrar cómo los cuentos infantiles han reforzado y refuerzan los estereotipos masculino y femenino tal como los conocemos. Los varones tienen el monopolio del coraje, la imaginación, la iniciativa, la astucia, el gesto heroico, la solidaridad con sus congéneres así como también la posibilidad de emplear la violencia, ya sea en defensa propia o como medio para conseguir sus fines. A las mujeres nos queda la abnegación, el sometimiento, la mansedumbre, la rivalidad con nuestras congéneres, la fragilidad y hasta el servilismo rotulado como actitud positiva.

A las mujeres de estos cuentos, ya sean ellas reinas o plebeyas, no se les conoce otra ocupación que la de amas de casa. Los varones, en cambio, realizan toda clase de tareas, desde gobernar hasta hachar leña. En los varones se recompensa la iniciativa y el espíritu de aventura con poder y riquezas. En las mujeres se recompensa la abnegación y el sometimiento con el matrimonio y punto.

Para describir al héroe de un cuento, el autor puede elegir entre una amplia gama de cualidades humanas, pero describir a la heroína es más simple: joven y bella.

Librada a su propia iniciativa, Blanca Nieves puede sólo realizar quehaceres domésticos o cae en las trampas de su madrastra. Como Caperucita y como la Bella Durmiente, no sabe cuidar de sí misma. Por ello, debe ser salvada por el buen corazón del leñador, más tarde por los enanitos y finalmente por el príncipe. Esta bella joven, hija de rey, canta y sonríe mientras barre y cocina para siete enanos mineros.

El personaje de la madrastra, tanto de Blanca Nieves como la de la Cenicienta, ilustra no sólo la tristemente célebre rivalidad entre mujeres sino también la advertencia que una mujer activa, lo es sólo en la maldad.

No hay una sola bella heroína que sea inteligente o audaz. Algunas son irremediablemente bobas (o irremediablemente miopes). Caperucita cree que el lobo en cofia y camisón es su abuela y Blanca Nieves es incapaz de ver que la viejecita que trata de envenenarla es su madrastra disfrazada.

Las mujeres fuimos siempre las culpables de toda desgracia (y algunas religiones se han encargado de enfatizarlo). Porque la madre de Caperucita, no sabe cuidar de su hija, y de brujas y madrastras mejor no hablar. Pero a los padres (varones), se los exime de culpa y cargo: demasiado ocupados con cuestiones de Estado o con su trabajo, o simplemente están influenciados por una mala mujer. Excepción hecha de Barba Azul y del ogro de Pulgarcito, los varones de los cuentos son juzgados con gran benevolencia. El Gato con Botas miente, roba y mata (pero en su caso porque es astuto) consiguiendo así un reino para su amo cómplice. Pulgarcito se defiende y también roba y mata. Nadie se lo reprocha. Es el héroe que triunfa.

El valiente, el audaz, el capaz del gesto heroico para salvar a las niñas bellas de las garras de lobos, madrastras y Barbas Azules, es siempre un varón. Con la sola excepción del Hada de Cenicienta. Pero, claro, en el mundo de la magia todo es posible.

A la Bella Durmiente, la única actividad que se le conoce, es la de haber metido su principesco dedito donde no debía. Así, fue dormida por el huso de la bruja y fue despertada por el beso del príncipe. El príncipe caza, monta, explora y descubre mientras la bella duerme.

Y se podría seguir. Pero esto ya da una idea de la misoginia implícita en los cuentos que van formando las personalidades de nuestras hijas, y también las de nuestros hijos.

Habrá servido de algo si sólo una persona, madre o padre, se inquieta, toma conciencia y se hace capaz de contar a su hija alguno de estos hermosísimos cuentos con los cambios necesarios para que la niña pueda verse a sí misma como poseedora no sólo de ternura y afecto sino también de inteligencia, audacia, imaginación y solidaridad. Y a su hijo como poseedor no sólo de inteligencia, audacia, imaginación y solidaridad, sino también de afecto y ternura.

—(*Diario La Opinión,* Hilda Ocampo)

1. ¿Cuál es la pregunta central que este texto pretende contestar? ¿Cuál es la tesis?

2. El propósito de esta exposición es persuadir. ¿Cuáles son los datos específicos que se incluyen para apoyar la tesis?

3. ¿Se incluyen opiniones contrarias? ¿Cómo afecta esto la validez o la fuerza de la presentación?

4. ¿Cómo es el tono del escrito? ¿Es muy personal o más bien impersonal y objetivo? ¿Por qué piensa Ud. eso? ¿Qué hay en el texto que crea ese tono?

5. ¿Está Ud. de acuerdo con la selección de detalles que ha incluido la escritora para justificar su posición acerca de los cuentos? ¿Hay otros datos que le parezcan más importantes a Ud.? Comente. ¿Hay opiniones contrarias que deberían incluirse? Explique.

6. ¿Piensa Ud. que modelar actitudes y comportamientos no sexistas en realidad puede llegar a cambiar la conducta de los niños? Por ejemplo, si a un niño no se le dan ni pistolitas ni espadas ni ametralladoras de juguete, ¿será menos agresivo? ¿Por qué sí o por qué no? Si dice que no, ¿qué otras alternativas pueden tener impacto en los niños?

## Enfoque

- Repase la tabla de ideas de la página 165 y los apuntes de las actividades que Ud. ha hecho hasta este punto.

- Escoja un tema que le interese personalmente.

- En su *Cuaderno,* haga un mapa semántico de los aspectos del tema que le parezcan interesantes e importantes. No se olvide de identificar algunas de las opiniones contrarias a su postura.

## TÉCNICAS DE ORGANIZACIÓN Y EXPRESIÓN

### *Pensando en el lector: Cómo establecer una «voz» creíble*

Para convencer a alguien de algo, es importante tomar en cuenta dos factores. El primero es seleccionar, organizar y presentar la información de manera clara y memorable. El segundo, no menos importante, es establecerse como persona creíble y razonable —una persona, en fin, cuyo punto de vista merece considerarse. A fin de crear esta «persona» es importante demostrarle al lector que se han tomado en cuenta otras perspectivas del tema y que se han evaluado (o por lo menos que se han intentado evaluar) los datos objetivamente.

La argumentación, aunque por definición revela la opinión o el juicio del escritor, no se caracteriza necesariamente por un <u>tono</u> personal. Esto se debe a que un tono demasiado fuerte puede tener el efecto contrario: en vez de ayudar a convencer al lector de la validez del argumento del escritor, acaba convenciéndolo de su falta de credibilidad.

Como en cualquier otro tipo de escrito, en la argumentación también es de gran importancia saber tanto como sea posible acerca del lector a quien va dirigido el ensayo argumentativo. Aunque la postura fundamental no cambia necesariamente, el apoyo o justificación que se usa para convencer se escoge de acuerdo con el lector. Por ejemplo, si lo que el escritor se propone en el ensayo es el control de los delitos violentos en una comunidad, los detalles usados para convencer a un grupo de ancianos jubilados serán diferentes de los que se escojan para convencer a un grupo de comerciantes.

**Actividad A**   Cómo establecer una voz creíble

1. En ciertos contextos, algunos escritores tienen una autoridad «natural» y el lector está dispuesto a aceptar su postura sin pedir mucha evidencia: por ejemplo, un campeón internacional de tenis muy conocido que escribe sobre los beneficios y los peligros de competir siendo joven. Por otro lado, en ciertos contextos el escritor puede confrontar dificultades especiales para establecerse como una autoridad creíble. Por ejemplo, ¿para quién es más fácil escribir acerca del acoso sexual, para un hombre o para una mujer? ¿Por qué? ¿Qué puede hacer este escritor para convencer a su lector de que tiene conocimiento pleno de lo que escribe?

2. Trabajando con dos o tres compañeros/as, analice las siguientes combinaciones de escritor ~ tema. ¿Qué dificultades puede tener el escritor en cada caso para establecer una voz creíble? ¿Qué técnica(s) recomiendan Uds. para resolver el dilema en cada caso?

   a. un individuo divorciado ~ los valores familiares

   b. un miembro de un grupo minoritario ~ la acción afirmativa

   c. un joven (de entre 18 y 20 años de edad) ~ la vejez y la muerte

   d. ¿ ?

   Compartan sus análisis con los de los demás grupos de la clase. ¿Hay mucha diferencia de opiniones?

**Actividad B**   Análisis de textos

Los dos textos que se presentan a continuación comunican abiertamente la actitud personal de cada autor. Los dos intentan convencer al lector de que el inglés debe ser la lengua oficial de los Estados Unidos, y lo hacen criticando la situación actual, a veces demostrando una intolerancia que hoy en día suele más bien disfrazarse. Examine los dos textos con cuidado. ¿Cuál de los dos presenta una voz creíble? ¿Cómo se logra esto? ¿Presentando ambos lados de la cuestión? ¿Usando un tono más neutral? ¿Empleando una combinación de ambas estrategias? Explique.

## QUE HABLEN INGLÉS O QUE NO HABLEN

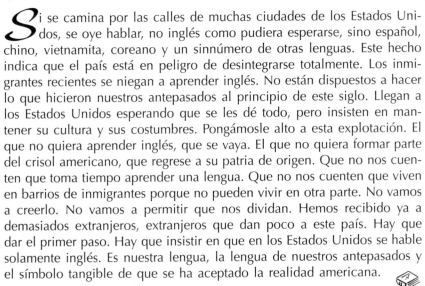

*S*i se camina por las calles de muchas ciudades de los Estados Unidos, se oye hablar, no inglés como pudiera esperarse, sino español, chino, vietnamita, coreano y un sinnúmero de otras lenguas. Este hecho indica que el país está en peligro de desintegrarse totalmente. Los inmigrantes recientes se niegan a aprender inglés. No están dispuestos a hacer lo que hicieron nuestros antepasados al principio de este siglo. Llegan a los Estados Unidos esperando que se les dé todo, pero insisten en mantener su cultura y sus costumbres. Pongámosle alto a esta explotación. El que no quiera aprender inglés, que se vaya. El que no quiera formar parte del crisol americano, que regrese a su patria de origen. Que no nos cuenten que toma tiempo aprender una lengua. Que no nos cuenten que viven en barrios de inmigrantes porque no pueden vivir en otra parte. No vamos a creerlo. No vamos a permitir que nos dividan. Hemos recibido ya a demasiados extranjeros, extranjeros que dan poco a este país. Hay que dar el primer paso. Hay que insistir en que en los Estados Unidos se hable solamente inglés. Es nuestra lengua, la lengua de nuestros antepasados y el símbolo tangible de que se ha aceptado la realidad americana.

## UNA NACIÓN: UNA LENGUA

*E*n todo país en el cual se hablan varias lenguas puede surgir un conflicto sobre el prestigio relativo de cada una de las lenguas y de su función en la vida oficial y particular de los ciudadanos. Actualmente en los Estados Unidos se ha iniciado un movimiento político que tiene como objetivo el pasar una enmienda a la Constitución por la cual se declare que el inglés, y solamente el inglés, es la lengua oficial de esta nación.

Los que se oponen a esta enmienda insisten en que el esfuerzo por establecer el inglés como lengua única en los Estados Unidos obedece a la xenofobia que ha vuelto a surgir en este país. Explican que el proceso de aprender una segunda lengua es un proceso lento, y presentan datos sobre el número de inmigrantes recién llegados que hablan o empiezan a hablar inglés. Defienden la educación bilingüe (el uso de lenguas como el español, el chino o las lenguas indígenas en la instrucción escolar) diciendo que el uso de las lenguas maternas en la instrucción inicial permite al niño captar conceptos importantes mientras aprende inglés.

Nadie niega que sea difícil aprender una lengua extranjera, pero todo inmigrante debe aprender inglés lo más pronto posible. La educación bilingüe aísla a los niños de sus compañeros anglohablantes. Puede ser que aprendan a leer y a escribir su lengua, puede ser que logren educarse, pero es más importante que aprendan inglés. Esto es lo primordial. El educarse, quizás sea secundario.

Se acabaron los tiempos en que este país podía recibir a todo extranjero que tocaba a la puerta. Hoy ya no es posible. Debemos utilizar la lengua para asegurarnos de que los que piden la entrada a este país se comprometan a formar parte de esta sociedad. La unidad requiere cierto grado de uniformidad. Deben quedar fuera los que no quieran o no puedan ser como nosotros.

**Rincón del escritor**

Consulta el **Rincón del escritor** para obtener más información acerca del tono.

## Estrategias del escritor: *El tono*

En el texto sobre la enseñanza de la lectura (páginas 162–163), el autor no mantiene un tono neutral con relación al tema que presenta; por el contrario, expresa su opinión personal y hace una crítica severa de la enseñanza de la lectura. La presentación de la opinión personal en este texto es de especial interés, ya que se manifiesta en el tono que utiliza el autor desde el principio. Como queda demostrado, para presentar una opinión no es necesario decir «yo pienso que» o «en mi opinión»; basta escoger ciertos detalles y presentarlos de manera que provoquen en el lector la reacción que el escritor desea.

Para formar en el lector una opinión negativa acerca de un tema, el autor no necesita decir «ésta es una actitud tonta». Puede influir en el lector escogiendo con cuidado el vocabulario, la forma en que expresa los hechos y el orden en que los presenta. La siguiente comparación (p. 175) entre una actitud neutral y la actitud subjetiva del autor del ejemplo anterior ilustra las diferentes estrategias que se pueden utilizar para presentar una opinión.

Por otro lado, el escritor tiene que tener mucho cuidado al seleccionar las palabras y los ejemplos, ya que puede suceder que el lenguaje provoque una reacción diferente de la que busca suscitar. Por ejemplo, el lenguaje de «Que hablen inglés o que no hablen» es fuerte y directo; sin embargo, a muchas personas este texto les ha de parecer más ofensivo

| ACTITUD OBJETIVA NEUTRAL | ACTITUD SUBJETIVA DEL AUTOR |
|---|---|
| La interpretación de lo que es leer ha afectado… | Desafortunadamente… la mala interpretación de lo que significa leer… |
| En el caso de la enseñanza de la lectura a los niños, es común creer que… | En el caso de la enseñanza de la lectura a los niños, el error más común… |
| Esta estrategia lo lleva, cuando se trata de leer un texto entero, a leerlo palabra por palabra. | No se consideran las limitaciones… palabra por palabra, el significado de la lectura en su totalidad se le escapará. |
| La enseñanza de la lectura en una lengua extranjera también parte de la teoría que se tiene de la lectura. | …también refleja una mala interpretación del proceso de la lectura. |
| …se usa con él el mismo método que se utiliza con los niños. | Aunque es un lector maduro con práctica en leer textos en su lengua nativa, empieza por lo elemental en la extranjera. |

que persuasivo, y por lo tanto resulta mucho menos efectivo que si el escritor se hubiera expresado con más moderación y tacto.

**Actividad A**   Las técnicas del mercado: Cómo vender una idea

Quienes diseñan anuncios y campañas de publicidad son expertos en el arte de persuadir. ¿Cuáles de las técnicas que utilizan se aplican también al ensayo argumentativo?

1. El humor es un recurso poderoso para convencer al lector de que el locutor (o el escritor) es «buena gente» y, por lo tanto, digno de confianza. Pero hay que tener cuidado, ya que es posible ofender, sin querer, con el humor, y entonces el resultado puede ser el opuesto de lo que uno desea. Vuelva a leer el editorial «Por culpa de la información» (páginas 159–160). La columna editorial no es un texto argumentativo, pero sí busca persuadir al lector. ¿Encuentra Ud. toques de humor en el texto? ¿Qué efecto tienen sobre su opinión acerca del escritor? ¿Afectan su opinión sobre el tema? Ahora mire el siguiente anuncio. ¿Es efectivo el humor en cuanto a persuadir al lector? ¿Por qué sí o por qué no? ¿Conoce Ud. otros ejemplos de anuncios publicitarios en que se haya utilizado el humor con efectividad para establecer una voz creíble y persuasiva?

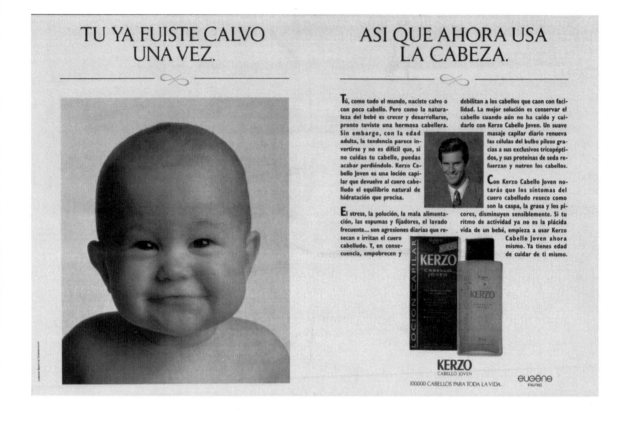

**2.** ¿Qué otras técnicas, además del humor, utilizan los anuncios para persuadir acerca de las cualidades o ventajas de su producto o mensaje? Considere, por ejemplo, los siguientes anuncios. ¿A quiénes tratan de convencer, y de qué? ¿Cuáles son las objeciones que anticipan? ¿Logran superarlas?

a. *Got milk?*

b. AT&T (los teléfonos inalámbricos)

c. La campaña antidrogas que se dirige a los jóvenes

d. ¿ ?

¿Se prestan algunas de estas técnicas al ensayo argumentativo? Explique.

**Actividad B**  Análisis de texto: «Los OGM: una solución que plantea problemas más serios de los que resuelve»

Lea con cuidado el siguiente texto. ¿Es expositorio o argumentativo?

## «LOS OGM: UNA SOLUCIÓN QUE PLANTEA PROBLEMAS MÁS SERIOS DE LOS QUE RESUELVE»

Para unos, el problema de la desnutrición y el hambre mundial —problema que parece ocurrir con cada vez más frecuencia y en formas más graves— sólo puede resolverse con la ayuda de los organismos genéticamente modificados (OGM). El mijo resistente a la sequía y la batata vacunada contra los virus son sólo dos de las armas que ofrecen las biotecnologías para combatir el hambre. Las posibilidades prometidas por la tecnología pueden dejar a uno sin aliento, pero la realidad es otra: el desarrollo de los OGM trae consigo un número de cuestiones serias que deben frenar el entusiasmo precipitado.

El cultivo de semillas de los OGM puede ser dañino para el ecosistema. Los cultivos resistentes a herbicidas en particular pueden ser extremadamente peligrosos para la fauna de una región. Los agricultores pronto comienzan a ver que la resistencia a los pesticidas de las semillas les permite utilizar herbicidas cada vez más potentes —el veneno no afecta a las plantas, que son inmunes a los efectos— pero pronto notan que al mismo tiempo que eliminan la mala hierba, también están eliminando los insectos y los pájaros que se habían alimentado de ellos. Y éste no es el único peligro —aun con vigilancia cuidadosa, no es fácil controlar todos los resultados de la tecnología; por ejemplo, impedir que no se disemine el polen de los OGM, capaz de comunicar a las malas hierbas sus medios de defensa contra insectos y virus. Además, las variedades de cultivos OGM más resistentes arrasan muchas veces con las plantas nativas.

Algunos críticos de los OGM afirman que la comida derivada de este cultivo atrofia el crecimiento y daña los sistemas inmunes de los animales en pruebas de laboratorio. Pero actualmente no existe evidencia científica alguna que sea fidedigna y respetada de que la comida que contiene OGM es peligrosa para los seres humanos. Sin embargo, es importante reconocer que es mucho aún lo que queda por descubrir acerca de los efectos de los OGM. John Sauven, de la organización internacional Greenpeace, compara el desarrollo descuidado de los OGM con «un experimento global masivo en el que las personas y el medio ambiente no somos sino conejillos de Indias.»

Dado el enorme potencial de los OGM y la falta relativa de evidencia explícita en su contra, algunos dirían que vale la pena seguir adelante con los OGM. Según las proyecciones de las Naciones Unidas, dentro de 50 años, la Tierra tendrá 9.000 millones de habitantes, es decir 3.000 millones más que ahora. ¿No vale acaso la pena investigar una solución que permitirá al planeta alimentar a todos sus hijos? Los críticos de los OGM rechazan esta sugerencia señalando que la malnutrición no se debe a la subproducción de alimentos. El problema se deriva del hecho de que los más pobres, habitantes de estados destructurados y devastados por los conflictos, no tienen acceso a las semillas. Es decir, les hace falta crédito, necesitan información sobre cómo evitar las pérdidas y utilizar correctamente las semillas milagrosas, y necesitan una reforma de las prácticas de cultivo en sus países. Los patentes de los productos OGM pertenecen, en su mayoría, a un puñado de multinacionales hegemónicas, quienes controlan el mercado y edifican en torno a sus descubrimientos auténticas murallas de costos prohibitivos. Los proponentes de los OGM afirman que estos productos no sólo pueden evitar los trágicos problemas asociados con la primera «Revolución Verde» de los años 60, sino que podrán compensar aquellos errores. En los años 60, la creación de variedades de trigo y arroz de alto rendimiento duplicó la producción de alimentos. Pero estas semillas, muy ávidas en aditivos (riego, abonos, herbicidas y pesticidas) beneficiaron sobre todo a los laboratorios de biogenética y a los inversionistas. África y las tierras más pobres de Asia y América Latina quedaron al margen. Y aun para los que se beneficiaron, sobre todo China y Vietnam, el saldo no fue positivo ni mucho menos: desaparecieron las variedades tradicionales, la salinidad de las tierras aumentó debido a la irrigación, y se abusó de herbicidas e insecticidas en detrimento del medio ambiente y de la salud de los agricultores. Según los partidarios de la «Segunda Revolución Verde», la nueva generación de productos OGM, que no necesitan aditivos y pueden cultivarse en zonas de condiciones extremas, puede paliar las tragedias de la «Primera Revolución Verde». Pero si el acceso a las semillas milagrosas está bajo el control de las multinacionales, si la información y los recursos financieros no están al alcance de quienes los necesitan, lo más probable es que los errores de la «Primera Revolución Verde» se repitan.

Hay mucho que aún queda por descubrir con respecto a los productos derivados de los OGM y sus efectos; de eso no hay duda. Pero la historia de nuestra experiencia con «semillas milagrosas» aboga cautela y escepticismo. A las declaraciones optimistas y entusiastas (que son muchas) de que los productos derivados de los OGM representan, aquí y ahora, la solución al hambre mundial, les respondemos con un fuerte «no».

---

**EN SU CUADERNO...**

*analice el tema que Ud. ha escogido. ¿Quién es el lector anticipado? ¿Qué tono le parece más apropiado a Ud.? ¿Qué tipo de imagen quiere Ud. proyectar? ¿seria? ¿intelectual? ¿chistosa o graciosa? ¿práctica? Apunte algunas ideas al respecto.*

---

1. ¿Qué opina Ud.? ¿Es expositorio o argumentativo este texto? ¿Por qué piensa Ud. eso? ¿Qué hay en el texto que lo indique?

2. ¿Cuál es la tesis del ensayo?

3. ¿Cómo es el tono del texto? ¿impersonal y objetivo? ¿neutro? ¿Revela alguna actitud hacia el tema? ¿hacia el lector? ¿Le parece apropiado para el propósito del texto? Explique.

4. ¿Cómo se organiza la información?

5. ¿Le parece un ensayo efectivo? ¿Por qué sí o por qué no? ¿Qué le recomendaría Ud. al escritor para mejorarlo?

6. Hoy en día, en los Estados Unidos y los países de la Unión Europea, se habla menos de los peligros de los OGM para la agricultura que para el mercado. Es decir, muchos no se oponen al desarrollo ni a la venta de los productos que contienen los OGM, con tal de que éstos estén claramente señalados como tales. ¿Por qué cree Ud. que saber el origen de los productos preocupa tanto a algunas personas? ¿Les preocupa a todos los consumidores por igual o es una preocupación sólo de ciertas personas? Explique. ¿Quiénes cree Ud. que se oponen a una descripción completa de los ingredientes de los comestibles y cuáles son sus puntos en contra?

## SEGUNDA ETAPA: *La redacción y la revisión de las versiones preliminares*

Después de terminar las actividades de prerredacción, Ud. escribirá un borrador de su ensayo argumentativo.

Las actividades que se han llevado a cabo en la primera etapa de este capítulo le han dado a Ud. la oportunidad de desarrollar la materia prima necesaria para elaborar un texto argumentativo. En esta segunda parte del capítulo, Ud. tendrá la oportunidad de

- crear un plan de redacción para guiar la composición de su escrito

- desarrollar un borrador de su escrito

- experimentar con la técnica de revisión con grupos de consulta

- experimentar con la técnica de una lista de control

- desarrollar un plan de revisión

### Tarea

Escriba un texto argumentativo que tenga como mínimo unas 800 palabras. Su texto puede organizarse según alguno de los esquemas de las páginas 157–158. Si quiere, puede incorporar citas directas y otros detalles descriptivos. Su escrito debe adoptar el formato de un ensayo formal. Como en sus ensayos anteriores, es importante reconocer y apreciar las necesidades específicas de su lector. Su ensayo debe incluir una introducción y una conclusión apropiadas.

# EL PLAN DE REDACCIÓN: CÓMO SE ESCRIBE UN ENSAYO ARGUMENTATIVO

---

**PLAN DE REDACCIÓN: LA ARGUMENTACIÓN**

1. El tema

2. La idea principal que quiero comunicarle a mi lector (la tesis)

3. Mi propósito como escritor
   El lector y su propósito al leer
   Cinco preguntas cuyas respuestas el lector busca en el escrito

4. Los detalles (<u>la evidencia</u>)

   • En contra

   • A favor

5. La organización lógica

6. La introducción y la conclusión

---

1. **El tema**

   • Vuelva a examinar sus notas y apuntes de la sección de Enfoque.

   • Repase los diversos temas examinados y escoja uno que 1) le interese y le importe personalmente (asegúrese de tener una opinión clara al respecto) y 2) tenga margen para más de un punto de vista.

   • Ahora complete la primera parte del plan de redacción en su *Cuaderno de práctica.*

2. **La tesis**

   • Examine los datos que Ud. ha reunido acerca del tema; estudie o considere todas las actitudes al respecto.

   • Identifique y aclare la postura que Ud. tomará.

   • Ahora complete la segunda parte del plan de redacción.

3. **El propósito y el lector**

   • Su propósito es convencer al lector de la validez de su postura. ¿Cuál es la actitud que Ud. tiene hacia su postura? ¿Por qué le parece interesante/importante/válida? ¿Cuál es la reacción que quiere provocar en su lector? ¿Cuáles son los aspectos del tema que mejor pueden dar a conocer esta actitud al lector?

- Identifique al lector y su propósito. ¿Por qué va a leer lo que Ud. escribe? ¿Qué sabe ya acerca del tema? ¿Cuál puede ser su actitud al respecto? ¿Qué información busca? ¿Qué preguntas se va a hacer al respecto?
- Ahora complete la tercera parte del plan de redacción.

4. La organización y los detalles (<u>la evidencia</u>)

- Recuerde y tome notas del tema en su totalidad. Tomando en cuenta las necesidades de su lector, busque pruebas que justifiquen la postura fundamental o haga una lista de las razones por las cuales ha asumido la postura que defiende. Haga otra lista de las opiniones contrarias respecto al tema y las razones que se podrían ofrecer para justificarlas.
- Determine qué técnica o combinación de técnicas de desarrollo va Ud. a utilizar. Por ejemplo, en algunos casos puede ser útil usar la comparación y el contraste, o quizá la causa y el efecto. Elabore un esquema para presentar la tesis y los detalles que se utilizarán para apoyar tanto la(s) actitud(es) contraria(s) como la postura fundamental. Organice la información para que el punto de mayor impacto aparezca al principio o al final del ensayo.
- Ahora complete la cuarta parte del plan de redacción.

5. La organización lógica

- ¿Qué recursos (por ejemplo, frases de transición, oración temática en cada párrafo) se pueden utilizar para hacer que la presentación de la información sea más lógica y clara a los ojos del lector?
- Ahora complete la quinta parte del plan de redacción.

6. La introducción y la conclusión

- ¿Qué propósito(s) tiene la introducción? ¿entretener? ¿llamar la atención del lector? ¿presentar la tesis y/o los puntos principales del texto? ¿otro?
- ¿Qué propósito(s) tiene la conclusión? ¿repetir los puntos principales del texto? ¿ofrecer nuevas perspectivas?
- Ahora complete la sexta parte del plan de redacción.

Refiriéndose a su plan con frecuencia, escriba el borrador de su ensayo.

Decida qué tono tendrá su ensayo; es decir, si va a ser formal o informal; serio, alegre o irónico. Decida también si va a incluir ejemplos o anécdotas personales, o si va a incluir datos impersonales y más bien objetivos.

Recuerde que para esta versión de su ensayo no hay que preocuparse demasiado por cuestiones de la forma; es decir, por el vocabulario o la gramática. Si no sabe o no recuerda una palabra o expresión en español, introduzca un <u>comodín</u> o escríbala en ingles, y siga escribiendo. Recuerde que, como se dijo en el capítulo anterior, puede ser más fácil escribir la introducción después de redactar un borrador del ensayo en general.

## EL PLAN DE REVISIÓN: ACTIVIDADES CON GRUPOS DE CONSULTA

**PLAN DE REVISIÓN: LA ARGUMENTACIÓN** _____
                                      (nombre del texto)

1. Comentarios positivos sobre el texto —en su totalidad o relacionados con alguna parte en particular (es decir, los datos reunidos, un ejemplo específico, la organización, la expresión de la tesis, la manera de presentar o de concluir el texto, la manera de establecer una voz creíble). Sea lo más específico que pueda.

2. Identifique la idea principal del texto: ¿qué es lo que quiere defender? ¿Sirven los datos incluidos para defender la tesis y para establecer que se sabe algo de la posición contraria? ¿Resulta una defensa convincente? ¿Es creíble la voz del autor?

3. Identifique brevemente la organización de los datos: ¿se reconoce brevemente las posiciones contrarias pero se dedica la mayoría del ensayo a la justificación de la postura fundamental, o se incorporan las posiciones contrarias en la presentación de cada punto a favor de la postura fundamental? ¿Le parece clara la organización de los datos? ¿Le parece una manera efectiva de presentar la información?

4. ¿Captó su interés la introducción, de manera que quiso seguir leyendo? Y la conclusión, ¿le sirvió como un buen resumen de la información en el texto? ¿Le ayudó a comprender la importancia del tema para el escritor?

5. Los lectores quieren saber lo siguiente con respecto a esta tesis (marque con este símbolo ✓ el cajón si el texto contesta la pregunta):

   ☐ _____
   ☐ _____
   ☐ _____
   ☐ _____

6. Comentarios constructivos sobre el texto

   • detalles o datos que necesitan agregarse, reorganizarse o cambiarse

   • cambios que podrían hacer más vivo y efectivo el lenguaje

---

**PLAN DE REVISIÓN: LA ARGUMENTACIÓN** (*continued*)

- cambios que podrían hacer más interesante y/o efectiva la introducción
- cambios que podrían hacer más interesante y/o efectiva la conclusión
- cambios que harían que la voz del autor fuera más creíble

7. Otros cambios que se recomiendan

---

Los dos textos (A y B) que aparecen en esta sección son respuestas al ensayo de Hilda Ocampo «Los cuentos son muy viejos» (páginas 169–171). Analícelos individualmente; después decida, junto con el resto de la clase, cuál de los textos les parece más convincente, y por qué.

**Leer y analizar.** Cada estudiante debe leer los dos textos, apuntando todas sus notas y respuestas a las preguntas. Se debe responder a la primera pregunta antes de leer cada texto.

**Texto A:**  «Los cuentos de hadas: un mal menor»

1. Este texto examina la postura de Hilda Ocampo respecto al papel que juegan los cuentos infantiles en el reforzamiento de los estereotipos masculino y femenino. Identifique tres o cuatro preguntas acerca del tema cuyas respuestas a Ud. le gustaría encontrar en el texto. Después, siga con el análisis.

| *Texto A: Los cuentos de hadas: un mal menor* | *Análisis* |
|---|---|
| El artículo de Hilda Ocampo me parece muy superficial. Esta escritora se preocupa de que los papeles masculinos y femeninos de los cuentos de hadas refuercen los estereotipos que existen hoy en día. De hecho, estos cuentos hacen resaltar los estereotipos, mostrando a todas las mujeres como ingenuas y necesitadas de un príncipe, y a todos los hombres como valientes y audaces. Sin embargo, no creo que estos cuentos tengan mucho efecto en la vida de los niños. Hay otros factores que tienen mucha más influencia en sus vidas: | 2. ¿Qué tal acierta el escritor al contestar sus preguntas? ¿Contesta todas? |
| | 3. ¿Cuál es la tesis que el escritor intenta justificar? ¿Se han considerado otros puntos de vista también? |
| | 4. ¿Se relaciona toda la información directamente con la idea principal? Si no, ¿qué parte(s) no viene(n) al caso? |
| | 5. ¿Hay partes sobre las cuales le gustaría a Ud. tener más información (explicación, ejemplos, detalles)? |

## A: *Los cuentos de...* (*continued*)

la televisión, el cine y los padres mismos. Todos éstos también contribuyen a poner de relieve esos papeles sexistas.

En comparación con la exposición breve que tiene un niño a los cuentos de hadas, la televisión es lo que hace falta censurar. La televisión es parte significativa de la vida de la mayoría de los niños. La programación hoy está llena de programas de los años cincuenta y sesenta que ponen énfasis en los estereotipos masculino y femenino. Por ejemplo, un programa como «Leave it to Beaver» retrata al personaje femenino principal como un ama de casa que es absolutamente inútil en asuntos financieros. En cada episodio, el trabajo más difícil de ella consiste en decidir qué cocinar para la cena. En cambio, el hombre de la familia va a la oficina todos los días, y todos cuentan con él para tomar las decisiones importantes.

Las películas también son culpables de acentuar estos estereotipos. La película *Indiana Jones and the Temple of Doom* presenta al personaje femenino principal como una cantante talentosa y al parecer una mujer inteligente. Sin embargo, después de la primera escena se transforma en una mujer débil y quejumbrosa a quien tiene que salvar continuamente el macho, héroe de la película.

Lo que quiero enfatizar aquí es que si uno va a preocuparse de la censura de los medios que contribuyen a perpetuar los estereotipos, debe empezar por aquél al que los niños estarán más expuestos por más tiempo. Creo que los niños todavía son demasiado jóvenes cuando oyen los cuentos de hadas para darse cuenta de los estereotipos que presentan.

## *Análisis* (*continued*)

6. ¿Hay partes del texto en que de repente se encuentre Ud. «perdido/a»?

7. Haga rápidamente un bosquejo del texto en su totalidad. ¿Encuentra lugares donde la organización del texto deba cambiarse?

8. ¿Captó su interés la introducción de manera que quiso Ud. seguir leyendo?

9. ¿Qué parte(s) del borrador le gusta(n) más?

10. ¿Le sirvió la conclusión como buen resumen de la información en el texto? ¿Le ayudó a comprender la importancia del tema para el escritor?

**Texto B:**   «Los cuentos de hadas y la discriminación sexual»

1. Este texto examina la postura de Hilda Ocampo respecto al papel que juegan los cuentos infantiles en el reforzamiento de los estereotipos masculino y femenino. Identifique tres o cuatro preguntas acerca del tema cuyas respuestas a Ud. le gustaría encontrar en el texto. Después, siga con el análisis.

### *Texto B: Los cuentos de hadas y la discriminación sexual*

*En su artículo, Ocampo afirma que los cuentos de hadas refuerzan los estereotipos masculino y femenino. Mientras los cuentos de hadas presentan a las mujeres como seres delicados y poco inteligentes, a los hombres se les describe como poseedores de las virtudes del heroísmo, el valor y la inteligencia. Estoy de acuerdo con ella con respecto a la interpretación de estos patrones: es una representación misógina de la mujer. No obstante, discrepo con su recomendación a favor de la censura. No creo que ella comprenda la utilidad de estos ejemplos de discriminación.

Hace mucho tiempo que los folcloristas concuerdan en que los cuentos de hadas, al igual que los mitos y las leyendas antiguas, representan las emociones y preocupaciones subconscientes, cuando no los verdaderos sucesos históricos, de las culturas antiguas. El sexismo dentro de los cuentos de hadas indica claramente que la discriminación sexual existía en las sociedades que producían estas historias. Dados los muchos ejemplos de sexismo en estos relatos, la discriminación sexual habrá sido una fuerza principal en la sociedad antigua. Ocampo parece entender este hecho. Sin embargo, los padres contemporáneos no tienen que censurar estos cuentos.

Por el contrario, los padres deben leer los cuentos de hadas a sus niños y luego deben explicarles la falsedad de los estere-*

### *Análisis*

2. ¿Qué tal acierta el escritor al contestar sus preguntas? ¿Contesta todas?

3. ¿Cuál es la tesis que el escritor intenta justificar? ¿Se han considerado otros puntos de vista también?

4. ¿Se relaciona toda la información directamente con la idea principal? Si no, ¿qué parte(s) no viene(n) al caso?

5. ¿Hay partes en las cuales le gustaría a Ud. tener más información (explicación, ejemplos, detalles)?

6. ¿Hay partes del texto en que de repente se encuentre Ud. «perdido/a»?

7. Haga rápidamente un bosquejo del texto en su totalidad. ¿Encuentra lugares donde la organización del texto debe cambiarse?

8. ¿Captó su interés la introducción, de manera que quiso Ud. seguir leyendo?

9. ¿Qué parte(s) del borrador le gusta(n) más?

10. ¿Le sirvió la conclusión como buen resumen de la información en el texto? ¿Le ayudó a comprender la importancia del tema para el escritor?

*Texto B: Los cuentos...* (*continued*)          *Análisis* (*continued*)

otipos que aparecen en cada cuento. Los cuentos de hadas son armas perfectas para combatir la propagación de falsedades tales como la superioridad de los hombres en relación con las mujeres. Los cuentos de hadas son interesantes y emocionantes. Así, los niños prestarán atención mientras sus padres hacen resaltar los ejemplos de estereotipos sexuales y luego explican (en sus propias palabras) que estos estereotipos ya no operan y que tales descripciones se basan en la ignorancia. Los niños jóvenes tienen confianza en sus padres y creerán sus explicaciones. El propósito principal de los cuentos de hadas no es, no hay ni que decirlo, señalar el sexismo. Sin embargo, estos cuentos contienen la materia prima que los padres inteligentes pueden usar para enseñar a sus niños lecciones valiosas sobre los efectos dañinos de la discriminación sexual.

Ocampo reconoce el sexismo en los cuentos antiguos y sugiere que los padres deben censurarlos. Es verdad que los ejemplos de los estereotipos sexuales en los cuentos son un problema, pero la censura no hace más que encubrirlos. En cambio, si reconocemos abiertamente la discriminación de los cuentos podemos sacar de ella una ventaja importante.

**Consultar.** La clase debe dividirse en grupos de tres o cuatro estudiantes. Los miembros de cada grupo deben compartir su análisis de cada texto. ¿Hay mucha diferencia de opiniones?

**Más análisis y discusión.** Los dos ensayos anteriores son respuestas o reacciones a un estímulo específico: el ensayo de Hilda Ocampo. El ensayo de Ocampo es, a su vez, una reacción a un film de María Luisa Bemberg.

• Comparen y contrasten las maneras en que los tres ensayos hacen referencia a la obra que los ha provocado. ¿Qué supone el escritor en cada caso con respecto al conocimiento previo de su lector? ¿Qué ventajas o limitaciones tienen estas suposiciones en cada caso?

- Analicen a «la persona» que proyecta el escritor en cada caso. ¿Parece razonable y creíble? ¿Atrae la simpatía del lector? Expliquen.

**Recomendar.** Formule la mitad de la clase un plan de revisión para el texto A; formule la otra mitad un plan para el texto B. Cada plan debe tomar en cuenta la información que resultó de las discusiones iniciadas en el segundo y el tercer paso. Presenten ambos planes ante la clase.

## TÉCNICA DE UNA LISTA DE CONTROL

El siguiente proceso de revisión puede aplicarse tanto al escrito de un compañero / una compañera como a su propia composición. Para utilizarlo, Ud. debe examinar el escrito que se propone revisar, contestando cada una de las preguntas. Formule un plan de revisión para el texto basándose en sus comentarios.

---

**LISTA DE CONTROL PARA LA ARGUMENTACIÓN**

☐ ¿Es la meta o el propósito de mi ensayo el de justificar una postura fundamental?

☐ ¿Cuál es el tema del ensayo? ¿Cuál es la tesis?

☐ ¿Incluyo opiniones contrarias a mi posición? ¿Logro comunicar y mostrar al lector la esencia de mis ideas?

☐ ¿A quién le escribo? ¿Quién es mi lector y qué quiere saber acerca del tema? ¿Qué puede saber ya al respecto?

☐ ¿Qué preguntas puede hacerse el lector con respecto al tema sobre el que escribo? ¿Las he contestado todas?

☐ ¿Qué impresión quiero dejar en el lector? ¿Logro establecer mi autoridad respecto al tema? ¿Es creíble mi voz?

☐ ¿Qué tono he adoptado en el ensayo? ¿Es apropiado para mi propósito?

☐ ¿Organizo jerárquicamente (es decir, de menos importante a más importante o vice versa) los datos en el ensayo?

☐ ¿Qué evidencia he incluido en el texto? ¿Cómo contribuye cada detalle a lograr lo que me propongo? ¿Son lógicas y válidas las relaciones (por ejemplo, causa/efecto o comparación/contraste) que quiero establecer? ¿He incluido datos para establecer que se sabe algo acerca de la posición contraria? ¿Hay otros datos que deba tomar en cuenta?

☐ ¿Hay en mi composición algún detalle que no contribuya lo suficiente a crear la impresión que quiero dejar?

---

**LISTA DE CONTROL PARA LA ARGUMENTACIÓN** (*continued*)

☐  ¿Para qué sirve la introducción? ¿Capta el interés del lector? ¿Presenta, en breve, los puntos que se van a tratar en detalle en el ensayo?

☐  ¿Para qué sirve la conclusión? ¿Resume los puntos clave del ensayo? ¿Ayuda a establecer la importancia del tema?

☐  ¿He utilizado un vocabulario claro y vivo, o he utilizado términos generales y abstractos que no captan la esencia de lo que quiero compartir?

---

# TERCERA ETAPA: *La revisión de la forma y la preparación de la versión final*

 Al llegar a esta etapa se supone que el contenido y la organización de un escrito han pasado por una revisión rigurosa y que el escritor está satisfecho con ellos. Ha llegado el momento de poner atención a las cuestiones de la forma. En esta última etapa, Ud. tendrá la oportunidad de

*En el **Cuaderno de práctica** hay actividades para practicar los aspectos gramaticales y el vocabulario presentados en los siguientes pasos.*

- repasar los pronombres relativos
- pulir la forma de su escrito, repasando sistemáticamente la gramática, el vocabulario y la ortografía
- redactar una versión final de la tarea para entregar

Esta revisión le resultará más fácil si la emprende por pasos; en cada paso se enfoca un solo aspecto de la forma.

 ## REVISIÓN DE LOS ASPECTOS GRAMATICALES: LOS PRONOMBRES RELATIVOS

Cuando dos oraciones simples comparten un mismo elemento, es posible reemplazar uno de estos elementos con un pronombre relativo y unir las dos oraciones en una sola.

Van a leer **el libro. El libro** fue escrito por García Márquez.    →    Van a leer **el libro que** fue escrito por García Márquez.

**Los planes** son ultrasecretos. Hablan de **los planes.**    →    **Los planes de que** hablan son ultrasecretos.

En inglés hay contextos en que se pueden omitir los pronombres relativos. En español, los pronombres relativos siempre tienen que expresarse. Como regla general, se puede decir que si en cierto contexto es *posible* usar un pronombre relativo en inglés, será *necesario* usarlo en español.

| | |
|---|---|
| ¿Cómo se llamaba la película **que** vieron? | *What was the name of the film (that) they saw?* |

*Como Ud. ya sabe, es importante separar la revisión del contenido de la revisión de la forma. Véase la lista de control modelo para la revisión de la forma en la página 61.*

Estos son los pronombres relativos en español.

| | |
|---|---|
| que | *that, which, who* |
| quien, quienes | *who, whom* |
| el que, los que, la que, las que | *that, which, who, whom* |
| el cual, los cuales, la cual, las cuales | *that, which, who, whom* |
| lo que, lo cual | *which* |
| cuyo, cuyos, cuya, cuyas | *whose* |

El uso de los pronombres relativos depende de muchos factores: de la naturaleza del elemento reemplazado (si se refiere a una persona o una cosa), del contexto del discurso (si es formal o informal, si está claro o si existe la posibilidad de ambigüedad), del contexto lingüístico en que la nueva oración se coloca (si viene después de una preposición, si forma parte de una cláusula explicativa o de una cláusula especificativa)[1] y, hasta cierto punto, de las preferencias personales de quien escribe. A continuación se presenta una guía general para el uso correcto de los pronombres relativos. Cuando se indica la posibilidad de usar ciertas formas indistintamente, será conveniente tener presente las siguientes reglas.

1. **Que** y **quien** son las formas más simples y, por lo tanto, las formas preferidas en los contextos informales (conversación, cartas personales).

2. Ya que las formas **el que** y **el cual** pueden indicar el género y el número del sustantivo al que se refieren, estos pronombres relativos se prefieren cuando existe la posibilidad de ambigüedad, o sea,

---

[1] Una cláusula explicativa añade información extra a la oración y siempre va entre dos comas. La información de la cláusula especificativa es necesaria y va directamente unida al sustantivo.

| | |
|---|---|
| *Cláusula explicativa:* | Ese hombre, **que vive a unos diez kilómetros de nuestra casa,** siempre pasa por aquí a las siete de la mañana. |
| *Cláusula especificativa:* | El hombre **que vimos ayer** es un gran poeta. |

cuando es necesario hacer una distinción entre dos posibles ante-cedentes.[2]

| | |
|---|---|
| Hablaron con las hijas de los Gómez, **las cuales** viven ahora en Madrid. | *They spoke with the Gómez daughters, who now live in Madrid.* |
| Hablaron con las hijas de los Gómez, **los cuales** viven ahora en Madrid. | *They spoke to the daughters of the Gómezes, who now live in Madrid.* |

3. **El cual** es el pronombre relativo más «elegante» y por eso se prefiere en los contextos más formales (discursos, ensayos).

## El uso de los pronombres relativos para referirse a personas

1. En las cláusulas especificativas, el único pronombre que se puede usar es **que**.

| | |
|---|---|
| Los inmigrantes **que** llegan a este país vienen de todas partes del mundo. | *The immigrants who come to this country come from all parts of the world.* |
| Invitaste a todas las personas **que** conoces, ¿verdad? | *You invited everyone that you know, right?* |

2. Cuando se trata de las cláusulas explicativas, se usa **que** en la conversación, pero en la lengua escrita se encuentran a menudo **quien** y las formas **el que** y **el cual**.

| | |
|---|---|
| Los obreros, **que / quienes / los que / los cuales** pidieron un aumento de sueldo hace varios meses, presentaron hoy su nuevo contrato. | *The workers, who requested a pay raise several months ago, today presented their new contract.* |

3. En los dos tipos de cláusula, después de las preposiciones se prefiere el uso de **quien,** aunque también es posible el uso de las formas **el que** y **el cual**.

| | |
|---|---|
| Los indígenas norteamericanos, con **quienes / los que / los cuales** había vivido varios años, son conocidos tejedores. | *The Native Americans, with whom she had lived for several years, are famous weavers.* |

---

[2]El antecedente es el sustantivo a que se refiere el pronombre relativo. Por ejemplo, en la oración «El hombre que vimos es un gran poeta», **el hombre** es el antecedente del relativo **que.**

| La mujer detrás de **quien / la que / la cual** todos esconden su ratería es nada menos que la presidenta de la compañía. | *The woman behind whom they all hide their petty thievery is none other than the president of the company.* |

Note que, en español, la preposición siempre tiene que colocarse delante del pronombre relativo, a diferencia del inglés, en donde el *uso informal* permite la separación del pronombre relativo de la preposición.

| ¿Es ése el hombre **de quien** estás enamorada? | *Is that the man **that** you're in love **with**?* |

4. Para expresar la idea de *the one who* o *those who,* se usan las formas apropiadas de **el que.**

| Después de varios años, **los que** habían aprendido inglés empezaron a adaptarse a la cultura nacional. | *After several years, the ones who had learned English began to adapt themselves to the national culture.* |
| La hija de Gómez, **la que** ganó un premio este año, no me impresionó mucho. | *Gomez's daughter—the one who won a prize this year—did not impress me much.* |

5. En todos los contextos, para indicar posesión se usa **cuyo.** Note que **cuyo** concuerda en número y género con lo poseído, no con la persona que posee.

| Esa mujer, **cuyos** hijos ganan más de $500.000 al año, vive en la miseria. | *That woman, whose children earn more than $500,000 a year, lives in poverty.* |
| El escritor de **cuyas** novelas todavía no hemos hablado nació en Nicaragua. | *The writer of whose novels we have not yet spoken was born in Nicaragua.* |

# El uso de los pronombres relativos para referirse a cosas

1. En las cláusulas especificativas, el único pronombre cuyo uso es posible es **que.**

| Van a presentar un programa **que** describe las enfermedades cardíacas. | *They are going to show a program that describes heart diseases.* |
| Las excusas **que** le ofrecieron no tenían fundamento. | *The excuses that they offered her had no basis in fact.* |

2. En las cláusulas explicativas, se usa **que** en la conversación, pero en la lengua escrita son frecuentes las formas **el que** y **el cual.**

| | |
|---|---|
| Estos problemas, **que / los que / los cuales** ni siquiera existían hace cincuenta años, ahora amenazan toda la civilización moderna. | *These problems, which did not even exist fifty years ago, now threaten all of modern civilization.* |

3. En las cláusulas especificativas, después de las preposiciones **a, de, en** y **con,** se prefiere usar **que** y **el que** aunque en la lengua escrita también se usa **el cual.** En las cláusulas explicativas, es más frecuente el uso de **el cual** después de estas preposiciones.

| | |
|---|---|
| La película de **que / la que / la cual** hablas no se filmó en Grecia sino en España. | *The movie you are talking about was not filmed in Greece, but in Spain.* |
| Esa película, de **la cual** ya todos han oído hablar, no se filmó en Grecia sino en España. | *That movie, about which you have all heard, was not filmed in Greece, but in Spain.* |

4. En las dos cláusulas se pueden usar **el que** o **el cual** después de las preposiciones cortas (**sin, para, hacia**). Después de las preposiciones de dos sílabas o más (**durante, después de, a través de**), sólo se usa **el cual.**

| | |
|---|---|
| El sol es una fuente de energía sin **la que / la cual** no podemos sobrevivir. | *The sun is a source of energy without which we cannot survive.* |
| Hicieron una presentación durante **la cual** todos los asistentes se quedaron dormidos. | *They made a presentation during which everyone fell asleep.* |

5. Para expresar la idea de *the one that* o *those that*, se usan las formas apropiadas de **el que.**

| | |
|---|---|
| La universidad, **la que** está en Salamanca, va a patrocinar un simposio literario. | *The university—the one in Salamanca—is going to sponsor a literary symposium.* |

6. En todos los contextos, para indicar posesión se usa **cuyo.**

| | |
|---|---|
| Ésa es la catedral **cuya** bóveda fue diseñada por Miguel Ángel. | *That is the cathedral whose dome was designed by Michelangelo.* |

| | |
|---|---|
| En un lugar de La Mancha de **cuyo** nombre no quiero acordarme… | *In a place in La Mancha, whose name I don't wish to recall . . .* |

## El uso de los pronombres relativos para referirse a ideas y a otras abstracciones

1. En las cláusulas explicativas y después de las preposiciones cortas, se usan **lo que** o **lo cual.** Después de las preposiciones de dos o más sílabas sólo se usa **lo cual.**

| | |
|---|---|
| La conquista fue muy rápida, **lo que / lo cual** se explica en parte por las creencias supersticiosas de la población. | *The conquest was very rapid, which is explained in part by the superstitious beliefs of the population.* |
| Nadan dos millas y media, recorren otras 112 en bicicleta y luego corren un maratón, después de todo **lo cual** tienen derecho a llamarse hombres (y mujeres) de hierro. | *They swim 2.5 miles, cycle another 112, and then run a marathon, after all of which they have a right to call themselves iron men (and iron women).* |

2. En las cláusulas especificativas sólo es posible usar **lo que.** En este contexto **lo que** equivale a *what* o *that which* en ingles.

| | |
|---|---|
| No entiendo nada de **lo que** Ud. dice. | *I don't understand anything that you are saying.* |
| **Lo que** más nos molesta es la manera en que tratan a sus empleados. | *What bothers us most is the way in which they treat their employees.* |

 ## REVISIÓN DE LOS ASPECTOS GRAMATICALES YA ESTUDIADOS

Después de revisar los usos de los pronombres relativos presentados en este capítulo, revise también:

1. El uso de **ser** y **estar**

2. El uso del pretérito y el imperfecto

3. El uso de la voz pasiva con **ser,** la voz pasiva refleja y la construcción pasiva impersonal

4. El uso del subjuntivo

### ◆ 3er PASO ◆ REVISIÓN DEL VOCABULARIO Y DE LA EXPRESIÓN

Después de revisar la gramática, lea su escrito de nuevo, con ojo crítico particularmente en el vocabulario. En el ***Cuaderno de práctica*** hay una lista de palabras y expresiones que pueden ser útiles para hacer la argumentación. Consúltela y haga las actividades correspondientes antes de revisar su escrito.

### ◆ 4to PASO ◆ REVISIÓN DE LA ORTOGRAFÍA

Después de revisar los aspectos gramaticales estudiados y las notas sobre el vocabulario y la expresión, repase su escrito buscando los posibles errores de acentuación y ortografía.

### ◆ 5to PASO ◆ PREPARACIÓN DE LA VERSIÓN FINAL

Escriba una nueva versión de su trabajo ya con las correcciones y los cambios necesarios.

---

***Piénsalo...***   Si puedes, pídele a un compañero / una compañera que lea tu texto, buscando los posibles errores gramaticales o de expresión. Le puedes facilitar la lectura si le preparas una lista de control como la de la página 61, indicándole claramente los puntos de mayor interés.

# La argumentación (Parte 2)

# *Orientación*

## LA ARGUMENTACIÓN SOBRE UNA OBRA LITERARIA

Hasta este punto se ha visto cómo las varias modalidades de la redacción (la descripción, la narración, la exposición y la argumentación), al igual que distintos patrones de la organización de los datos (análisis/clasificación, comparación/contraste, causa/efecto), se pueden utilizar para escribir sobre temas de interés general y personal. Cada una de las cuatro modalidades responde a preguntas o propósitos específicos. Por ejemplo, si un escritor busca explorar la pregunta «¿Cómo es esta persona o cosa?», lo más común es que utilice la descripción; para contestar la pregunta «¿Qúe sucedió?», escribirá una narración. Si el propósito es reportar, explicar o informar, es probable que utilice la exposición. Y cuando el propósito es persuadir a otro de que acepte como válida cierta postura o punto de vista, el escritor recurre a la argumentación.

En los ensayos literarios predominan dos tipos de redacción: la informativa y la argumentativa. La redacción informativa es como la exposición, ya que su propósito es informar o explicar. El texto informativo explora la trama de una obra y lo explica a nivel literal: «¿Qué ocurre en el cuento/drama/poema? ¿De qué se trata? ¿Quién hace qué, a quién y dónde?». Los textos informativos se limitan a comunicar datos basados en la obra.

El resumen y la explicación son ejemplos de la redacción informativa. La información que se incluye en estos tipos de texto suele organizarse

*Piénsalo...*   ¿Te ha pasado algo como lo que le ocurrió a Margy, la estudiante del dibujo? En este capítulo, vas a redactar un ensayo argumentativo sobre un cuento o poema. En el Apéndice A de este texto se encuentran dos textos que puedes utilizar, o tu profesor(a) te recomendará otro. Debes empezar a leer el texto cuanto antes para tener suficiente tiempo para pensar en él con cuidado antes de preparar el borrador de tu ensayo. Toma apuntes sobre el texto en tu *Cuaderno*. ¡No lo dejes para la última hora!

cronológicamente, es decir, según el orden en que se presentan los hechos en la obra. El texto que sigue es un resumen del cuento «A la deriva» del escritor uruguayo Horacio Quiroga. ¿Cuál parece ser el tema de este resumen? ¿Presenta una postura fundamental o una tesis?

## «A LA DERIVA»

«A la deriva», un cuento por Horacio Quiroga, describe las últimas horas en la vida de un hombre que ha intentado sobrevivir en el trópico lejos de la civilización. Enfoca la pequeñez del hombre ante la fuerza de la naturaleza.

«A la deriva» no es un cuento de acción. Los sucesos ocurren en un espacio de tiempo limitado y desde la perspectiva del protagonista. Empieza el cuento cuando éste pisa una víbora venenosa. El hombre siente el piquete del reptil y al examinarse el pie encuentra dos gotitas de sangre. Calmadamente se liga el pie con un pañuelo y regresa a su rancho. Ahí nota que el pie se le ha hinchado monstruosamente y siente una sed quemante. Decide entonces buscar ayuda. Sube a su canoa y se dirige al centro del caudaloso río Paraná. Espera llegar a un pueblo vecino dentro de cinco horas.

Ya en el río, la selva lo rodea. La corriente, casi por sí misma, lo arrastra hacia Tacurú Pucú. La pierna es ya un bloque deforme. Sabe que no alcanzará a llegar sin ayuda. Decide detenerse y buscar a su compadre. Con esfuerzo atraca y lo llama, pero éste no contesta. Ya débil, el hombre regresa al río. El paisaje a su alrededor es a la vez agresivo y bello. Pasan las horas. Cae el sol. Poco a poco empieza a sentirse mejor. El dolor agudo se calma. Recuerda a su viejo patrón. Y así, dentro de la mente de un hombre moribundo, termina el cuento. El hombre no llega a su destino. Muere en el camino. Quiroga describe lo que rodea al hombre y nos dice que éste simplemente deja de respirar.

Si Ud. dijo que este texto no tenía tesis, ¡tiene razón! Tiene un tema —la trama del cuento «A la deriva»— pero no presenta una tesis o postura fundamental relacionada con la obra. No es sino un resumen de los hechos más significativos del cuento.

Como se vio en el Capítulo 5, la argumentación o persuasión pretende convencer al lector de la validez de una postura fundamental (= la tesis). Para lograr esto, reconoce la existencia de otras opiniones acerca del tema, para luego presentar información que las invalida y apoya la postura del escritor. De la misma manera, un texto argumentativo acerca de un tema literario va más allá de los hechos ocurridos en el texto para ofrecer la lectura o respuesta individual del escritor, más <u>la evidencia</u> textual que apoya esta perspectiva. En el ensayo argumentativo se

***Rincón del escritor***
Consulta el **Rincón del escritor** para obtener más información acerca de <u>la evidencia</u>.

exploran preguntas como: «¿Qué significa este cuento/drama/poema? ¿Por qué es importante esta obra? ¿Qué hay de interés o de original en la construcción de este texto?». La tesis de un ensayo literario argumentativo no representa la opinión personal del escritor sobre el texto (como decir «Me gustó»), sino su juicio acerca del significado e impacto de un aspecto del texto o del texto entero. El ensayo argumentativo propone una tesis y ofrece evidencia extraída del texto para defenderla.

**Piénsalo...**   Como ya se ha observado en el Capítulo 5, a pesar de su nombre, que a veces puede interpretarse como indicio de algo beligerante, el tono del ensayo argumentativo no es agresivo ni antagónico. De hecho, es probable que el ensayo que reúna estas características será poco efectivo en persuadir al lector. Otro nombre que se aplica al ensayo argumentativo es *ensayo persuasivo*.

### «A LA DERIVA»: EL HOMBRE FRENTE A LA NATURALEZA

El cuento «A la deriva» de Horacio Quiroga trata el tema del hombre frente a la naturaleza. Al principio de este cuento, Paulino, el protagonista, pisa una serpiente venenosa que le da una mordedura en el pie. A causa de este incidente, Paulino inicia una serie de acciones que termina en un viaje por el río Paraná hacia un pueblo vecino, donde espera que le salven la vida. Sin embargo, todos los esfuerzos del protagonista resultan inútiles y Paulino muere en su canoa flotando río abajo. La frase «a la deriva» se aplica a una embarcación que va sin dirección, a merced de las corrientes y las olas, tal como la canoa de Paulino al fin del cuento. El título señala la impotencia del ser humano frente al poder inconsciente de la naturaleza. Para comprobar la validez de esta tesis, veamos cómo el texto presenta los remedios que Paulino probó para contrarrestar los efectos mortales de este encuentro con la naturaleza.

Inmediatamente después de la mordedura, Paulino toma dos medidas perfectamente comprensibles.

> El hombre echó una veloz ojeada a su pie, donde dos gotitas de sangre engrosaban dificultosamente, y sacó el machete de la cintura. La víbora vio la amenaza y hundió más la cabeza en el centro mismo de su espiral; pero el machete cayó de lomo, dislocándole las vértebras. (*Cuentos*, 92)

> El hombre se bajó hasta la mordedura, quitó las gotitas de sangre, y durante un instante contempló... Apresuradamente ligó el tobillo con su pañuelo, y siguió por la picada hacia su rancho. (92)

Matar la víbora es la reacción normal de un hombre en estas circunstancias; sin embargo, es también una acción inútil. La serpiente ya lo ha mordido y el matarla ahora no puede cambiar nada. También es normal y lógico vendar una herida y tratar de impedir que el veneno invada todo el cuerpo. No obstante, este esfuerzo es igualmente vano ya que poco después, sobre «la honda ligadura del pañuelo, la carne desbordaba como una monstruosa morcilla». (94) Paulino ha hecho lo que cualquiera hubiera hecho en tales circunstancias, pero sus esfuerzos no le sirven de nada.

Al llegar a casa Paulino intenta llamar a su esposa, pero apenas puede porque, a causa del veneno, tiene la «garganta reseca» y una sed que «lo devora[ba]». (93) Por fin consigue pedirle caña y traga «uno tras otro dos vasos» sin resultado, porque no siente «nada en la garganta». (93) Bajo los efectos iniciales del veneno, el hombre es incapaz de saborear la caña y de apagar la sed que lo tortura.

Es entonces que Paulino decide que el mejor remedio es echar su canoa al río y emprender el largo viaje al pueblo vecino. Poco después de llegar al medio del río, las manos le fallan y él se da cuenta de que necesita ayuda para llegar al pueblo. Consigue atracar la canoa cerca de la casa de su compadre Alves y empieza a llamarlo. Cuando Alves no responde, el lector se queda con la duda de por qué será. Sin embargo, podemos recordar que Paulino dijo que «hacía mucho tiempo que estaban disgustados» (95) y podemos concluir que esta capacidad esencialmente humana de enemistarse con los demás explica el fracaso de su esfuerzo.

Ya casi vencido, Paulino vuelve al río. El paisaje que rodea la canoa y a su pasajero deja la impresión de una belleza poderosa y eterna, como vemos en el siguiente pasaje.

> El Paraná corre allí en el fondo de una inmensa hoya, cuyas paredes, altas de cien metros, encajonan fúnebremente el río. Desde las orillas bordeadas de negros bloques de basalto asciende el bosque, negro también. Adelante, a los costados, detrás, siempre la eterna muralla lúgubre, en cuyo fondo el río arremolinado se precipita en incesantes borbollones de agua fangosa. (95)

Pero el texto nos recuerda en seguida la amenaza escondida detrás de esta belleza: «El paisaje es agresivo, y reina en él un silencio de muerte». (95) La tarde y las fuerzas del hombre se acaban simultáneamente. El hombre moribundo se pone cada vez más débil: su «sombría energía» gradualmente se transforma en «manos dormidas» y el hombre, ya «exhausto», se reduce a un bulto sin fuerzas «tendido de pecho» en la canoa. (94–95) En contraste, la naturaleza empieza a lucir colores dorados, triunfantes: «El cielo, al Poniente, se abría ahora en pantalla de oro y el río se había coloreado también». (96)

En el contexto de esta «majestad única» y poder sempiterno, las alucinaciones que ahora tiene Paulino sirven para destacar, otra vez, la impotencia de la condición humana. El hombre ha empezado a sentirse mejor y con este bienestar viene «una somnolencia llena de recuerdos». (96) Piensa en su ex patrón Dougald y en el tiempo exacto que hace que no lo ve.

> ¿Tres años? Tal vez no, no tanto. ¿Dos años y nueve meses? ¿Ocho meses y medio? Eso sí, seguramente. (C, 97)

*Para referirse a un trabajo crítico publicado acerca de alguna obra, o para dar antecedentes históricos o sociales relevantes, Ud. tendrá que citar sus fuentes de información siguiendo un estilo apropiado de documentación bibliográfica. Hay algunas sugerencias en el Apéndice D del* **Rincón del escritor**

Al igual que la propensión de enemistarnos con otros durante años, es típico de los seres humanos el tratar de pensar y operar lógica y precisamente y de imponer orden en las cosas, en este caso el intento obsesivo de asignarle una fecha exacta a un suceso. Otra vez, el texto nos muestra que en el eterno conflicto entre el hombre y la naturaleza, estas tendencias humanas no nos sirven de nada. El recuerdo de otro antiguo conocido surge en la memoria de Paulino y, mientras intenta precisar el día en que lo conoció («¿Viernes? Sí, o jueves… »),

El hombre estiró lentamente los dedos de la mano.
—Un jueves…
Y cesó de respirar. (97)

«A la deriva» es un cuento breve, de aproximadamente tres páginas, por lo que no llegamos a conocer bien a Paulino. A pesar de esta brevedad, observamos en él la capacidad humana de tener sentimientos como la venganza y el resentimiento, de pensar con lógica, la obsesión con la precisión y, también, el instinto de autoconservación. Estos rasgos definen gran parte del carácter del ser humano, pero son inconsecuentes contra el inmenso poder de la naturaleza, representado aquí por una víbora y el río Paraná.

¿Cuál es la tesis del ensayo anterior? ¿Qué evidencia reúne el escritor para apoyar su postura? ¿Qué otras diferencias observa Ud. entre este texto y el resumen anterior del mismo cuento?

De entre las varias estrategias o técnicas de organización que se han examinado en este libro, el análisis y la comparación / el contraste figuran como las más comunes en los ensayos literarios argumentativos. El análisis enfoca un elemento específico del texto, por ejemplo: la caracterización, el escenario, el narrador o algunos aspectos del lenguaje que utiliza el autor. La estrategia de comparación/contraste podría examinar varios textos de un mismo autor o bien varios textos de diferentes autores. Note que en ambos casos el escritor tiene que ir más allá de lo puramente descriptivo para explicar la relación que tiene un aspecto del texto con el texto entero. ¿Cómo contribuye este análisis a nuestra comprensión y aprecio de la obra en su totalidad?

El propósito fundamental del ensayo informativo o expositorio es comunicar información, reportar, resumir (la trama de un cuento, por ejemplo, o lo que han dicho otros acerca del texto) o explicar (detalles acerca del autor o del período durante el cual se escribió el texto o del género en sí). Por otro lado, el escritor del ensayo argumentativo o persuasivo propone establecer una postura fundamental y convencer al lector de la validez de ésta. Se resumen estos puntos en la tabla de la página 200.

| | PREGUNTA DE ENFOQUE | PROPÓSITO | ORGANIZACIÓN | CARACTERÍSTICAS TÍPICAS |
|---|---|---|---|---|
| *La exposición* | • ¿De qué trata el texto? | Informar | Cronología | • Resumen de la trama<br>• Comprensión detallada del texto<br>• En el caso de un poema, descripción y explicación de su sentido, verso por verso (o palabra por palabra si es necesario) |
| *La argumentación* | • ¿Cuál es la importancia / el impacto / la contribución / la relación de un elemento *X* (ambiente, voz narrativa, uso del idioma, etcétera) dentro del contexto de la obra en su totalidad?<br>• ¿Por qué selecciona el autor un modo particular para desarrollar la trama (los personajes, el ambiente, etcétera)? | Persuadir | Análisis | • Ahondamiento en algún aspecto de la obra |
| *La argumentación* | • ¿En qué se parecen o en qué se diferencian dos de los personajes de la obra?<br>• ¿Qué nos permite entender acerca de otros personajes y obras el conocimiento de los que estamos estudiando?<br>• ¿Qué nos revela acerca de la existencia de temas y problemas subyacentes, el conocimiento de similitudes y diferencias? | Persuadir | Comparación | • Compara personajes dentro de una obra<br>• Compara dos o más obras del mismo autor<br>• Compara dos o más obras de distintos autores |

## Las partes principales del ensayo argumentativo

### La introducción

*Las necesidades del lector.* El ensayo literario, al igual que el ensayo sobre cualquier tema, tiene que tomar en cuenta las necesidades del lector. ¿Qué sabe éste acerca del texto, del escritor o de las cuestiones que se comentarán en el ensayo? Es probable que la mayoría de los ensayos que Ud.

escriba examine obras que Ud. habrá leído como requisito de una clase; por lo tanto, en este caso su lector será su profesor(a) o sus compañeros de clase. Aunque lo normal es que ellos también conozcan la obra, por lo general es bueno recordarles los elementos más significativos del texto. Hay dos técnicas para hacer esto. Una de ellas es comenzar su ensayo con un breve resumen de la obra (de un párrafo solamente). De esta manera Ud. le recuerda al lector los sucesos importantes de la obra; al mismo tiempo, el limitarse a un solo párrafo ayuda a controlar la tendencia de ponerse a contar los detalles detenidamente. Un párrafo de resumen de este tipo podría empezar de la siguiente manera: «El cuento/drama/poema ____ se trata de... ». Después se podría identificar al protagonista de la obra y repasar brevemente los sucesos significativos. Después del resumen viene la presentación de la tesis. El ensayo de las páginas 198–200 sobre «A la deriva» ejemplifica esta técnica. La otra técnica para traer a la memoria del lector la trama de la obra es comenzar el ensayo con la tesis y luego ir entretejiendo los sucesos importantes en la presentación de la evidencia.

*La tesis.* La tesis presenta la postura fundamental que el ensayo va a desarrollar y defender. La tesis es una afirmación contestable acerca del texto; o sea, que se puede probar o refutar. Típicamente, la tesis incluye dos componentes: la identificación del tema y una afirmación al respecto. Examine los siguientes ejemplos.

> *Si Ud. incluye un resumen breve en la introducción, los puntos de relevancia dependerán de su tesis. El resumen debe enfocarse sobre información que se relaciona directamente con la tesis.*

| LA TESIS: EJEMPLOS | | | |
|---|---|---|---|
| | *Débil* | | *Fuerte* |
| *1a* | «A la deriva» trata de la naturaleza. | *1b* | *«A la deriva» muestra a la naturaleza* **y su victoria sobre la civilización.** |
| *2a* | «A la deriva» presenta un punto de vista crítico de la mujer. | *2b* | *«A la deriva» pinta al individuo* **como una figura sola, aislada, inmersa en el conflicto entre la naturaleza y la civilización.** |
| *3a* | «No oyes ladrar los perros» describe el sufrimiento de un hombre ante la pérdida de su hijo. | *3b* | *En «No oyes ladrar los perros», los colores cambiantes de la luna* **reflejan la actitud del padre hacia su hijo agonizante.** |

Todas las tesis fuertes de la tabla anterior incluyen los dos elementos ya mencionados —la presentación de un tema (el tema está en *letra cursiva*) más una afirmación contestable al respecto (en **negritas**).

Las oraciones 1a y 3a son débiles puesto que sólo identifican el tema; no afirman nada, ni presentan postura alguna relacionada con el tema. Cada una de estas oraciones comunica información que en gran medida es totalmente patente; o sea, que la única evidencia que se requiere se puede sacar del resumen de la trama. El defecto de la oración 2a se debe a otra cosa. Esta oración presenta un tema («"A la deriva" presenta... la mujer») más una afirmación («un punto de vista crítico [de la mujer]»). En este caso la tesis es débil porque es muy fácil de refutar: el tema hace referencia a un suceso aislado en el texto (cuando el protagonista llega a su casa, su esposa no puede ayudarle) que por sí solo no puede considerarse importante. Por eso, resultaría difícil o imposible reunir suficiente evidencia del texto para apoyar esta tesis.

**Piénsalo...**   ¿Cómo sabes si un suceso es importante o no? No puedes saberlo si lo ves aislado; tienes que verlo dentro del contexto de toda la obra. ¿Hay otros sucesos o aspectos del texto que se relacionen? ¿Cambia el curso del cuento este suceso por sí mismo? ¿Conducen a este suceso otros elementos del texto? En este caso particular, por ejemplo, el hecho de que Paulino no pueda obtener ayuda de su esposa es uno entre muchos elementos del texto que apuntan a la falibilidad humana, y éste es el tipo de evidencia que se puede usar para sostener una tesis. Por otra parte, sólo este elemento apunta específicamente a la crítica de la mujer; no es suficiente para basar una tesis.

### Los párrafos de apoyo: La evidencia

Una vez presentada la tesis, cada uno de los párrafos siguientes debe dedicarse a la presentación de la evidencia textual. Una de las características principales del ensayo argumentativo, ya vista en el Capítulo 5, es que logra establecer la legitimidad de su tesis al incluir información que la apoya, así como también opiniones contrarias. La argumentación sobre obras literarias también puede incluir opiniones contrarias. Por ejemplo, un ensayo sobre «A la deriva» podría empezar con un resumen de lo que han dicho otros críticos acerca de los textos de Quiroga y el carácter del hombre en la canoa, para luego presentar (y apoyar con evidencia textual) otra interpretación del texto. No obstante, para desarrollar la argumentación cuando se trata de literatura no es fundamental incluir opiniones contrarias; lo que sí es crítico es comunicar una afirmación específica sobre el tema (= la tesis) y luego reunir cuidadosamente suficiente evidencia textual para apoyarla.

Como se puede ver en el ensayo sobre «A la deriva» (páginas 197–199), la evidencia no siempre tiene la forma de <u>citas</u> directas del texto: el escritor advierte las acciones de los diversos personajes, señalando las relaciones entre éstos y las repercusiones de sus decisiones. Sin embargo, es muy importante que la evidencia incluya algunas citas para así utilizar el lenguaje del texto mismo (y no el lenguaje de quien lo lee y comenta) para apoyar la tesis. Note que toda la evidencia, sea cita directa o no, se vincula directamente con las ideas afirmadas en la tesis. Toda la evidencia tiene que contribuir directamente a la defensa de la tesis.

Los párrafos de evidencia no deben parecer una simple lista de puntos, citas o comentarios sin ninguna relación entre sí. Es importante

*Rincón del escritor*
Consulta el **Rincón del escritor** para obtener más información sobre el formato de <u>las citas</u>.

Como se vio en el Capítulo 3 y en el **Rincón del escritor**, cada párrafo típicamente presenta una idea central que se puede encontrar en <u>la oración temática</u> del párrafo. Esta oración identifica el tema que se va a tratar en el párrafo y permite a la vez que el lector determine el contenido del conjunto.

que la defensa que apoya la tesis se desarrolle sucesivamente: el argumento de cada párrafo se construye con base en el párrafo anterior y lleva lógicamente al párrafo que sigue. De hecho, al igual que un bastidor o andamio, la tesis es lo que le da solidez y coherencia al ensayo. Una vez presentada en la introducción, la tesis aparece en cada párrafo del ensayo, vinculándose con cada parte de la evidencia textual para repetirse una vez más en la conclusión del ensayo.

### La conclusión

La conclusión de un ensayo literario se caracteriza por las dos funciones que realiza cualquier conclusión: recapitula la tesis y comunica algunas perspectivas o comentarios generales del escritor relacionados con la obra que se acaba de analizar. En la conclusión no se debe incluir nuevas ideas importantes —éstas deben introducirse en el cuerpo del ensayo— ni tampoco se espera que se proclame que el escrito ha contribuido genialmente a la comprensión de la obra. Pero sí es posible apuntar por qué se pensó que el tema era importante o qué fue lo que intrigó al autor de la obra, o las investigaciones sobre la obra que todavía quedan por hacerse.

Las tres partes principales del ensayo argumentativo demuestran típicamente la estructura que se resume en la siguiente tabla.

| ESTRUCTURA TÍPICA DEL ENSAYO ARGUMENTATIVO | | |
|---|---|---|
| *Introducción* | • *breve* resumen <br> • la tesis | • ____ es un (cuento/drama/poema) que trata de… <br> • detalles de tipo quién / qué / cuándo / por qué / dónde / cómo, todos relacionados claramente con la tesis <br> • tema + afirmación contestable |
| *Evidencia* | • idea de apoyo #1 <br> • idea de apoyo #2 <br> • idea de apoyo #3 <br> • …y así sucesivamente hasta completar la defensa. | • ejemplos específicos del texto; citas <br> • la defensa se desarrolla lógicamente de un párrafo a otro <br> • todas las citas y los ejemplos han de vincularse directamente con la tesis <br> • generalmente se dedica un párrafo a cada idea principal |
| *Conclusión* | • resumen de las ideas centrales <br> • últimas perspectivas | • recapitulación de la tesis <br> • ideas adicionales sobre el tema |

## *El proceso de escribir un ensayo argumentativo: Del texto a la tesis y a la vuelta*

Como ya se ha mencionado, la clave de redactar un buen ensayo argumentativo es formular una tesis sólida. Una vez que se ha identificado una postura que se pueda sostener con evidencia sacada del texto, el trabajo ya se puede dar por hecho; lo que queda es básicamente trabajo de organización y estilo. ¿Qué se hace entonces para identificar una postura fundamental? ¿Cómo se formula una tesis fuerte? Los siguientes procesos pueden ser útiles: 1) obtener nada más los hechos, 2) ir más allá de los hechos, 3) enfocar y buscar los patrones, 4) formular su tesis. Los examinaremos uno por uno.

1. Obtener nada más los hechos

   • Lea el texto con mucho cuidado, aplicándole <u>las preguntas periodísticas</u> clásicas: ¿quién? ¿qué? ¿dónde? ¿cuándo? ¿por qué? ¿cómo?

   • Haga estas preguntas varias veces mientras lee la obra y tome apuntes detenidamente. Busque en un diccionario el significado de las palabras que no conozca. A esta altura, es necesario que comprenda clara y completamente lo que ocurre en el texto, quién(es) figuran como protagonistas, dónde y cuándo ocurre la acción principal, etcétera. Lea para llegar a una comprensión literal del texto.

2. Ir más allá de los hechos

   • Repase sus apuntes, tomando en cuenta el impacto que el texto ha tenido en Ud. como lector.

   • Con frecuencia, el mejor punto de partida es recordar o identificar un problema que Ud. tuvo al tratar de conferirle sentido al texto. Considere las siguientes preguntas y comentarios.

     a. ¿Qué es diferente/interesante/curioso/intrigante acerca de _____? ¿Por qué piensa Ud. eso?

     b. Identifique un problema en el texto: algo que Ud. no pueda explicar. (Es extraño que el personaje haga esto. ¿Por qué se va el relato en aquella dirección en vez de seguir ésta? En todas las otras obras del autor —o en las otras obras de la época— sucede esto o lo otro, pero no en este texto. ¿Por qué no, y qué puede significar?)

     c. Es sorprendente/raro/único que este autor se decida a _____ porque....

     d. ¿Qué es peculiar/raro/diferente acerca de la manera en que el texto presenta la materia (trama, tema, personajes)?

 *Rincón del escritor*
Consulta el **Rincón del escritor** para obtener más información acerca de <u>las preguntas periodísticas</u>.

*Las siguientes preguntas de muestra son sólo sugerencias. Ud. puede desarrollar preguntas semejantes para otros aspectos del texto (el ambiente, el lenguaje). Véase la Actividad A en la página 220.*

e. ¿Cómo le afecta a Ud. el autor o el texto? ¿Qué hace que le lleva a aceptar algo que de otra manera no aceptaría?

f. ¿Qué tiene de parecido este texto con otro que haya leído Ud. anteriormente? ¿En qué es diferente?

**Piénsalo...**    Toda obra literaria representa un reto para sus lectores. Si tienes dificultades para entender un texto, ¡vas por buen camino! Válete de esa dificultad para ayudarte a hallar la tesis de tu escrito. Lo que no entiendas, lo que parezca no tener sentido, es tu punto de partida. Buscar la manera de desenredar lo que no está claro y resolver el problema que tienes con el texto es el proceso que te permite conferirle sentido. Y cuando hayas logrado esto, habrás identificado tu tesis.

3. Enfocar y buscar los patrones

- Identificado un problema en el texto, Ud. puede recurrir a la técnica de la redacción libre como manera de examinar o explorar el problema desde varias perspectivas.

- Las preguntas periodísticas también pueden servirle como punto de partida para examinar el problema en más detalle. Por ejemplo, imagínese que hay algo en el carácter del protagonista que le parece raro o inquietante. Al considerar las siguientes preguntas, busque patrones en las respuestas: semejanzas o repeticiones que sugieran alguna relación con una idea singular subyacente.

| PREGUNTAS DE MUESTRA SOBRE EL CARÁCTER[1] | |
|---|---|
| **¿Quién?** | • ¿Quiénes son los personajes más interesantes? ¿Por qué? <br><br> • ¿Quién parece ayudar o inquietar a estos personajes? ¿Por qué? ¿Cómo les ayuda/inquieta? <br><br> • ¿Representa algo el/la protagonista (por ejemplo, un grupo determinado de personas, una característica o valor en particular, un comportamiento especial)? |
| **¿Qué?** | • ¿Cuál es el problema principal de este personaje? <br><br> • ¿Qué dice este personaje sobre sí mismo/a? ¿Qué dicen otros sobre él/ella? ¿Es necesario reevaluar la autoopinión del personaje según la opinión de los demás? <br><br> • ¿Qué nos revela el comportamiento o apariencia del personaje acerca de su persona? <br><br> • ¿Qué relaciones existen entre este personaje y otros personajes en el texto? |

_____

[1]Adapted from Joyce MacAllister, *Writing about Literature: Aims and Processes.* New York: Macmillan, 1987.

| | **PREGUNTAS DE MUESTRA SOBRE EL CARÁCTER** (*continued*) |
|---|---|
| ¿Dónde? | • ¿Dónde se siente cómodo (poderoso/feliz/infeliz/solo) este personaje? ¿Por qué?<br><br>• ¿Dónde suele encontrar problemas o dificultades? ¿Por qué? ¿Qué nos indica esto acerca del personaje? |
| ¿Cuándo? | • ¿Cuándo empieza a intensificarse el conflicto que sufre el personaje?<br><br>• ¿Cuándo se da cuenta este personaje (u otros) de la existencia o gravedad del problema que tiene?<br><br>• ¿Cuándo queda fijo o preciso el destino del personaje? |
| ¿Por qué? | • ¿Por qué se siente feliz (infeliz/inquieto/etcétera) este personaje?<br><br>• ¿Por qué se comporta este personaje tal y como lo hace (o de manera habitual o en momentos significativos de la obra)? |
| ¿Comó? | • ¿Cómo podría haber modificado este personaje sus circunstancias?<br><br>• ¿Cómo podría haberse conseguido que los antagonistas del personaje quedaran frustrados?<br><br>• ¿Cómo forman al personaje las circunstancias que lo rodean? |

*Piénsalo...* Cuando escribes un ensayo (ya sea explicativo o argumentativo) sobre cualquier tema dado, es muy probable que tengas que hacer varias lecturas preliminares e investigaciones, con el objeto de hallar información adicional y detalles para incluir en tu ensayo. Cuando escribes un ensayo literario argumentativo, ya mencionamos que no es absolutamente necesario investigar lo que los críticos literarios han dicho acerca de la obra. La investigación que *sí* es crucial requiere que leas el texto detenidamente más de una vez. Son muy pocas las reglas inquebrantables acerca de la lectura y el comentario escrito acerca de la literatura, pero éstas son dos de ellas: leer el texto detenidamente y leer el texto más de una vez.

4. Formular su tesis

   • Ud. ha identificado un posible problema en el texto y lo ha examinado desde varias perspectivas. También ha encontrado una respuesta o conjunto de respuestas que parece resolver el problema. Esta respuesta será su tesis. Pero, por el momento, su solución no puede ser sino una hipótesis y su tesis todavía es una postura preliminar.

- Ahora hay que volver a leer el texto para descubrir si la hipótesis resulta válida: busque evidencia textual para apoyar su hipótesis. Busque también información en el texto que refute la hipótesis o que no concuerde con su análisis.

- En este punto algunos escritores recurren a la técnica del mapa semántico para organizar y evaluar la evidencia textual: el mapa guía la composición del ensayo. ¿Apoya la preponderancia de la evidencia su hipótesis, o la refuta? Si la apoya, tiene una tesis fuerte: una afirmación contestable que Ud. puede sustanciar con evidencia textual. Si no, ¿es posible reformular la hipótesis de manera que se llegue a reconciliar con la evidencia contraria?

- Otros escritores —por ejemplo, el autor del ensayo sobre «A la deriva» (páginas 198–200)— descubren la validez de su tesis mediante el proceso mismo de escribir el borrador. Ambas técnicas destacan la importancia de cuestionar continuamente la validez de la tesis, evaluándola según se identifiquen huecos o puntos débiles en el argumento donde el texto parece discrepar de su análisis. En este caso, hay que modificar la tesis o examinar el texto de nuevo. A veces resulta necesario hacer ambas cosas.

**¡!** *Piénsalo...*   Cuando descubres tu tesis por primera vez —especialmente si te tomó esfuerzo lograrlo— podrías sentir la tentación de creer que el trabajo está terminado. Pero muchos escritores se encuentran con que la tesis cambia y evoluciona todavía más mientras van trabajando en su ensayo. Tienes que estar seguro, al final, de que la tesis y la evidencia todavía encajan la una con la otra, y tienes que estar dispuesto a cambiar la una o la otra si ya no están de acuerdo.

El trabajo que has hecho en las actividades con grupos de consulta ha sido diseñado para ayudarte a desarrollar tus habilidades como lector cauteloso y crítico. Éstas son las mismas habilidades que necesitas para escribir ensayos argumentativos exigentes: tienes que ser un lector crítico y aun escéptico de lo que tú mismo escribes para poder localizar y corregir posibles debilidades en tu argumento.

A continuación puede Ud. ver cómo estos procesos derivaron en el ensayo sobre «A la deriva» en las páginas 198–200.

*1. Obtener nada más los hechos*

*¿Quién?:*    *Un hombre (¿pobre? campesino); se llama Paulino; vive en un rancho*
              *cerca del río Paraná; tiene una esposa (Dorotea); parece tener pocos amigos*
              *o por lo menos vive lejos de ellos.*

*¿Qué?:*      *El hombre pisa una serpiente venenosa; la serpiente lo pica; el hombre sube*
              *a su canoa para ir en busca de ayuda pero el veneno lo mata antes de que*
              *pueda encontrar algo (o a alguien) que lo salve.*

*¿Dónde?:*    *Parte de la acción transcurre en la selva del Uruguay (¿o del Paraguay? No se*
              *indica explícitamente a menos que uno sepa dónde se encuentra el Paraná) y*
              *parte transcurre en el río Paraná; lejos de un pueblo o ciudad.*

*¿Cuándo?:*   *La serpiente lo muerde en la tarde, unas horas antes de la puesta del sol; el*
              *hombre muere a la puesta del sol.*

*¿Cómo?:*     *Los efectos del veneno son terribles en el hombre: el pie transforma en «un*
              *bloque deforme» y «monstruoso... con lustre gangrenoso»; siente muchísima*
              *sed («una sed quemante»); pero muere pensando en que los efectos del veneno*
              *van pasando y que pronto se pondrá bien. No parece darse cuenta de que la*
              *sensación de bienestar que experimenta significa que está muriéndose.*

*¿Por qué?:   ¡Buena pregunta!*

*2. Ir más allá de los hechos: Identificar un problema con el texto*

*¿Por qué muere el hombre? No es nada raro que muera —¡en todas las obras que hemos*
*leído este semestre siempre muere alguien!— pero en este caso, ¿por qué?*
*¿Muere porque es un hombre malo? ¿porque es un hombre bueno y no hay justicia divina?*

*Éstos son los apuntes de Margy mientras busca una solución al problema: ¿Por qué muere el hombre? Ud. puede ver dónde a Margy se le ocurren varias posibilidades que rechaza, basándose en la pregunta: ¿sostiene la evidencia del texto cada idea?*

    *También puede ver que su examen conduce a una idea completamente nueva: el conflicto entre el hombre y la naturaleza. Al final, Margy concluye que este concepto tiene un mayor mérito.*

¿porque es un ser incapacitado para vivir en la selva? ¿porque está solo? ¿Es importante o necesario que muera? ¿¿Por qué??

3. Enfocar y buscar los patrones

¿la muerte = la resignación, pasividad humana? ¡no!

- El hombre no quiere morir.
- Hace muchas cosas para combatir la situación: se liga el tobillo, busca a su mujer, busca a su compadre, decide viajar al pueblo, corta el pantalón.
- No importa lo que hace, no es suficiente; a veces sus esfuerzos incluso parecen empeorar las cosas (se liga el tobillo → morcilla monstruosa) o no tienen efecto ninguno (no puede satisfacer su sed, no puede obtener ayuda de su compadre, trata de recordar cuándo conoció a su ex patrón).
- Las cosas no están bajo su control (la futilidad): mata la culebra, pero el veneno es incontrolable; aborda su canoa y comienza a remar, pero la corriente lo lleva a la deriva.

*¿Por qué muere el hombre?*

¿la muerte = un (in)justo castigo divino?

- Ninguna referencia a Dios.
- Sólo una referencia a la religión (¿Viernes Santo? ¿Jueves?).

Es decir, ¿fue un hombre malo? ¿Se lo merecía?

¿la muerte = la venganza de familiares/amistades?

- Hay muy poca información sobre sus relaciones con otros —tiene mujer, tiene amigos y compadres, pero no se dan muchos detalles.
- Se ha enemistado con un compadre. Lo busca a pesar de eso. El compadre no está (= no puede o no quiere ayudarle).
- Su mujer trata de ayudarlo.
- Se sabe poco del hombre: no parece ni malo ni bueno.
- Está solo, sale solo, muere solo.

El hombre muere; ¿por qué? ¿Qué significa su muerte? ¿Es posible que la muerte = la venganza de un amigo o familiar? En realidad se sabe muy poco del hombre ni de sus amigos y familiares. Se ha enemistado con uno

⇨ improbable

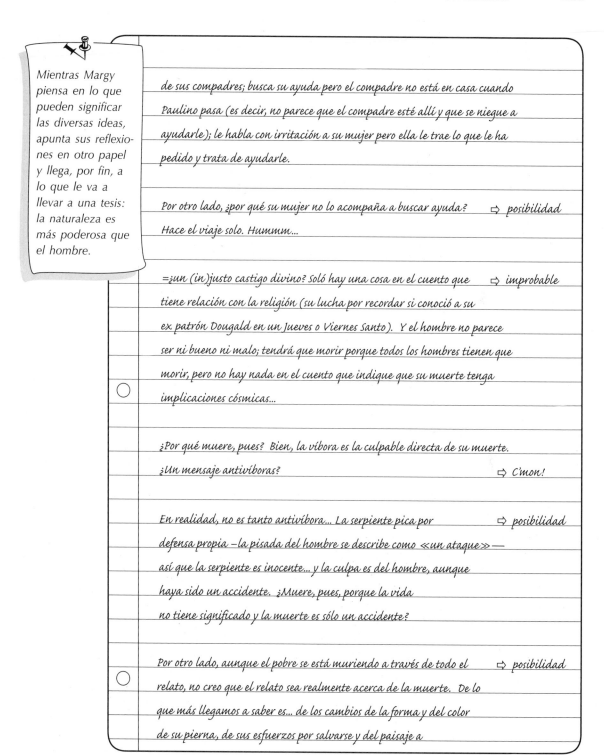

*Mientras Margy piensa en lo que pueden significar las diversas ideas, apunta sus reflexiones en otro papel y llega, por fin, a lo que le va a llevar a una tesis: la naturaleza es más poderosa que el hombre.*

de sus compadres; busca su ayuda pero el compadre no está en casa cuando Paulino pasa (es decir, no parece que el compadre esté allí y que se niegue a ayudarle); le habla con irritación a su mujer pero ella le trae lo que le ha pedido y trata de ayudarle.

Por otro lado, ¿por qué su mujer no lo acompaña a buscar ayuda?    ⇨ posibilidad
Hace el viaje solo. Hummm...

=¿un (in)justo castigo divino? Solo hay una cosa en el cuento que    ⇨ improbable
tiene relación con la religión (su lucha por recordar si conoció a su
ex patrón Dougald en un Jueves o Viernes Santo). Y el hombre no parece
ser ni bueno ni malo; tendrá que morir porque todos los hombres tienen que
morir, pero no hay nada en el cuento que indique que su muerte tenga
implicaciones cósmicas...

¿Por qué muere, pues? Bien, la víbora es la culpable directa de su muerte.
¿Un mensaje antivíboras?    ⇨ C'mon!

En realidad, no es tanto antivíbora... La serpiente pica por    ⇨ posibilidad
defensa propia –la pisada del hombre se describe como «un ataque»—
así que la serpiente es inocente... y la culpa es del hombre, aunque
haya sido un accidente. ¿Muere, pues, porque la vida
no tiene significado y la muerte es sólo un accidente?

Por otro lado, aunque el pobre se está muriendo a través de todo el    ⇨ posibilidad
relato, no creo que el relato sea realmente acerca de la muerte. De lo
que más llegamos a saber es... de los cambios de la forma y del color
de su pierna, de sus esfuerzos por salvarse y del paisaje a

su alrededor –tremenda cantidad de descripciones del río y de la selva.

Y él no parece del todo incompetente: hace muchas cosas específicas

para tratar de cuidarse la mordedura de la serpiente (se liga el tobillo,

vuelve a casa, busca la ayuda de un compadre, decide viajar al pueblo,

corta el pantalón, etcétera).  Es sólo que después de la mordedura, no

importa lo que haga, las cosas simplemente están fuera de su control, los

sucesos van más allá de sus fuerzas.  Parece muy solo.  ¿Hay algo sobre lo

que tenga control?  ¿El veneno; la corriente del río (su canoa va «a la

deriva») –la naturaleza?  ¡Ajá!  El relato trata del hombre frente a la

naturaleza.  Y la naturaleza termina ganando.                    ⇨ OK!


4: Formular la tesis

El hombre muere porque la naturaleza es más poderosa que él.  Todas

sus acciones para contrarrestar los efectos terribles del veneno son inútiles.


No es que la naturaleza mate al hombre (la víbora pica en defensa propia contra la

pisada del hombre, pisada que se describe como «un ataque»), pero el poder de la

naturaleza es más grande que la fuerza del hombre.


| Referencias a la naturaleza | Referencias al hombre |
|---|---|
| • no es que sea mala (evil) –pero tampoco es idílica, pastoral:  es fuerte, poderosa, lúgubre, fúnebre, agresiva | • acciones resueltas, pero inútiles |
| • enormous size: inmensa hoya, paredes altas de 100 metros | • sufrimiento:  referencias a fenómenos naturales –relámpagos (el dolor), la sed quemante, puntitos fulgurantes |
| • speed and power: corriente veloz [used many times], se precipita | • efectos del veneno:  la pierna se transforma en algo |

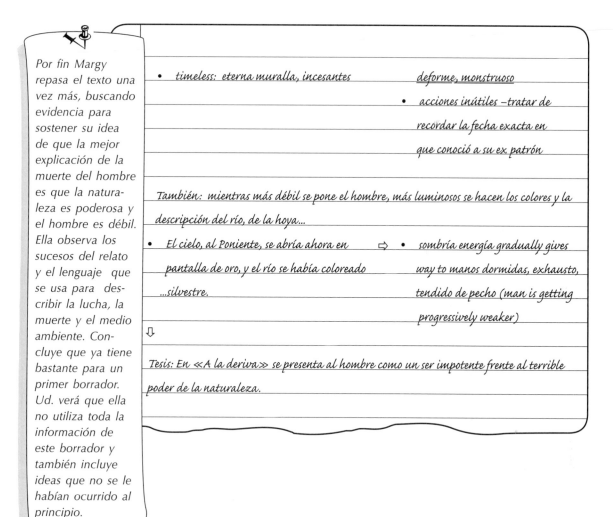

*Por fin Margy repasa el texto una vez más, buscando evidencia para sostener su idea de que la mejor explicación de la muerte del hombre es que la naturaleza es poderosa y el hombre es débil. Ella observa los sucesos del relato y el lenguaje que se usa para describir la lucha, la muerte y el medio ambiente. Concluye que ya tiene bastante para un primer borrador. Ud. verá que ella no utiliza toda la información de este borrador y también incluye ideas que no se le habían ocurrido al principio.*

- *timeless: eterna muralla, incesantes*          *deforme, monstruoso*
- *acciones inútiles –tratar de recordar la fecha exacta en que conoció a su ex patrón*

*También: mientras más débil se pone el hombre, más luminosos se hacen los colores y la descripción del río, de la hoya...*

- *El cielo, al Poniente, se abría ahora en pantalla de oro, y el río se había coloreado ...silvestre.*  ⇒  *sombría energía gradually gives way to manos dormidas, exhausto, tendido de pecho (man is getting progressively weaker)*

⇓

*Tesis: En «A la deriva» se presenta al hombre como un ser impotente frente al terrible poder de la naturaleza.*

Después de llegar a una formulación de su tesis, Margy utilizó sus notas y apuntes como base para una versión preliminar de su ensayo. Luego le pidió a un compañero de clase que leyera el texto de ella. En las páginas 214–219 se reproduce la versión preliminar del ensayo de Margy sobre «A la deriva», más los comentarios que le hizo al respecto su compañero de clase. Lea el texto y los comentarios con cuidado. Después, compare el texto con la versión final del ensayo, que aparece en las páginas 198–200. ¿Qué diferencias nota?

### A la deriva

El cuento «A la deriva» de Horacio Quiroga trata de los temas del hombre ante la muerte y del hombre ante la naturaleza.  Al principio de este cuento, Paulino, el protagonista, pisa una serpiente venenosa que le da una mordedura en el pie.  A causa de este accidente, Paulino inicia una serie de acciones que termina en un viaje por el río Paraná hacia un pueblo vecino donde espera que le salven la vida.  Sin embargo, todos los esfuerzos del protagonista resultan inútiles y Paulino muere en su canoa flotando río abajo.  La frase «a la deriva» se aplica a una embarcación que va sin dirección, a merced de las corrientes y las olas, tal como la canoa de Paulino al fin del cuento.  El título señala la impotencia del intelecto del ser humano ante el poder inconsciente de la naturaleza.  Para comprobar la validez de esta tesis, veamos cómo el texto presenta las acciones precipitadas por la mordedura fatal de la víbora.

  Inmediatamente después de la mordedura, Paulino toma dos medidas perfectamente comprensibles.

*• Éste es el título del cuento; ¿cuál es el de tu ensayo?*

*• No hablas para nada sobre cómo el hombre se enfrenta con la muerte. ¿En qué sentido demuestras que el cuento trata de este tema?*

*• Este contraste es interesante, pero muchos de tus ejemplos van más allá de lo intelectual. Mira las palabras que utilizas para recapitular la tesis en tu conclusión...*

*• En el ensayo incluyes información que no se limita a las acciones de Paulino y esto parece bueno; quizás debas pensar esto un poco más.*

El hombre echó una veloz ojeada a su pie, donde dos

gotitas de sangre engrosaban dificultosamente, y

sacó el machete de la cintura. La víbora vio la amenaza y

hundió más la cabeza en el centro mismo de su espiral;

pero el machete cayó de lomo, dislocándole las vértebras.

El hombre se bajó hasta la mordedura, quitó las gotitas

de sangre, y durante un instante contempló...

Apresuradamente ligó el tobillo con su pañuelo y

siguió por la picada hacia su rancho. (*Cuentos*, 92)

Matar a la víbora es la reacción normal de un hombre
en estas circunstancias; sin embargo, es también una
acción inútil. La serpiente ya lo ha mordido y matarla
ahora no puede cambiar nada. También es normal y
lógico vendar una herida y tratar de impedir que el
veneno invada todo el cuerpo. No obstante, este esfuerzo
es igualmente vano ya que poco después, sobre «la honda
ligadura del pañuelo, la carne desbordaba como una
monstruosa morcilla». (94) Paulino ha hecho lo que
cualquiera hubiera hecho en tales circunstancias, pero
sus esfuerzos no le sirven de nada. <u>Aunque es frecuente</u>

*• Me gustan estos ejemplos porque establecen una clara relación con tu tesis.*

asociar la serpiente con el mal, es interesante notar que en este cuento la serpiente muerde sólo en defensa propia contra la pisada del hombre. Otra cosa fuera de lo normal es que la serpiente parece intuir que Paulino va a matarla.

> • *Esto es interesante, pero no veo la relación con tu tesis.*

Al llegar a casa Paulino intenta llamar a su esposa, pero apenas puede porque, a causa del veneno, tiene la «garganta reseca» y una sed que «lo devora[ba]». (93) Por fin consigue pedirle caña y traga «uno tras otro dos vasos» sin resultado, porque no siente «nada en la garganta». (93) Bajo los efectos iniciales del veneno, el hombre es incapaz de saborear la caña y de apagar la sed que lo tortura.

> ✓✓ • *Es interesante ver cómo explicas la relación de esto con la tesis.*

Es entonces que Paulino decide que el mejor remedio es echar su canoa al río que «lo llevaría antes de cinco horas a Tacurú-Pucú». (94) Poco después de llegar al medio del río, las manos le fallan y él se da cuenta de que necesita ayuda para llegar al pueblo. Consigue atracar la canoa cerca de la casa de su compadre Alves y empieza a llamarlo.

> • *¿Por qué escogiste esta cita? ¿Qué tiene que ver con la tesis?*

Con el pie doliente —«ya era un bloque deforme»— Paulino casi no puede caminar y se arrastra por el suelo como una serpiente. Cuando Alves no responde, el lector se queda con la duda de por qué será. Sin embargo, podemos recordar que Paulino dijo que «hacía mucho tiempo que estaban disgustados» (95) y podemos concluir que esta capacidad esencialmente humana de enemistarse con los demás explica el fracaso de su esfuerzo. El compadre evidentemente está vengándose de Paulino como Paulino se vengó de la serpiente.

- *¿Relación con la tesis?*

- *Esto se relaciona bien con tu tesis.*

- *¿Qué evidencia tienes para asegurar esto? ¿Y qué tiene que ver con tu tesis?*

Ya casi vencido, Paulino vuelve al río. El paisaje que rodea la canoa y a su pasajero deja la impresión de una belleza poderosa y eterna, como vemos en el siguiente pasaje.

El Paraná corre allí en el fondo de una inmensa hoya, cuyas paredes, altas de cien metros encajonan fúnebremente el río. Desde las orillas bordeadas de negros bloques de basalto asciende el bosque, negro también. Adelante, a los costados, detrás, siempre la

- *¡Esta cita es muy fuerte!*

eterna muralla lúgubre, en cuyo fondo el río

arremolinado se precipita en incesantes borbollones de

agua fangosa. (95)

Pero el texto nos recuerda enseguida de la amenaza

escondida detrás de esta belleza: «El paisaje es agresivo,

y reina en él un silencio de muerte». (95) En el contexto

de este poder sempiterno, las alucinaciones que ahora

tiene Paulino sirven para destacar, otra vez, la

impotencia de imponer orden en las cosas, en este caso

el intento obsesivo de asignarle una fecha exacta a un

suceso. Otra vez, el texto nos muestra que en el eterno

conflicto entre el hombre y la naturaleza, estas

tendencias humanas no nos sirven de nada. El recuerdo

de otro antiguo conocido surge en la memoria de

Paulino y, mientras intenta precisar el día en que lo

conoció («¿Viernes? Sí, o jueves... »),

El hombre estiró lentamente los

dedos de la mano.

• *¡Buenos ejemplos del contraste que propone tu tesis!*

—Un jueves...

Y cesó de respirar. (C, 97)

«A la deriva» es un cuento breve, de aproximadamente tres páginas, así que no llegamos a conocer
bien a Paulino. A pesar de esta brevedad, observamos
en él <u>la capacidad humana de tener sentimientos
como la venganza y el resentimiento, de pensar con
lógica, la obsesión con la precisión y, también, el
instinto de autoconservación.</u> Estos rasgos definen gran
parte del carácter del ser humano, pero son inconsecuentes contra el inmenso poder de la naturaleza,
representado aquí por una víbora y el río Paraná.

• *Esta formulación de tu tesis es mejor (a la vez más amplia y más precisa) que la formulación que ofreces en la introducción.*

Resumen de comentarios

1. ¿Cuál es la tesis que el escritor intenta justificar?

   *Ofreces dos tesis: una en la introducción y otra, algo más amplia, en la conclusión.*

2. ¿Se relaciona toda la información directamente con la idea principal? De lo contrario, ¿qué parte(s) no viene(n) al caso?

   *La mayor parte de tu ensayo tiene muy buenos ejemplos que ayudan a explicar y a defender tu tesis de manera sucesiva y coherente. Sólo en algunas partes (muchas de las cuales son comentarios sobre la víbora) pareces desviarte.*

3. ¿Hay partes en las cuales le gustaría a Ud. tener más información (explicación, ejemplos, detalles)?

   *Sí. Sólo has hecho una cita para hablar de la manera en que las imágenes visuales del texto (y no la acción) respaldan y hacen resaltar el contraste entre la naturaleza (el poder) y el hombre (la impotencia). ¿Hay otros lugares en que ocurre esto? Por ejemplo, ¿habrá evidencia para tu tesis en la manera en que se describen los efectos del veneno en Paulino?*

4. ¿Hay partes del texto en que de repente se encuentre Ud. «perdido/a»?

   *No. Todo me pareció muy claro.*

5. Haga rápidamente un bosquejo del texto en su totalidad. ¿Hay lugares donde la organización del texto deba cambiarse?

   *No. El desarrollo del argumento y la presentación de los ejemplos son bastante lógicos.*

6. La introducción, ¿presentó la tesis y le ayudó a recordar los sucesos importantes de la obra?

   *Sí; además, tus comentarios sobre el título son muy aptos.*

7. ¿Qué parte(s) del borrador le gusta(n) más?

   *Cuando leí el cuento, no pude ver la relación entre la visita al compadre ausente y el*

   *último resultado de la historia; ¡tu explicación sobre esto me ayudó a entenderlo!*

8. ¿Le sirvió la conclusión como buen resumen de la información en el

   texto? ¿Le ayudó a comprender la importancia del tema para el

   escritor?

   *La manera en que resumes la tesis al final parece más amplia que en la presentación; creo*

   *que el argumento va mejor con la tesis del final que con la tesis de la introducción. No*

   *mencionas nada con respecto a tus impresiones de la importancia del tema o de la obra...*

## Tarea

En este capítulo, Ud. va a redactar un ensayo argumentativo para elaborar y defender una tesis con base en una de las obras literarias que aparecen en el Apéndice A de este texto o en otra que sea de su interés.

## PRIMERA ETAPA: *Antes de redactar*

En esta primera parte del capítulo, Ud. tendrá la oportunidad de experimentar con varias técnicas de prerredacción para decidir con respecto a la tesis.

## LA GENERACIÓN Y RECOLECCIÓN DE IDEAS

**Actividad A**  Las preguntas periodísticas y la tabla de ideas

1. Entre todos, identifiquen algunos de los elementos principales de un cuento (por ejemplo, el narrador o el punto de vista, la escena,

los protagonistas, la acción, el lenguaje, etcétera) y los de un poema (por ejemplo, el narrador o el punto de vista, el lenguaje, los símbolos, etcétera). Cuando hayan identificado los elementos principales, divídanse en grupos pequeños. Algunos grupos trabajarán con los elementos de un cuento y otros con los elementos de un poema.

2. En grupo, identifiquen algunas preguntas que se podrían aplicar a cada elemento del género que se les ha asignado (poema o cuento).

3. Compartan sus preguntas con el resto de la clase para ver si faltan algunas preguntas importantes.

4. Recopilen las preguntas en una tabla de ideas como la siguiente; hagan una tabla diferente para cada elemento principal de un cuento y para cada elemento principal de un poema.

| **TABLA DE IDEAS:** _____ |  |
| --- | --- |
| (nombre del texto) |  |
| *Problemas/Dilemas/Curiosidades* | *Para explorar más: Posibles respuestas o resoluciones* |
| 1. | a. |
|  | b. |
|  | c. |
| 2. | a. |
|  | b. |
|  | c. |
| 3. | a. |
|  | b. |
|  | c. |

**Actividad B**   La redacción libre

Escoja uno de los dilemas que ha apuntado en la tabla de ideas y haga, durante tres o cuatro minutos, una redacción libre acerca de esta idea. ¿Cuál parece ser la idea principal que resulta de esto? Apúntela en la tabla de ideas.

**Actividad C**  <u>El mapa semántico</u> y cómo llegar al <u>núcleo del mensaje</u>

1. Trabaje con un compañero / una compañera de clase que haya seleccionado el mismo texto que Ud. y, siguiendo el modelo de Margy (páginas 210–213) o de uno de los mapas del **Rincón del escritor,** hagan un mapa semántico de la evidencia relacionada con cada una de sus soluciones propuestas. ¿Surgen patrones o repeticiones de ideas? ¿Cuáles son los más fuertes? ¿Pueden formular una tesis que abarque los patrones de la evidencia?

2. Trabajando con un compañero / una compañera diferente (pero que también haya seleccionado el mismo texto que Ud.), haga una actividad para llegar al núcleo del mensaje, como se hizo en el Capítulo 4 (páginas 131–132).

**Actividad D**  La lectura: «La ciencia-ficción anticipa el futuro»

El siguiente texto examina el valor de la literatura de ciencia-ficción. Léalo con cuidado.

> **EN SU CUADERNO...**
>
> *vuelva al problema textual que identificó anteriormente y aplíquele <u>las preguntas periodísticas</u> apropiadas. ¿Empiezan a surgir algunas respuestas posibles? ¿algunos nuevos dilemas? Haga una tabla de ideas para su texto.*

## LA CIENCIA-FICCIÓN ANTICIPA EL FUTURO: ENTRE EL PARAÍSO Y LA DESOLACIÓN

*A*finales de los años cincuenta, el editor de *Astennding* —la revista de ciencia-ficción más famosa del mundo— descubrió que en un remoto pueblo de Alabama llamado Huntsville se producía un número de ventas de ejemplares sorprendentemente alto. Intrigado, indagó y descubrió que allí estaba establecida la residencia del equipo de científicos alemanes *Redstone,* cuya cabeza visible era Wernher von Braun, el padre de la bomba volante V-2. Habían sido rescatados por los aliados y acomodados en Huntsville. Curiosamente, todos ellos eran fanáticos de la ciencia-ficción.

Esta anécdota refleja la estrecha conexión que existe entre la ciencia y la literatura de anticipación. El escritor inglés Arthur C. Clarke ha llegado a decir que han sido los autores de ciencia-ficción como él quienes han proporcionado las ideas generales de la tecnología del siglo XX, salvo los microchips. El caso del propio Clarke es aleccionador. En 1948, escribió un artículo de prospectiva científica en el que describía cómo podrían colocarse en órbitas geoestacionarias satélites que pudieran ser utilizados eficazmente como transmisores de comunicaciones, diez años antes de que el primer satélite fuese lanzado. Predicción exacta hasta el punto de que el autor se arrepiente de no tener patentado dicho artilugio espacial.

Todavía tuvo Clarke otro atisbo de videncia cuando en *Preludio al Espacio* (1951) describió con bastante precisión una nave que en 1978 podría realizar misiones espaciales y tomar tierra como si fuera un avión. En esa misma década, la NASA puso en marcha el programa de transbordadores espaciales, el ambicioso *Space Shuttle*.

El escritor de ciencia-ficción es un pionero, un visionario que abre camino a nuevas ideas. Menospreciada durante décadas, la literatura de ciencia-ficción es hoy aceptada como la que mejor refleja los vertiginosos cambios que sufre la sociedad actual, y la que mejor nos prepara para afrontarlos. «Este género literario no es más que la exploración del futuro utilizando las herramientas de la ciencia. Desafortunadamente, la ciencia-ficción adquirió una pésima reputación debido a una mala ficción y a una ciencia aún peor», dice el físico de la Universidad de Princeton, Freeman Dyson, uno de los científicos más visionarios y apasionado lector de ciencia-ficción.

Sin embargo, cuando la base científica de una novela es sólida, parece inevitable que se produzca la predicción. En este sentido, los ejemplos más famosos los encontramos varios siglos atrás. El propio ingeniero espacial von Braun no tuvo reparos en afirmar que, para el diseño de los cohetes de tres fases utilizados habitualmente en la conquista espacial, se inspiró ni más ni menos que en *Viaje a la Luna,* de Cyrano de Bergerac, escrita en 1633: « ...el cohete está formado por varias etapas, que se queman sucesivamente hasta situar en órbita la cápsula tripulada». En esta obra, el escritor francés también describe la gravedad cincuenta años antes que Newton, y la radio dos siglos antes que Marconi.

No sorprende menos el caso de Jonathan Swift, autor de *Viajes de Gulliver* (1726), donde describe con increíble precisión los satélites de Marte, Fobos y Deimos, 150 años antes de que los descubriera el astrónomo Asaph Hall. Asimismo, en la aventura que transcurre en el país de los liliputienses, éstos hacen un cálculo matemático para alimentar al gigantón Gulliver. Los enanos establecen de forma racional que la cantidad de alimento requerida por un animal es proporcional a tres cuartos del peso de su cuerpo. Como dice el escritor de ciencia-ficción Frederik Pohl, «es una buena ley, ¡sólo que no se descubrió hasta 1932!»

Las predicciones de la literatura *fantacientífica* son mucho más amplias de lo que comúnmente se piensa. Basta tan sólo con aplicar la conocida *ley del reloj roto:* hasta un reloj estropeado marca la hora exacta dos veces al día. Así, los aciertos en los pronósticos deben de ser muchos, aunque consecuentemente, los errores tienen que multiplicarse, al menos, por diez. Dyson afirma que hay dos formas de predecir el progreso tecnológico, «una es por medio de las previsiones económicas; la otra, mediante la ciencia-ficción. Para el futuro más allá de los diez años, la ciencia-ficción es una guía más útil que las previsiones de los economistas.»

Por desgracia es poco el caso que se presta a la ciencia-ficción, incluso sus enemigos la tachan de literatura de evasión. Si se la hubiera tenido en cuenta, Einstein, pongamos por caso, no habría afirmado en 1933 que la energía atómica carecía de valor práctico «porque siempre habrá que aportar a la reacción más energía de la que pueda producir ésta». En esa misma época, escritores como Campbell, Heinlein o Lester del Rey, apoyándose en breves artículos de divulgación, hablaban en sus relatos de reacciones nucleares para matar, para extraer energía, e incluso sopesaban los posibles riesgos y las fuentes energéticas alternativas. Es más, en 1944, Cleve Cartmill escribió una historia que describía algunos detalles técnicos de la bomba atómica con tal precisión, que el gobierno pensó que se habían filtrado secretos del *Proyecto Manhattan*. Pero Cartmill tan sólo se había documentado en ciertos artículos científicos anteriores a la guerra.

¿Es realmente escapista esta literatura? En los años cuarenta, la ciencia-ficción hablaba de superpoblación cuando los tecnócratas tan sólo pensaban en el crecimiento indiscriminado. ¿Es esto escapismo? Robert A. Heinlein, en *Solución insatisfactoria* (1941), proponía un proyecto para fabricar la bomba atómica, sus efectos devastadores, el final de la guerra y más sorprendente aún, la situación de equilibrio de terror nuclear entre potencias que seguiría al holocausto.

En la novela de Philip K. Dick ¿*Sueñan los androides con ovejas eléctricas?*, en la que Hampton Facher y David Peoples se inspiraron para hacer el guión de la película *Blade Runner*, el protagonista sueña con aniquilar muchos androides replicantes para conseguir el dinero suficiente con el que adquirir un animal de verdad en un planeta superpoblado y en el que se han exterminado casi todas las especies. Él mismo tan sólo posee una oveja eléctrica. ¿Escapismo? Cuando el *ciberpunk* William Gibson publicó *Neuromante* no podía imaginar que su terminología serviría para definir la incipiente tecnología del ciberespacio o realidad virtual. El mundo que Gibson describe es una gran ciudad donde, al estilo de la *Ecumenópolis* imaginada por Marchetti, la violencia, las drogas y el crimen son moneda de curso legal. Cualquier parecido con la realidad es pura evasión.

Desde Julio Verne, el arte predictivo de la ciencia-ficción está íntimamente relacionado con la ciencia. El propio Verne era un consumado lector de las revistas de divulgación de su época. Cuenta el escritor Frederik Pohl la leyenda en torno a la descripción de Julio Verne de un vehículo para surcar las profundidades marinas que, cuando se presentaron las primeras patentes de algunos componentes de los submarinos, éstas fueron denegadas porque el escritor ya las había hecho de dominio público.

Los descubrimientos y nuevas teorías son captadas de inmediato por los escritores, que imaginan desde todos los ángulos posibles sus aplicaciones. Incluso dan nombres y proponen acciones que algún día pueden convertirse en realidad. A veces las coincidencias son asombrosas. En 1954, el escritor Lester del Rey comenzó una novela corta con la frase: «La primera nave espacial aterrizó en la Luna y el comandante Armstrong salió de ella... » Quince años más tarde esa inconsciente predicción se hizo realidad hasta en el detalle del apellido del primer hombre que pisó la Luna.

Un caso semejante es el de *Marooned,* una novela de Martín Caidin, que posteriormente fue llevada al cine. En ella, dos naves espaciales, una rusa y otra estadounidense, que orbitan alrededor de la Tierra, tienen que apoyarse mutuamente al encontrarse en problemas. De esta obra surgió la idea de una colaboración conjunta por parte de las dos superpotencias que se concretó en julio de 1975: la conexión en el espacio del Apollo y el Soyuz.

A veces, son los propios escritores los científicos: Asimov, E.E. Smith, Fred Hoyle, Stapledon, Tsiolkovsky... Este último, padre de la astronáutica rusa, en su novela *Más allá del planeta Tierra* (1920), hablaba de hombres viviendo en el espacio y especificaba muchos de los problemas que más tarde encontrarían los cosmonautas soviéticos.

Pero no toda la ciencia-ficción está relacionada con la ciencia. Buena parte de ella es fantasía disfrazada o historias de aventuras al estilo fronterizo que se desarrollan en escenarios nuevos y exóticos, como señala el editor Peter Nicholls.

Es cierto que siguen floreciendo las novelas baratas con ambientes espaciales y cibernéticos pero, afortunadamente, la ciencia-ficción actual se ha hecho más seria, más adulta. Por ejemplo, el autor británico Ian Watson en su libro *Empotrados* analiza la importancia del lenguaje en el orden y creación de la realidad. En *Cronopaisaje*, Gregory Benford logra ejecutar un virtuoso ensayo sobre sociología de la ciencia, con la fantástica idea de enviar mensajes taquiónicos al pasado. Otra muestra es el último éxito editorial de Orson Scott Card, *El otro juego de Ender,* y su posterior saga. En su obra Scott analiza cómo debe ser el perfil psicológico de un líder de nuestra época. Por último, la magnífica antiutopía del australiano George Turner, *Las torres del olvido,* examina las relaciones económicas y sus efectos en la organización social del siglo XXI.

La buena ciencia-ficción no dice qué ocurrirá mañana, sino que despliega todas las posibilidades sobre lo que puede acontecer y cómo ese futuro puede afectar a una persona normal. Ésa es la gran fuerza de esta literatura, que hace futurología aplicada o, como dicen otros críticos, prospectiva social. El recientemente fallecido Asimov decía: «el hábito de mirar cuidadosamente hacia el futuro, la costumbre de aceptar el cambio e intentar ir más allá del simple hecho del cambio para ver sus efectos y los nuevos problemas que planteará, la costumbre de aceptar el cambio como algo más importante para el ser humano que las estériles verdades eternas, sólo se encuentran en la ciencia-ficción, o en los serios análisis no literarios que hacen del futuro personas que, casi siempre, están o han estado interesadas en la ciencia-ficción».

—*María Estalayo*

1. ¿Cuál es la pregunta central que este texto busca contestar? ¿Es un texto informativo o un texto argumentativo? Si dice que es argumentativo, ¿cuál es la tesis?

2. ¿Qué evidencia se incluye para apoyar la tesis? ¿Se incluyen también algunos argumentos que presentan el punto de vista contrario? ¿Por qué cree Ud. que se han incluido? ¿A qué necesidades del lector responde esta técnica?

3. ¿Cómo se organiza la evidencia? ¿comparación/contraste? ¿análisis/clasificación? ¿causa/efecto? ¿una combinación de estas técnicas?

4. ¿Cuál es el tono del escrito? ¿Es muy personal o más bien impersonal y objetivo?

5. ¿Conoce Ud. algunas de las obras mencionadas en el texto? ¿Le gusta la literatura de ciencia-ficción? ¿Por qué sí o por qué no? ¿Está Ud. de acuerdo con el juicio de la autora de que la literatura de ciencia-ficción «refleja los vertiginosos cambios que sufre la sociedad actual y... nos prepara para afrontarlos»? Comente. ¿Hacen lo mismo las películas o los programas televisivos de ciencia-ficción? ¿Conoce Ud. alguna obra literaria que haya servido de base para una película o programa de televisión? ¿Cuál de las dos versiones le gusta más? ¿Por qué?

6. ¿Cree Ud. que la literatura que no es de ciencia-ficción nos prepara para algo? Explique.

## Enfoque

- Repase la tabla de ideas en su **Cuaderno de práctica** y los apuntes de las actividades que Ud. ha hecho hasta este punto.

- Identifique la idea que mejor parezca encajar la evidencia que Ud. resumió en el mapa semántico.

- Elabore una tesis que

  1. incluya los dos componentes identificados en la página 202 (tema + afirmación contestable).

  2. sea específica y precisa.

# TÉCNICAS DE ORGANIZACIÓN Y EXPRESIÓN

## *Pensando en el lector: <u>Guías y señales retóricas</u>*

### La titulación

Lo primero que ve el lector en un trabajo escrito es su título. El título es un elemento de tal importancia, que en muchos casos, éste solo es

***Rincón del escritor***
Consulta el **Rincón del escritor** para obtener más información acerca de <u>las transiciones</u> y otras <u>guías y señales retóricas</u>.

suficiente para despertar el interés del lector o provocar su apatía hacia algo escrito. El escritor que se proponga causar una buena primera impresión en sus lectores necesita aprender a elaborar títulos que transmitan desde el principio la impresión total que desea comunicar.

Específicamente, un título tiene las siguientes funciones.

1. Informar al lector sobre el tema que se presenta, sugiriendo el enfoque u objetivo del escrito

2. Captar la atención del lector

3. Reflejar el tono de la presentación y ser apropiado para el lector y para la exposición

No siempre es posible que un solo título abarque todas estas especificaciones pero, en todo caso, es importante que el escritor esté consciente de las funciones que desempeña en particular. Las siguientes indicaciones pueden utilizarse como guía.

*El título debe informar al lector sobre el tema que se presenta, sugiriendo el enfoque u objetivo del escrito.* Un título bien escrito informa; es decir, refleja claramente el contenido del trabajo. Por lo tanto, los títulos demasiado generales deben evitarse. Si se aplica el título «El teatro» a una exposición en la cual se analiza la comedia del Siglo de Oro, tal título no le permite al lector adivinar que se trata de la discusión de una época específica del teatro español. Es demasiado general para dar una idea cabal del tema que realmente se presenta.

De ser posible, el título de un trabajo debe sugerir el enfoque particular de lo que va a comentarse. Por ejemplo, el título «Los sueños», aplicado a una exposición sobre las causas de las pesadillas, sería demasiado global. El lector no lograría darse cuenta de que aquí no se habla de los sueños en su totalidad. Un título mejor enfocado, dado el propósito de la exposición, sería: «De los sueños a las pesadillas: Causas y posibles soluciones», o quizás: «¿Por qué tenemos pesadillas?».

De la misma manera, el título de un ensayo sobre literatura comúnmente resume o hace hincapié en las ideas que componen la tesis. En los ejemplos a continuación, note que también es común que se mencione el autor o que se mencione el nombre de la obra analizada, a veces ambos en el mismo título.

*Tesis:*    La visión del teatro de Rafael Dieste revela una concepción integradora que conjuga, en equilibrio armónico, literatura dramática y representación escénica.

*Título:*    Literatura y espectáculo: La concepción teatral de Rafael Dieste

*Tesis:*    En *La nave de los locos* de Cristina Peri Rossi, los personajes, los espacios e incluso la obra misma sufren constantes metamorfosis, que hacen que el lector se sienta como un exiliado en el mundo hostil de la novela y deba enfrentarse de forma creativa al proceso de lectura.

*Título:* Un desafío para el lector: Metamorfosis e identidad en *La nave de los locos* de Cristina Peri Rossi

*Tesis:* La novela policíaca española posfranquista y la novela social de los años cincuenta comparten ciertas actitudes que se reúnen en la primera novela de Mario Lacruz, *El inocente*: la crítica social y la convicción de que la sociedad de su momento es fundamentalmente corrupta.

*Título:* *El inocente* de Mario Lacruz: Novela precursora sociopolicíaca

*El título debe captar la atención del lector.* El título que se propone lograr esto generalmente utiliza el humor, la sorpresa o la interrogación. Por ejemplo, una exposición sobre la contaminación del ambiente pudiera llevar por título «La región menos transparente». Este título plagia con cierto tono humorístico el de la famosa novela de Carlos Fuentes, *La región más transparente*. Tal adaptación reflejaría el contenido de la exposición mientras que al mismo tiempo haría pensar al lector informado sobre su significado.

*El título debe reflejar el tono de la presentación y ser apropiado para el lector y para la exposición.* Si acaso se decide utilizar un título que capte la atención del lector, importa recordar que el título siempre debe ser apropiado para el lector y para la exposición. Teóricamente, una exposición seria lleva un título serio. Una exposición menos formal puede reflejar esta característica a través de su título. En el caso de una exposición sobre la contaminación ambiental, es claro que si ésta va dirigida a un grupo de expertos en la materia, el título «La región menos transparente» no es muy apropiado. Sería más conveniente un título técnico que sugiriera las dimensiones del tema. Es obvio también que la presentación misma del tema, si va dirigida a ese grupo de expertos, sería diferente de una presentación orientada a concientizar a un grupo de jóvenes acerca de las consecuencias de la contaminación ambiental.

El título de una exposición puede contribuir marcadamente a crear la impresión específica que el escritor quiera dejar en el lector. Quien escribe necesita estar consciente del efecto que puede tener un título y aprender a utilizarlo con confianza.

## Las transiciones

Aunque en una exposición bien estructurada cada uno de los párrafos se relaciona con los demás, ya que todos desarrollan o apoyan la idea principal expresada en la tesis, es necesario facilitarle al lector el paso de un párrafo a otro. Una **transición** es sencillamente una señal que indica al lector que se cambia de tema o que se pasa a otro asunto.

En el **Cuaderno de práctica** hay una lista de vocabulario para marcar las transiciones.

EN SU CUADERNO...

examine el tema (o el borrador, si ya ha empezado a escribir) que Ud. ha escogido. De acuerdo con su tesis, ¿cuál podría ser un título apropiado? Apunte algunas ideas al respecto.

En la mayoría de los casos, las transiciones que se usan para ligar el contenido de un párrafo con lo que le precede son palabras o frases de transición. Por ejemplo, si habláramos de las causas de la delincuencia, las siguientes frases de transición podrían ser útiles.

- **La primera** causa...

- **Otra** causa importante...

- **También** actúa como factor decisivo...

El propósito es simplemente dejar saber al lector que se pasa a hablar de la siguiente causa y, luego, de la que le sigue.

En algunos casos, una frase u oración de transición no es suficiente y es necesario incluir un párrafo de transición. Aquí también el propósito es formar un puente entre los conceptos ya tratados y el concepto que les sigue. A veces, un párrafo de este tipo puede explicar por qué se pasará a examinar otro aspecto.

**Actividad**   Análisis de texto

1. Vuelva a examinar el texto sobre la literatura de ciencia-ficción (páginas 223–226). Examine el título. ¿Le parece bueno? ¿Por qué sí o por qué no?

2. Los siguientes títulos fueron sugeridos para el mismo texto. Trabajando con un compañero / una compañera, comenten los aspectos positivos y los negativos de cada título. Después, compartan su análisis con el resto de la clase. ¿Hay mucha diferencia de opiniones?

   a. «La literatura de ciencia-ficción: Agujeros negros, agujeros de gusano e hiperespacio»

   b. «Lo que no es ficción en la literatura de ciencia-ficción»

   c. «La literatura de ciencia-ficción: Una reevaluación»

   d. «¡Beam me up, Scotty!': La literatura de ciencia-ficción, la ciencia y la cultura popular»

   e. «Un análisis crítico de lo científico en las obras de ciencia-ficción desde Cyrano de Bergerac hasta Isaac Asimov»

3. Examine el texto sobre la ciencia-ficción e identifique las palabras o frases de transición que se utilizan. ¿Cuál es el propósito de cada una? ¿Cómo ayudan a establecer las relaciones entre las diversas ideas del texto?

4. Examine el resumen y el ensayo argumentativo sobre «A la deriva» (página 197 y páginas 198–200, respectivamente). Identifique las palabras o frases de transición que se utilizan en estos dos textos. ¿Cuál es el propósito de cada una? ¿Cómo ayudan a establecer las relaciones entre las diversas ideas presentadas del texto?

## Estrategias del escritor: El lenguaje personal

Durante una conversación, la persona que escucha puede interrumpir y hacer preguntas en todo momento en que la persona que habla use un lenguaje o terminología poco clara para expresar sus ideas. En cambio, todo escritor debe anticipar las necesidades del lector y reconocer cualquier expresión o palabra que sea parte de un «lenguaje personal». En la redacción, el lenguaje personal incluye expresiones o frases que sean significativas para el escritor dadas sus experiencias previas o su conocimiento del tema, pero que resulten ambiguas o incluso confusas para el lector.

El proceso de identificar el «lenguaje personal» en lo que se escribe puede ocurrir en el momento mismo en que se empieza a generar ideas o después de que se haya empezado a escribir el borrador. Es útil aclarar cada ejemplo que se encuentre de este lenguaje personal, amplificándolo por medio de una explicación detallada de lo que se desea comunicar, de una lista de ejemplos específicos o de una definición. Esta ampliación de la prosa le ayuda a veces al escritor a identificar los aspectos débiles de su argumento: es posible que las implicaciones de algún vocablo determinado vayan más allá de lo que realmente se puede sostener con la información que se tiene. Generalmente, la clarificación del «lenguaje personal» le es útil al escritor, ya que le permite reunir más datos sobre su tema: datos que puede incorporar en versiones revisadas del escrito.

**WWW** *Rincón del escritor* Consulta el **Rincón del escritor** para obtener más información y ejemplos sobre el lenguaje personal.

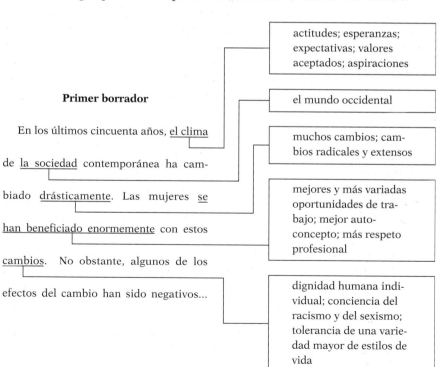

**Primer borrador**

En los últimos cincuenta años, <u>el clima de la sociedad</u> contemporánea ha cambiado <u>drásticamente</u>. Las mujeres <u>se han beneficiado enormemente</u> con estos cambios. No obstante, algunos de los efectos del cambio han sido negativos...

actitudes; esperanzas; expectativas; valores aceptados; aspiraciones

el mundo occidental

muchos cambios; cambios radicales y extensos

mejores y más variadas oportunidades de trabajo; mejor autoconcepto; más respeto profesional

dignidad humana individual; conciencia del racismo y del sexismo; tolerancia de una variedad mayor de estilos de vida

En el borrador inicial que se presenta en la página anterior, están subrayados los ejemplos de «lenguaje personal», con las aclaraciones del escritor anotadas al margen. Debe notarse que estas aclaraciones luego fueron incorporadas en el segundo borrador que se encuentra a continuación.

### Segundo borrador

En los últimos cincuenta años, los cambios en las actitudes y valores característicos de la sociedad occidental contemporánea han alterado drásticamente las formas en que los individuos se valoran mutuamente y las formas en que interaccionan en el mundo. Como resultado, las mujeres han empezado a disfrutar de una gama de alternativas más amplia en cuanto a su vida profesional y personal, opciones que conllevan el desarrollo de un autoconcepto positivo que a su vez las capacita para desarrollarse con mayor confianza. No obstante, algunos de los efectos de estos cambios en actitudes y valores han sido negativos...

Note que desde la perspectiva del lector, el segundo borrador es más explícito. No es tan fácil para el lector sacar conclusiones precipitadas al leer entre líneas lo que no intentaba decir el escritor.

> **Piénsalo...**  Cuando los lectores se encuentran con dificultades para entender un ensayo, el problema se debe, con frecuencia, al uso de un <u>lenguaje personal</u> en la tesis. Los síntomas más comunes son el empleo de términos muy generales y la carencia de un contexto específico: por ejemplo, declaraciones tan generales que se puedan aplicar a *cualquier* obra. Puedes evitar algunos de estos problemas teniendo cuidado de eliminar de tu ensayo el uso de un lenguaje personal y, particularmente, eliminándolo de la tesis.

**Actividad**   Análisis de texto

Analice los siguientes trozos e identifique ejemplos de lenguaje personal. Luego sugiera una manera de ampliar o clarificar el lenguaje.

1. La perra va ganando más y más terreno en la casa. Este animal intruso poco a poco se transforma en una cosa normal en la familia del niño. [texto comentado: «Paseo» de José Donoso]

2. El padre se esfuerza por salvarle la vida a su hijo en memoria de su esposa muerta. Aunque su mujer ya murió, el hombre hará cualquier cosa por ella. Muchos seres humanos se empujan hasta lo máximo para hacer cualquier cosa para los que quieren. [texto comentado: «No oyes ladrar los perros» de Juan Rulfo]

3. El padre del cuento sólo hizo lo que cualquier padre verdadero hubiera hecho. Cada hombre en este mundo en algún momento ha

hecho algo que lo empujó hasta sus límites por una simple razón. Esta razón podría ser cualquier cosa, pero en este caso, el pobre padre lo hizo por su dignidad y alma. [texto comentado: «No oyes... » de Juan Rulfo]

**4.** Según el niño, su familia es amarga y hay una falta absoluta de sentimientos entre sus miembros. [texto comentado: «Paseo» de José Donoso]

**5.** El cuento sugiere que lo humano significa poco. El hombre Paulino vive y muere sin afectar en lo más mínimo sus alrededores. Nadie nota cuando estira los dedos de la mano y deja de respirar. [texto comentado: «A la deriva» de Horacio Quiroga]

Busque ejemplos de lenguaje personal en los borradores preliminares de los compañeros de clase. ¿Qué se puede hacer para clarificar la idea en cada caso?

**SEGUNDA ETAPA:** *La redacción y la revisión de las versiones preliminares*

## Tarea

Escriba un ensayo argumentativo que tenga como mínimo unas 800 palabras. Su escrito debe adoptar el formato de un ensayo formal. Como en sus ensayos anteriores, es importante reconocer y apreciar las necesidades específicas del lector anticipado. Su ensayo también debe incluir un título, una introducción y una conclusión apropiados.

## EL PLAN DE REDACCIÓN: CÓMO SE ESCRIBE UN ENSAYO ARGUMENTATIVO SOBRE LA LITERATURA

---

**PLAN DE REDACCIÓN: LA ARGUMENTACIÓN**

1. El tema

2. La tesis que quiero defender

3. Mi propósito como escritor
   El lector y su propósito al leer
   Cinco preguntas cuyas respuestas el lector busca en el escrito

| PLAN DE REDACCIÓN: LA ARGUMENTACIÓN (*continued*) |
| --- |
| 4. Los detalles (la evidencia) |
| 5. La organización lógica |
| 6. La introducción y la conclusión |

1. El tema

    - Anteriormente en este capítulo, Ud. escogió una obra literaria para leer como base de su ensayo. En la primera parte del plan de redacción en su ***Cuaderno de práctica***, identifique la obra que seleccionó y explique brevemente el tema de la obra.

2. La tesis

    - Examine los datos que ha reunido acerca de la obra a través de las diversas actividades de la Primera etapa (en especial, <u>las preguntas periodísticas</u>, <u>la redacción libre</u> y <u>el mapa semántico</u>) e identifique la tesis que apoyan.

    - Ahora complete la segunda parte del plan de redacción.

3. El propósito y el lector

    - Su propósito es convencer al lector de la validez de su tesis. ¿Por qué le parece a Ud. válida su postura? ¿Cuál es la reacción que quiere provocar en el lector? ¿Cuáles son los aspectos del tema que mejor pueden dar a conocer esta actitud al lector?

    - Identifique al lector y su propósito. ¿Por qué va a leer lo que Ud. escribe? ¿Qué sabe ya acerca del tema? ¿Cuál puede ser su actitud al respecto? ¿Qué información busca? ¿Qué preguntas se va a hacer al respecto?

    - Ahora complete la tercera parte del plan de redacción.

4. La organización y los detalles (<u>la evidencia</u>)

    - Examine sus notas y escoja los detalles que mejor se presten para apoyar la tesis que Ud. ha identificado. Elimine aquéllos que no se relacionen directamente con la tesis ni contribuyan a producir el impacto que Ud. desea.

    - Decida cómo organizar el ensayo; elabore un esquema en el cual se presente la tesis y los detalles que se utilizarán para apoyarla, todo organizado de manera lógica. Busque citas directas del texto para cada punto importante.

    - Ahora complete la cuarta parte del plan de redacción.

5. La organización lógica

- ¿Qué recursos (por ejemplo, frases de transición, oración temática en cada párrafo) se pueden utilizar para hacer que la presentación de la información sea más lógica y clara a los ojos del lector?

- Ahora complete la quinta parte del plan de redacción.

6. La introducción y la conclusión

- ¿Qué propósito(s) tiene la introducción? ¿entretener? ¿llamar la atención del lector? ¿presentar la tesis y/o los puntos principales del texto? ¿resumir los sucesos importantes de la obra?

- ¿Qué propósito(s) tiene la conclusión? ¿repetir los puntos principales del texto? ¿ofrecer nuevas perspectivas?

- Ahora complete la sexta parte del plan de redacción.

Refiriéndose a su plan con frecuencia, escriba el borrador de su ensayo. No olvide que puede ser más fácil escribir la introducción al final.

Recuerde que para esta versión de su ensayo no hay que preocuparse demasiado por cuestiones de la forma, es decir, por el vocabulario o la gramática. Si no sabe o no recuerda una palabra o expresión en español, introduzca un <u>comodín</u> o escríbala en inglés, y siga escribiendo.

*Rincón del escritor*
Hay más información sobre las varias técnicas subrayadas en el **Rincón del escritor.**

# EL PLAN DE REVISIÓN: ACTIVIDADES CON GRUPOS DE CONSULTA

| PLAN DE REVISIÓN: LA ARGUMENTACIÓN _____ |
| :-- |
| (nombre del texto) |

1. Comentarios positivos sobre el texto —ya sea en su totalidad o relacionados con alguna parte en particular (es decir, los datos reunidos, un ejemplo específico, la organización, la expresión de la tesis, la manera de presentar o de concluir el texto). Sea lo más específico posible.

2. Identifique la idea principal del texto. ¿Es un texto argumentativo o un resumen? Si es un texto argumentativo, ¿cuál es la tesis que quiere defender? ¿Sirven los datos incluidos para defender la tesis y para establecer que se sabe algo de otras posibles interpretaciones? ¿Hay algunos datos que no vengan al caso? ¿Resulta una defensa convincente? ¿Es creíble la voz del autor?

3. Identifique brevemente la organización de los datos. ¿Le parece clara? ¿Le parece una manera efectiva de presentar la información?

En este capítulo se ofrece un solo texto modelo para las actividades en grupos de consulta. Para practicar más, se puede aplicar esta misma técnica al borrador de un compañero / una compañera de clase. En el Apéndice E del **Rincón del escritor** ofrecemos reglas de etiqueta para trabajar en el texto de un compañero.

---

**PLAN DE REVISIÓN: LA ARGUMENTACIÓN** (*continued*)

4. ¿Está la tesis presente en la introducción? ¿Le ayudó a recordar los sucesos importantes de la obra? ¿Sirvió la conclusión como un buen resumen de la información del texto? ¿Le ayudó a comprender la importancia del tema para el escritor?

5. Los lectores quieren saber lo siguiente con respecto a esta tesis (marque el cajón con este símbolo ✓ si el texto contesta la pregunta):

   ☐ _____

   ☐ _____

   ☐ _____

   ☐ _____

6. Comentarios constructivos sobre el texto:

   • detalles o datos que necesitan agregarse, reorganizarse o cambiarse

   • cambios que podrían hacer más vivo y efectivo el lenguaje

   • cambios que podrían hacer más interesante y/o efectiva la introducción

   • cambios que podrían hacer más interesante y/o efectiva la conclusión.

7. Otros cambios que se recomiendan

---

**Leer y analizar.** Lea el siguiente texto y apunte todas sus notas y respuestas a las preguntas. Responda a la primera pregunta antes de leer el texto.

**Texto:** «¡Por la familia!»

1. Se les ha pedido a los estudiantes de una clase de composición que escriban un ensayo argumentativo sobre un cuento hispano. Este texto examina el cuento «No oyes ladrar los perros» del escritor mexicano Juan Rulfo. Identifique tres o cuatro preguntas acerca del tema cuyas respuestas a Ud. le gustaría encontrar en el texto. Después, siga con el análisis.

| *Texto: ¡Por la familia!* | *Análisis* |
|---|---|
| «*M*e derrengaré, pero llegaré con usted a Tonaya, para que le alivien esas heridas que le han hecho». Éstas son las palabras de un padre que pondría su vida en peligro para salvar a su familia. | 2. ¿Acierta el escritor al contestar sus preguntas? ¿Contesta todas?<br><br>3. ¿Cuál es la tesis que el escritor intenta justificar? ¿Incluye un tema más una afirmación contestable? |

## Texto: *¡Por la familia!* (*continued*)

En el cuento de Juan Rulfo «No oyes ladrar los perros», el pobre padre trata de salvarle la vida a su hijo, quien fue herido por algunos hombres. Mientras van para el pueblo, el padre le habla a su hijo sobre cosas importantes de la vida. Trata de aconsejarle que ya no debe seguir por mal camino. El hijo oye al padre pero no le responde porque tiene sed y sueño. El padre hasta le dice que ya no le importa lo que haga con su vida, con tal de que la viva lejos de su presencia. Durante todo el cuento, el padre lleva cargado a su hijo sobre los hombros y le pregunta si oye ladrar los perros. ¿Por qué hace el padre todo lo posible por salvarle la vida a su hijo? La respuesta es que una persona se esforzaría hasta lo último por salvar lo único que él considera noble y puro y la razón de seguir viviendo en este mundo.

La primera razón por la cual el padre se esfuerza por salvarle la vida a su hijo es por la noble memoria de su esposa. Parece que el padre amaba mucho a su esposa porque aunque ella ya murió, él todavía hace todo lo posible por cumplir con su deber de padre y madre al mismo tiempo. No le importa que ella ya esté muerta, él todavía sigue con la responsabilidad de mantener su casa y su familia. Cuando un hombre ama a una persona y esa persona muere, la memoria de esa persona se quedará con él pura y noble por el resto de su vida. Esa noble memoria es lo que motiva al hombre del cuento a continuar con el esfuerzo de salvarle la vida a su hijo. El hecho de aconsejarle a llevar una buena vida por su madre también sugiere que el padre lo hace por la memoria de su esposa. En muchas situaciones cuando un padre tiene un hijo que lleva una vida de violencia, el padre trata de hacerlo cambiar por el bien del hijo mismo. El padre de este cuento

## Análisis (*continued*)

4. ¿Se relaciona toda la información directamente con la idea principal? De lo contrario, ¿qué parte(s) no viene(n) al caso?

5. ¿Hay partes en las cuales le gustaría a Ud. tener más información (explicación, ejemplos, detalles)?

6. ¿Se relacionan todas las citas con la tesis?

7. ¿Hay partes del texto en que de repente Ud. se encuentre «perdido/a»? ¿Hay ejemplos de lenguaje personal que se necesiten aclarar?

8. Haga rápidamente un bosquejo del texto en su totalidad. ¿Le indica lugares en que la organización del texto deba cambiarse?

9. ¿Está la tesis presente en la introducción? ¿Le ayuda a recordar los sucesos importantes de la historia?

10. ¿Qué parte(s) del borrador le gusta(n) más?

11. ¿Le sirvió la conclusión como buen resumen de la información en el texto? ¿Le ayudó a comprender la importancia del tema para el escritor?

*Texto: ¡Por la familia!* (continued)        *Análisis* (continued)

simplemente se comporta como cualquier ser humano que quiere ser bueno por su querida familia.

Otra razón por la cual el padre se esfuerza por salvar a su hijo es que el hijo es lo único que lo motiva a seguir viviendo. El hijo parece ser el último familiar que le queda al padre, y por eso se esfuerza hasta lo último por salvarlo. Todo ser humano tiene una idea de por qué tiene que vivir en este mundo cruel. En este caso, el padre mexicano vive sólo por su familia y, como ya se le murió su esposa, sólo le queda el hijo. El hecho de cargar a su hijo sobre los hombros y caminar muchos kilómetros en el monte significa que el hijo es su única razón de existir en este mundo. Siendo ya viejo, un padre que sacrifica su cuerpo de esa manera por tratar de salvar a su hijo lo hace porque el hijo es en gran parte su motivo de vivir. Muchos seres humanos hacen cualquier cosa por los que quieren. Por eso hoy día existe el concepto de «hacer cualquier cosa por la familia».

En conclusión, el padre del cuento sólo hizo lo que cualquier padre verdadero hubiera hecho. Todo hombre en este mundo en algún momento ha hecho algo que lo ha empujado hasta los límites de su resistencia por una simple razón. Esta razón podría ser cualquier cosa, pero en este caso, el pobre padre lo hizo por su dignidad y su alma. Quizás el hijo del cuento no lo haya comprendido; pero no importa, porque lo importante es que el padre ama a su familia y hace cualquier cosa por ella.

**Consultar y recomendar.** La clase debe dividirse en grupos de tres o cuatro estudiantes. Los miembros de cada grupo deben compartir su análisis de «¡Por la familia!» u otro texto asignado. ¿Hay mucha diferencia de opiniones? Después de llegar a un acuerdo colectivo, cada grupo debe formular un plan de revisión para su texto basándose en sus comentarios. Presenten su plan al resto de la clase; prepárense para justificar sus sugerencias.

# TÉCNICA DE UNA LISTA DE CONTROL

El siguiente proceso de revisión puede aplicarse tanto al escrito de un compañero / una compañera como a su propia composición. Para utilizarlo, Ud. debe examinar el escrito que se propone revisar, contestando cada una de las preguntas. Formule un plan de revisión para el texto basándose en sus comentarios.

---

### LISTA DE CONTROL PARA LA ARGUMENTACIÓN

☐ ¿Es la meta o el propósito de mi ensayo el de justificar una postura fundamental?

☐ ¿Cuál es el tema del ensayo? ¿Cuál es la tesis?

☐ ¿Logro comunicar y mostrar al lector la esencia de mis ideas?

☐ ¿A quién le escribo? ¿Quién es mi lector y qué quiere saber éste sobre mi tema? ¿Qué puede saber ya al respecto?

☐ ¿Qué preguntas puede hacerse el lector con respecto a mi tema? ¿Las he contestado todas?

☐ ¿Qué impresión quiero dejar en el lector? ¿Logro establecer mi autoridad con respecto al tema? ¿Es creíble mi voz?

☐ ¿Qué tono he adoptado en el ensayo? ¿Es apropiado para mi propósito?

☐ ¿Organizo progresivamente (es decir, de menos importante a más importante o viceversa) los datos en el ensayo?

☐ ¿Qué detalles he incluido en el texto? ¿Cómo contribuye cada detalle a lograr lo que me propongo? ¿Son lógicas y válidas las relaciones (por ejemplo, causa/efecto o comparación/contraste) que quiero establecer? ¿Hay otros datos que deba tomar en cuenta?

☐ ¿Hay en mi composición algún detalle que no contribuya lo suficiente a crear la impresión que quiero dejar?

☐ ¿Para qué sirve la introducción? ¿Capta el interés del lector? ¿Presenta, en breve, los puntos que se van a tratar en detalle en el ensayo?

## TERCERA ETAPA: *La revisión de la forma y la preparación de la versión final*

Al llegar a esta etapa se supone que el contenido y la organización de un escrito han pasado por una revisión rigurosa y que el escritor está satisfecho con ellos. Ha llegado el momento de poner atención a las cuestiones de la forma. En esta última etapa, Ud. tendrá la oportunidad de

*En el **Cuaderno de práctica** hay actividades para practicar los aspectos gramaticales y el vocabulario presentados en los pasos a continuación.*

- repasar las formas no personales del verbo

- pulir la forma de su escrito, repasando sistemáticamente la gramática, el vocabulario y la ortografía

- redactar una versión final de la tarea para entregar

Esta revisión le será más fácil si la emprende por pasos; en cada paso se enfoca un solo aspecto de la forma.

### ◆ 1er PASO   REVISIÓN DE LOS ASPECTOS GRAMATICALES: LAS FORMAS NO PERSONALES DEL VERBO

Las formas no personales de los verbos en español —llamadas así porque su terminación no indica la persona o agente que ejecuta la acción— incluyen **el infinitivo** (**hablar, comer, vivir**), **el participio** (**hablado, comido, vivido**) y **el gerundio** (**hablando, comiendo, viviendo**). Estas tres formas son un importante recurso para el escritor, pues le ofrecen alternativas para variar el estilo de su prosa.

### El infinitivo: El «sustantivo verbal»

Dos de los usos frecuentes del infinitivo son funciones sustantivales: el sujeto de una oración o cláusula y el complemento del verbo o de una preposición. Note que dos de estas funciones no se expresan en inglés con el infinitivo sino con la forma *-ing* del verbo.

| | |
|---|---|
| *Sujeto:* | **Cantar** y **bailar** son destrezas que uno debe aprender desde joven.<br>***Singing** and **dancing** are skills that one should learn very young.* |
| *Complemento verbal:* | Resulta cada vez más importante **saber utilizar** una computadora.<br>*It is becoming more and more important **to know how to use** a computer.* |
| *Complemento de preposición:* | Saldrán después de **regar** las plantas.<br>*They'll go out after **watering** the plants.* |

Como complemento de preposición, una de las construcciones más frecuentes y útiles es **al** + *infinitivo*. Esta construcción se utiliza para referirse a

1. una acción que se completa inmediatamente antes de la acción del verbo principal.

| | |
|---|---|
| **Al abrir** la puerta, se encontró cara a cara con su ex esposo. | ***Upon opening** the door, she found herself face to face with her ex-husband.* |

2. una acción en progreso que coincide con la acción del verbo principal.

| | |
|---|---|
| José Luis siempre canta **al ducharse.** | *José Luis always sings **while he showers.*** |
| Sufro horrores **al hablar** en público. | *I suffer horribly **when I speak** in public.* |

## El participio: El «adjetivo verbal»

El participio se refiere a una acción que se completa antes de la acción del verbo principal. En su función adjetival, concuerda en número y género con el sustantivo que modifica. Observe que en las siguientes construcciones el participio precede al sustantivo.

| | |
|---|---|
| **Completadas** las tareas, los estudiantes volvieron a su casa. | *With the assignments **finished,** the students returned to their homes.* |
| **Resuelto** el problema, decidieron continuar el viaje. | *With the problem **solved,** they decided to continue the trip.* |

## El gerundio: El «adverbio verbal»

El gerundio puede funcionar como un adverbio: indica el cómo, el porqué y el cuándo de una acción. Se coloca antes del verbo principal en la oración.

*Cómo:*    **Trabajando** toda la noche, podremos terminar a tiempo.
*By working* all night, we will be able to finish on time.

*Por qué:*    **Siendo** una persona inteligente, Ud. va a entender nuestro apuro.
*Since you are* an intelligent person, you will appreciate our predicament.

*Cuándo:*    **Apeando** a la mujer del carruaje, pudo notar el diseño sospechoso de su zapato.
*As he helped* the woman down from the carriage, he noted the suspicious design of her shoe.

## El uso verbal del gerundio

El gerundio se usa con **estar** y con otros verbos para formar los tiempos progresivos. Éstos se forman más comúnmente con **estar.**

**Estoy leyendo** una novela.

Miguel **estaba durmiendo** cuando llegué.

Ya para las ocho **estaremos comiendo.**

**He estado estudiando** toda la tarde.

Espera que su hija **esté practicando** el piano ahora.

Los tiempos progresivos también se pueden formar con **seguir/continuar, ir, andar** y **venir.**

1. El progresivo con **seguir/continuar** describe la duración o la repetición de una acción.

   **Siguió corriendo** cuando vio el perro.

   **Continuaba trabajando** aun después de las cinco.

2. El progresivo con **ir, venir** y **andar** también describe la duración o repetición de una acción, y a la vez da una idea de progreso o movimiento.

   Cada vez que practicaba, **iba mejorando** un poco.

   **Vienen pidiendo** limosnas.

   **Anda buscando** el anillo que le regaló su novio.

Hay ciertos límites en el uso de las construcciones progresivas.

1. Los verbos que no se refieren a acciones o a procesos no se usan en los tiempos progresivos. Algunos de estos verbos son **tener, haber, poder** y **ser.**

2. El progresivo con **estar** generalmente no se usa para referirse a un tiempo o a una acción futura como se hace en inglés. Para este propósito se usa un tiempo simple.

| | |
|---|---|
| **Llega** (**Llegará**) mañana. | *She is arriving tomorrow.* |
| Dijo que nos **escribiría** pronto. | *He said he would be writing to us soon.* |

3. La construcción progresiva no se usa en español con los verbos **parar, sentar, acostar** y **reclinar** para indicar una postura física. Se usa **estar** + *participio perfecto*.

| | |
|---|---|
| El joven **está sentado** cerca del escenario. | *The young man is sitting near the stage.* |
| El policía **estaba parado** en la bocacalle. | *The police officer was standing in the intersection.* |
| Ese perro **ha estado acostado** todo el día. | *That dog has been lying down all day.* |

## Usos inapropiados del gerundio

El uso del gerundio en español es mucho más limitado que el de su equivalente en inglés. En las secciones anteriores se han explicado los usos verbales y adverbiales del gerundio que son idénticos en las dos lenguas. En inglés las palabras que terminan en *-ing* también pueden funcionar como sustantivo o adjetivo, pero estos usos son incorrectos en español. Para expresar las mismas ideas en español se usan otras construcciones. Se expresa el *-ing* sustantivado con un infinitivo.

| | |
|---|---|
| (El) **Nadar** es bueno para el corazón. | *Swimming is good for the heart.* |
| Detesta **lavar** los platos. | *She hates washing the dishes.* |
| Hay gran mérito en **trabajar**. | *There is great value in working.* |

Se expresa el *-ing* que funciona como adjetivo con una frase o con un adjetivo.

| | |
|---|---|
| Se ha perdido la guía **que contiene** los nombres y las direcciones que necesito. | *The directory containing the names and addresses I need has been lost.* |
| Esa máquina **de coser** no es muy moderna. | *That sewing machine is not very modern.* |
| Es un joven **divertido**. | *He is an amusing young man.* |

## REVISIÓN DE LOS ASPECTOS GRAMATICALES YA ESTUDIADOS

Después de revisar los usos de las formas no personales del verbo, revise también:

1. El uso de **ser** y **estar**
2. El uso del pretérito y el imperfecto
3. El uso de la voz pasiva con **ser,** la voz pasiva refleja y la construcción pasiva impersonal
4. El uso del subjuntivo
5. El uso de los pronombres relativos

## REVISIÓN DEL VOCABULARIO Y DE LA EXPRESIÓN

Después de revisar la gramática, lea su escrito de nuevo con ojo crítico, particularmente en el vocabulario. En el *Cuaderno de práctica* hay listas de vocabulario que puede ser útil para hacer la argumentación sobre una obra literaria. Consúltelas y haga las actividades correspondientes antes de revisar su escrito.

## REVISIÓN DE LA ORTOGRAFÍA

Después de revisar los aspectos gramaticales estudiados y las notas sobre el vocabulario y la expresión, repase su escrito buscando los posibles errores de acentuación y ortografía.

## PREPARACIÓN DE LA VERSIÓN FINAL

Escriba una nueva versión de su trabajo ya con las correcciones y los cambios necesarios.

**¡Piénsalo...**   Si puedes, pídele a un compañero / una compañera que lea tu texto, buscando los posibles errores de gramática o expresión. Le puedes facilitar la lectura si le preparas una lista de control como la de la página 61, indicándole claramente los puntos de mayor interés.

# A
## APPENDIX

# Source Texts*

El hombre pisó algo blanduzco, y en seguida sintió la mordedura en el pie. Saltó adelante, y al volverse con un juramento, vio a una yararacusú que, arrollada sobre sí misma, esperaba otro ataque.

El hombre echó una veloz ojeada a su pie, donde dos gotitas de sangre engrosaban dificultosamente, y sacó el machete de la cintura. La víbora vio la amenaza y hundió más la cabeza en el centro mismo de su espiral; pero el machete cayó de plano, dislocándole las vértebras.

El hombre se bajó hasta la mordedura, quitó las gotitas de sangre y durante un instante contempló. Un dolor agudo nacía de los dos puntitos violeta y comenzaba a invadir todo el pie. Apresuradamente se ligó el tobillo con su pañuelo y siguió por la picada hacia su rancho.

El dolor en el pie aumentaba, con sensación de tirante abultamiento, y de pronto el hombre sintió dos o tres fulgurantes puntadas que, como relámpagos, habían irradiado desde la herida hasta la mitad de la pantorrilla. Movía la pierna con dificultad; una metálica sequedad de garganta, seguida de sed quemante, le arrancó un nuevo juramento.

Llegó por fin al rancho y se echó de brazos sobre la rueda de un trapiche. Los dos puntitos violeta desaparecían ahora en una monstruosa hinchazón del pie entero. La piel parecía adelgazada y a punto de ceder, de tersa. Quiso llamar a su mujer, y la voz se quebró en un ronco arrastre de garganta reseca. La sed lo devoraba.

—¡Dorotea! —alcanzó a lanzar en un estertor—. ¡Dame caña!

Su mujer corrió con un vaso lleno, que el hombre sorbió en tres tragos. Pero no había sentido gusto alguno.

—¡Te pedí caña, no agua! —rugió de nuevo—. ¡Dame caña!

—¡Pero es caña, Paulino! —protestó la mujer, espantada.

—¡No, me diste agua! ¡Quiero caña, te digo!

La mujer corrió otra vez, volviendo con la damajuana. El hombre tragó uno tras otro dos vasos, pero no sintió nada en la garganta.

---

*These texts are the basis of the student compositions included in **Capítulo 6: La argumentación (Parte 2)**.

—Bueno, esto se pone feo —murmuró entonces, mirando su pie, lívido y con lustre gangrenoso.

Sobre la honda ligadura del pañuelo la carne desbordaba como una monstruosa morcilla.

Los dolores fulgurantes se sucedían en continuos relampagueos y llegaban ahora hasta la ingle. La atroz sequedad de garganta, que el aliento parecía caldear más, aumentaba a la par. Cuando pretendió incorporarse un fulminante vómito lo mantuvo medio minuto con la frente apoyada en la rueda de palo.

Pero el hombre no quería morir, y descendiendo hasta la costa subió a su canoa. Sentóse en la popa y comenzó a palear hasta el centro del Paraná. Allí la corriente del río, que en las inmediaciones del Iguazú corre seis millas, lo llevaría antes de cinco horas a Tacurú-Pacú.

El hombre, con sombría energía, pudo efectivamente llegar hasta el medio del río; pero allí sus manos dormidas dejaron caer la pala en la canoa y tras un nuevo vómito —de sangre esta vez— dirigió una mirada al sol, que ya trasponía el monte.

La pierna entera, hasta medio muslo, era ya un bloque deforme y durísimo que reventaba la ropa. El hombre cortó la ligadura y abrió el pantalón con su cuchillo: el bajo vientre desbordó hinchado, con grandes manchas lívidas y terriblemente doloroso. El hombre pensó que no podría jamás llegar él solo a Tacurú-Pacú y se decidió a pedir ayuda a su compadre Alves, aunque hacía mucho tiempo que estaban disgustados.

La corriente del río se precipitaba ahora hacia la costa brasileña, y el hombre pudo fácilmente atracar. Se arrastró por la picada en cuesta arriba; pero a los veinte metros, exhausto, quedó tendido de pecho.

—¡Alves! —gritó con cuanta fuerza pudo; y prestó oído en vano.

—¡Compadre Alves! ¡No me niegue este favor! —clamó de nuevo, alzando la cabeza del suelo.

En el silencio de la selva no se oyó un solo rumor. El hombre tuvo aún valor para llegar hasta su canoa, y la corriente, cogiéndola de nuevo, la llevó velozmente a la deriva.

El Paraná corre allí en el fondo de una inmensa hoya, cuyas paredes, altas, de cien metros, encajonan fúnebremente el río. Desde las orillas, bordeadas de negros bloques de basalto, asciende el bosque, negro también. Adelante, a los costados, detrás, la eterna muralla lúgubre, en cuyo fondo el río arremolinado se precipita en incesantes borbollones de agua fangosa. El paisaje es agresivo y reina en él un silencio de muerte. Al atardecer, sin embargo, su belleza sombría y calma cobra una majestad única.

El sol había caído ya, cuando el hombre, semitendido en el fondo de la canoa, tuvo un violento escalofrío. Y de pronto, con asombro, enderezó pesadamente la cabeza: se sentía mejor. La pierna le dolía apenas, la sed disminuía, y su pecho, libre ya, se abría en lenta inspiración.

El veneno comenzaba a irse, no había duda. Se hallaba casi bien, y aunque no tenía fuerzas para mover la mano, contaba con la caída del rocío para reponerse del todo. Calculó que antes de tres horas estaría en Tacurú-Pacú.

El bienestar avanzaba, y con él una somnolencia llena de recuerdos. No sentía ya nada ni en la pierna ni en el vientre. ¿Viviría aún su compadre Gaona en Tacurú-Pacú? Acaso viera también a su ex patrón míster Dougald y al recibidor del obraje.

¿Llegaría pronto? El cielo, al Poniente, se abría ahora en pantalla de oro, y el río se había coloreado también. Desde la costa paraguaya, ya entenebrecida, el monte dejaba caer sobre el río su frescura crepuscular en penetrantes efluvios de azahar y miel silvestre. Una pareja de guacamayos cruzó muy alto y en silencio hacia el Paraguay.

Allá abajo, sobre el río de oro, la canoa derivaba velozmente, girando a ratos sobre sí misma, ante el borbollón de un remolino. El hombre que iba en ella se sentía cada vez mejor, y pensaba entretanto en el tiempo justo que había pasado sin ver a su ex patrón Dougald. ¿Tres años? Tal vez no, no tanto. ¿Dos años y nueve meses? Acaso. ¿Ocho meses y medio? Eso sí, seguramente.

De pronto sintió que estaba helado hasta el pecho. ¿Qué sería? Y la respiración también…

Al recibidor de maderas de míster Dougald, Lorenzo Cubilla, lo había conocido en Puerto Esperanza un Viernes Santo… ¿Viernes? Sí, o jueves…

El hombre estiró lentamente los dedos de la mano.

—Un jueves…

Y cesó de respirar.

## NO OYES LADRAR LOS PERROS                    *Juan Rulfo*

Tú que vas allá arriba, Ignacio, dime si no oyes alguna señal de algo o si ves alguna luz en alguna parte.

—No se ve nada.

—Ya debemos estar cerca.

—Sí, pero no se oye nada.

—Mira bien.

—No se ve nada.

—Pobre de ti, Ignacio.

La sombra larga y negra de los hombres siguió moviéndose de arriba abajo, trepándose a las piedras, disminuyendo y creciendo según avanzaba por la orilla del arroyo. Era una sola sombra, tambaleante.

La luna venía saliendo de la tierra, como una llamarada redonda.

—Ya debemos estar llegando a ese pueblo, Ignacio. Tú que llevas las orejas de fuera, fíjate a ver si no oyes ladrar los perros. Acuérdate que nos dijeron que Tonaya estaba detrasito del monte. Y desde qué horas que hemos dejado el monte. Acuérdate, Ignacio.

—Sí, pero no veo rastro de nada.

—Me estoy cansando.

—Bájame.

El viejo se fue reculando hasta encontrarse con el paredón y se recargó allí, sin soltar la carga de sus hombros. Aunque se le doblaban las piernas, no quería sentarse, porque después no hubiera podido levantar el cuerpo de su hijo, al que allá atrás, horas antes, le habían ayudado a echárselo a la espalda. Y así lo había traído desde entonces.

—¿Cómo te sientes?

—Mal.

Hablaba poco. Cada vez menos. En ratos parecía dormir. En ratos parecía tener frío. Temblaba. Sabía cuándo le agarraba a su hijo el temblor por las sacudidas que le daba, y porque los pies se le encajaban en los ijares como espuelas. Luego las manos del hijo, que traía trabadas en su pescuezo, le zarandeaban la cabeza como si fuera una sonaja.

El apretaba los dientes para no morderse la lengua y cuando acababa aquello le preguntaba:

—¿Te duele mucho?

—Algo —contestaba él.

Primero le había dicho: «Apéame aquí… Déjame aquí… Vete tú solo. Yo te alcanzaré mañana o en cuanto me reponga un poco.» Se lo había dicho como cincuenta veces. Ahora ni siquiera eso decía.

Allí estaba la luna. Enfrente de ellos. Una luna grande y colorada que les llenaba de luz los ojos y que estiraba y oscurecía más su sombra sobre la tierra.

—No veo ya por dónde voy —decía él.

Pero nadie le contestaba.

El otro iba allá arriba, todo iluminado por la luna, con su cara descolorida, sin sangre, reflejando una luz opaca. Y él acá abajo.

—¿Me oíste, Ignacio? Te digo que no veo bien.

Y el otro se quedaba callado.

Siguió caminando, a tropezones. Encogía el cuerpo y luego se enderezaba para volver a tropezar de nuevo.

—Este no es ningún camino. Nos dijeron que detrás del cerro estaba Tonaya. Ya hemos pasado el cerro. Y Tonaya no se ve, ni se oye ningún ruido que nos diga que está cerca. ¿Por qué no quieres decirme qué ves, tú que vas allá arriba, Ignacio?

—Bájame, padre.

—¿Te sientes mal?

—Sí.

—Te llevaré a Tonaya a como dé lugar. Allí encontraré quien te cuide. Dicen que allí hay un doctor. Yo te llevaré con él. Te he traído cargando desde hace horas y no te dejaré tirado aquí para que acaben contigo quienes sean.

Se tambaleó un poco. Dio dos o tres pasos de lado y volvió a ende-
rezarse.

—Te llevaré a Tonaya.

—Bájame.

Su voz se hizo quedita, apenas murmurada:

—Quiero acostarme un rato.

—Duérmete allí arriba. Al cabo te llevo bien agarrado.

La luna iba subiendo, casi azul, sobre un cielo claro. La cara del viejo,
mojada en sudor, se llenó de luz. Escondió los ojos para no mirar de frente,
ya que no podía agachar la cabeza agarrotada entre las manos de su hijo.

—Todo esto que hago, no lo hago por usted. Lo hago por su difunta
madre. Porque usted fue su hijo. Por eso lo hago. Ella me reconvendría si
yo lo hubiera dejado tirado allí, donde lo encontré, y no lo hubiera recogido para llevarlo a que lo curen, como estoy haciéndolo. Es ella la que
me da ánimos, no usted. Comenzando porque a usted no le debo más
que puras dificultades, puras mortificaciones, puras vergüenzas.

Sudaba al hablar. Pero el viento de la noche le secaba el sudor. Y sobre
el sudor seco, volvía a sudar.

—Me derrengaré, pero llegaré con usted a Tonaya, para que le alivien
esas heridas que le han hecho. Y estoy seguro de que, en cuanto se sienta
usted bien, volverá a sus malos pasos. Eso ya no me importa. Con tal que
se vaya lejos, donde yo no vuelva a saber de usted. Con tal de eso… Porque para mí usted ya no es mi hijo. Ha maldecido la sangre que usted
tiene de mí. La parte que a mí me tocaba la he maldecido. He dicho:
«¡Que se le pudra en los riñones la sangre que yo le di!» Lo dije desde
que supe que usted andaba trajinando por los caminos, viviendo del robo
y matando gente… Y gente buena. Y si no, allí está mi compadre Tran-
quilino. El que lo bautizó a usted. El que le dio su nombre. A él también
le tocó la mala suerte de encontrarse con usted. Desde entonces dije: «Ese
no puede ser mi hijo.»

—Mira a ver si ya ves algo. O si oyes algo. Tú que puedes hacerlo
desde allá arriba, porque yo me siento sordo.

—No veo nada.

—Peor para ti, Ignacio.

—Tengo sed.

—¡Aguántate! Ya debemos estar cerca. Lo que pasa es que ya es muy
noche y han de haber apagado la luz del pueblo. Pero al menos debías
de oír si ladran los perros. Haz por oír.

—Dame agua.

—Aquí no hay agua. No hay más que piedras. Aguántate. Y aunque la
hubiera, no te bajaría a tomar agua. Nadie me ayudaría a subirte otra vez
y yo solo no puedo.

—Tengo mucha sed y mucho sueño.

—Me acuerdo cuando naciste. Así eras entonces. Despertabas con hambre y comías para volver a dormirte. Y tu madre te daba agua, porque ya

te habías acabado la leche de ella. No tenías llenadero. Y eras muy rabioso. Nunca pensé que con el tiempo se te fuera a subir aquella rabia a la cabeza… Pero así fue. Tu madre, que descanse en paz, quería que te criaras fuerte. Creía que cuando tú crecieras irías a ser su sostén. No te tuvo más que a ti. El otro hijo que iba a tener la mató. Y tú la hubieras matado otra vez si ella estuviera viva a estas alturas.

Sintió que el hombre aquel que llevaba sobre sus hombros dejó de apretar las rodillas y comenzó a soltar los pies, balanceándolos de un lado para otro. Y le pareció que la cabeza, allá arriba se sacudía como si sollozara.

Sobre su cabello sintió que caían gruesas gotas, como de lágrimas.

—¿Lloras, Ignacio? Lo hace llorar a usted el recuerdo de su madre, ¿verdad? Pero nunca hizo usted nada por ella. Nos pagó siempre mal. Parece que, en lugar de cariño, le hubiéramos retacado el cuerpo de maldad. ¿Y ya ve? Ahora lo han herido. ¿Qué pasó con sus amigos? Los mataron a todos. Pero ellos no tenían a nadie. Ellos bien hubieran podido decir: «No tenemos a quién darle nuestra lástima.» ¿Pero usted, Ignacio?

Allí estaba ya el pueblo. Vio brillar los tejados bajo la luz de la luna. Tuvo la impresión de que lo aplastaba el peso de su hijo al sentir que las corvas se le doblaban en el último esfuerzo. Al llegar al primer tejabán, se recostó sobre el pretil de la acera y soltó el cuerpo, flojo, como si lo hubieran descoyuntado.

Destrabó difícilmente los dedos con que su hijo había venido sosteniéndose de su cuello y, al quedar libre, oyó cómo por todas partes ladraban los perros.

—¿Y tú no los oías, Ignacio? —dijo—. No me ayudaste ni siquiera con esta esperanza.

# B
**APPENDIX**

# El trabajo de investigación

El trabajo de investigación se conoce por varios nombres. En inglés se le da el nombre de *term paper* o *research paper;* en español se le conoce por los nombres de **trabajo formal, trabajo de investigación, informe e informe técnico.**

El trabajo de investigación tiene tres características que lo diferencian de los demás tipos de escrito. En primer lugar, es un escrito de una extensión determinada: Generalmente se trata de un trabajo escrito a máquina de más de cinco hojas. En segundo lugar, el trabajo contiene el resultado de la investigación de un estudiante sobre un tema determinado. Es decir, se supone que el estudiante no escribe sobre algo que puede comentar basado en su propia experiencia, sino sobre algún tema que le interesa y que ha decidido investigar sistemáticamente. Para esto, utiliza la biblioteca y consulta varias fuentes de información. Finalmente, el trabajo de investigación es un escrito que documenta las ideas y citas que se han tomado de las diferentes obras consultadas. Contiene notas que dan a conocer al lector de dónde fueron tomados los datos incluidos e incluye una bibliografía completa del material consultado.

## Los dos tipos de trabajo de investigación

En general, el trabajo de investigación puede escribirse desde dos diferentes perspectivas: puede escribirse un trabajo informativo o un trabajo crítico. Como lo indica su nombre, el trabajo informativo sencillamente informa. El autor presenta el fruto de su investigación: lo que se sabe acerca del tema y la postura actual de los peritos (*experts*) en la materia. Si descubre que hay controversias entre éstos, las presenta objetivamente. El trabajo informativo no contiene el juicio del escritor sobre el tema. El profesor lo evalúa tomando en cuenta la profundidad de la investigación, el número y clase de obras consultadas y la claridad con que se haya presentado lo que hasta el momento se sabe sobre la materia.

El trabajo crítico, tanto como el trabajo informativo, contiene datos que se han encontrado como producto de una investigación. Pero el propósito del trabajo crítico no es informar, sino persuadir. Por lo tanto, el escritor del trabajo crítico no solamente presenta el resultado de su investigación sino también su *interpretación* de los datos. Cuando se encuentra frente a un tema que es objeto de una controversia entre expertos en la materia, el escritor del trabajo crítico adopta una de las posturas y comparte con el lector las razones que justifican su elección. Tanto el trabajo crítico como el informativo se evalúan por la profundidad de la investigación y la claridad de la presentación. En este caso, sin embargo, también se mide la calidad y solidez de los juicios que ofrece el escritor.

## El proceso de escribir el trabajo de investigación

El proceso de escribir un trabajo de investigación es similar al proceso de escribir una exposición elaborada según las diversas estrategias de desarrollo (comparación y contraste, análisis y clasificación) que se han presentado en este texto. Lo que es distinto es la extensión del trabajo y las etapas que se completan *antes de escribir*. El siguiente cuadro presenta un resumen del orden en que tales etapas se efectúan.

| EL PROCESO DE ESCRIBIR UN TRABAJO DE INVESTIGACIÓN | | |
|---|---|---|
| *Paso* | *Etapa* | *Método* |
| 1 | Seleccionar un tema | 1. Leer las sugerencias del profesor<br>2. Repasar las ideas principales del curso<br>3. Recordar los intereses fundamentales |
| 2 | Hacer una lectura preliminar | 4. Buscar las fuentes principales de información<br>5. Leer sobre el tema en general |
| 3 | Limitar el tema | 6. Usar los procesos que se aprendieron en el Capítulo 3 |
| 4 | Elaborar una tesis preliminar | 7. Hacer preguntas de enfoque |
| 5 | Enfocar la lectura | 8. Leer acerca del aspecto del tema original que se haya decidido enfocar |

| EL PROCESO DE ESCRIBIR UN TRABAJO DE INVESTIGACIÓN *(continued)* | | |
|---|---|---|
| *Paso* | *Etapa* | *Método* |
| 6 | Apuntar ideas | 9. Apuntar ideas que apoyen la tesis<br>10. Incluir los datos bibliográficos de cada nota |
| 7 | Organizar la información | 11. Clasificar los datos que se encontraron |
| 8 | Revisar la tesis | 12. Elaborar una tesis definitiva |
| 9 | Escribir la primera versión | 13. Utilizar los principios de organización que se estudiaron |
| 10 | Revisar el trabajo y escribir una segunda versión | 14. Utilizar las técnicas de revisión que se estudiaron |
| 11 | Incluir la documentación | 15. Preparar notas<br>16. Preparar la bibliografía |
| 12 | Corregir el trabajo | 17. Poner atención al contenido, a los aspectos gramaticales y a los aspectos estilísticos |

*Véase el Apéndice D del **Rincón del escritor** para informarse sobre la documentación bibliográfica.*

## La selección de un tema

En el Capítulo 3 se habló del proceso que se debe seguir para enfocar un tema. Al escribir un trabajo de investigación también se necesita limitar y luego enfocar el tema. El problema que tienen muchos estudiantes, sin embargo, es el de decidir qué tema global escoger como punto de partida.

Lógicamente, un tema que se va a tratar en un trabajo de investigación necesita prestarse para tal investigación. Es decir, no puede escogerse un tema que haya sido comentado solamente en *un* libro. Al mismo tiempo, tampoco puede escribirse sobre un tema tan amplio que requiera la lectura de cientos de libros. Como guía general, entonces, puede decirse que los temas que se prestan para el trabajo de investigación son aquéllos que

1. se relacionan con la materia que se estudia en clase

2. le interesan al estudiante a nivel personal

3. ya han sido tratados en varios libros y/o artículos

4. se pueden enfocar con facilidad concentrándose en un solo aspecto

5. se pueden investigar objetivamente

### La elaboración de la tesis definitiva

Al escribir un trabajo de investigación, se empieza con un tema y después de limitarlo, se elabora una tesis preliminar. Esta tesis sirve para enfocar la lectura sobre un aspecto específico. Generalmente, a medida que se lee y se apuntan las ideas más relevantes, se aprende mucho más sobre el tema. Después de terminar la lectura y organizar la información, conviene repasar la tesis preliminar para decidir si todavía es de utilidad. Con gran frecuencia se descubre que es posible enfocar el tema con más precisión.

## El trabajo de investigación sobre temas literarios

El trabajo de investigación sobre temas literarios presenta problemas muy especiales tanto en la investigación como en la selección de temas enfocados. El primer problema se relaciona con la bibliografía: existen muchísimas obras sobre casi todos los temas literarios que se estudian a nivel universitario. Puede ser difícil seleccionar obras de consulta de entre una lista de cientos de tratados, aun en la primera etapa de la lectura. Un segundo problema hace la situación más compleja: generalmente el estudiante tiene conocimientos limitados acerca del tema que desea investigar. Esto lo lleva con frecuencia a empezar la lectura preliminar sin una idea concreta de lo que quiere buscar o encontrar.

Como regla general, puede ser útil hacerse las siguientes preguntas antes de empezar el proceso de investigación.

1. ¿Quiero escribir sobre alguna época literaria? (el Siglo de Oro, el siglo XIX, etcétera)

2. ¿Quiero escribir sobre algún género literario en general? (la novela, la poesía, el teatro, el cuento)

3. ¿Quiero escribir sobre algún movimiento literario? (el romanticismo, el modernismo, el realismo)

4. ¿Quiero escribir sobre algún autor? (su vida, su obra en general)

5. ¿Quiero escribir sobre alguna obra en particular? (*El burlador de Sevilla, Doña Bárbara*)

Después de haber decidido qué dirección tomará la investigación, se empieza a leer ya sea sobre un autor, sobre una época o sobre una obra.

Cuando se termina la lectura general y se sabe más acerca del tema, éste ya puede limitarse y enfocarse. Por ejemplo, si se decide escribir sobre una obra literaria, hay tres tipos diferentes de enfoque que uno puede seguir.

1. *Uno puede enfocarse en la trayectoria u origen de una obra.* ¿Qué circunstancias históricas o sociales fueron la fuente de origen de la obra? ¿Qué circunstancias en la vida del autor influyeron en su perspectiva? ¿Qué movimientos literarios se reflejan en la obra?

2. *Uno puede enfocarse en la obra en sí misma.* ¿Cuál es el significado de la obra? ¿Cuál es su punto de vista? ¿su tono? ¿la tesis general de la obra? ¿Cómo es su estructura? ¿Cuál es la función del lenguaje? ¿Qúe símbolos se utilizan?

   Desde esta perspectiva, también puede uno enfocarse en varias obras al mismo tiempo. Puede hacerse una comparación y/o contraste entre dos obras escritas por autores diferentes; o puede señalarse los cambios ocurridos en un mismo autor, comparando sus obras tempranas con las obras escritas en su madurez.

3. *Uno puede enfocarse en la influencia de una obra.* ¿Qué influencia tuvo, por ejemplo, el teatro clásico francés en el teatro español? ¿Qué influencia ha tenido la novela *Rayuela* en la novelística hispanoamericana?

## La estructura del trabajo de investigación

Hay dos tipos de formato que pueden utilizarse en la organización del trabajo de investigación. Al primer tipo se le da el nombre de *formato separado;* al segundo se le llama *formato integrado.* La organización del *formato separado* puede verse en el siguiente esquema.

| FORMATO SEPARADO | |
|---|---|
| *Trabajo informativo* | *Trabajo crítico* |
| I. Presentación del tema en general e identificación de la tesis | I. Presentación del tema en general e identificación de la tesis |
| II. Presentación de todos los aspectos del tema y de los datos obtenidos | II. Presentación de todos los aspectos del tema y de los datos obtenidos |
| III. Presentación de los juicios de los expertos acerca de los datos obtenidos | III. Presentación de los juicios de los expertos acerca de los datos obtenidos |
| IV. Conclusión | IV. Presentación de los juicios personales |
| | V. Conclusión |

Como se notará, este formato consta de tres o cuatro partes principales. Cada una de estas partes se puede identificar dentro del trabajo utilizando títulos para cada sección o por medio de párrafos de transición que le indiquen al lector el contenido de lo que leerá a continuación. La primera parte siempre contiene una presentación general o una introducción. La segunda contiene los datos que se encontraron a través de la investigación. La tercera incluye los juicios que se han emitido sobre los datos obtenidos y, finalmente, si se trata de un trabajo crítico, la cuarta parte contiene la evaluación del escritor sobre la materia de su investigación.

El *formato integrado*, así como su nombre lo sugiere, *integra* en una misma sección datos, juicios de los expertos y juicios personales. Este formato es mucho más flexible que el formato separado ya que el escritor puede presentar en forma diferente los distintos datos y aspectos del tema. También le permite al escritor poner de relieve las semejanzas y diferencias existentes entre un dato, el juicio de un experto y un juicio personal a la vez. La estructura de este tipo de trabajo se presenta en el esquema que aparece a continuación.

---

**FORMATO INTEGRADO**

  I. Presentación del tema en general e identificación de la tesis

  II. Presentación de un aspecto del tema
   A. Datos
   B. Juicios de los expertos
   C. Juicios personales

  III. Presentación de otro aspecto del tema
   A. Datos
   B. Juicios de los expertos
   C. Juicios personales

  IV. Presentación de otro aspecto
   A. Datos
   B. Juicios de los expertos
   C. Juicios personales

  V. Conclusión

---

Antes de escribir el trabajo de investigación, es necesario decidir cómo organizar el trabajo. Es buena idea elaborar dos esquemas; esto ayuda a conceptualizar el escrito en su totalidad y a ver las ventajas y desventajas de cada formato. Por ejemplo, si se hubieran recogido datos sobre las obras de Cervantes, se podría hacer una comparación como la de la próxima página, vista de dos maneras.

| FORMATO SEPARADO | FORMATO INTEGRADO |
|---|---|
| I. Introducción | I. Introducción |
| II. Las novelas ejemplares | II. Las novelas ejemplares<br>  A. Juicios de los expertos<br>  B. Juicios personales |
| III. *La Galatea* | III. *La Galatea*<br>  A. Juicios de los expertos<br>  B. Juicios personales |
| IV. La poesía de Cervantes | IV. La poesía de Cervantes<br>  A. Juicios de los expertos<br>  B. Juicios personales |
| V. El teatro de Cervantes | V. El teatro de Cervantes<br>  A. Juicios de los expertos<br>  B. Juicios personales |
| VI. *Don Quijote* | VI. *Don Quijote*<br>  A. Juicios de los expertos<br>  B. Juicios personales |
| VII. Juicios de los expertos sobre todas las obras | VII. Conclusión |
| VIII. Juicios personales sobre todas las obras | |
| IX. Conclusión | |

El uso de uno u otro de los formatos en este caso dependería del propósito del escritor. El formato separado podría utilizarse si el propósito del escritor fuera hablar de las obras de Cervantes *en general,* dando información sobre los diferentes géneros literarios que cultivó este autor, los juicios de los expertos sobre la producción de Cervantes *en conjunto* y del juicio del escritor mismo. El formato integrado se prestaría más para una exposición cuyo fin fuera comparar las diferentes obras del autor entre sí, lo cual exigiría un trabajo más detallado.

# La respuesta en forma de ensayo

Un tipo de ensayo que muchos estudiantes conocen es la respuesta más o menos extensa que tienen que escribir en un examen. Un examen que requiere respuestas en forma de ensayo consiste en una serie de preguntas generales sobre algún tema. El estudiante contesta escribiendo un breve ensayo como respuesta a cada pregunta. Esta clase de examen no pide que el estudiante escriba una obra literaria sino que demuestre de manera organizada y coherente su comprensión de cierta materia.

Al contestar un examen de ensayo, el estudiante revela al profesor

1. los conceptos que comprendió y los conocimientos que asimiló durante el curso.

2. la forma en que puede aplicar estos conceptos a nuevas situaciones o experiencias.

3. la forma en que puede organizar la información (los conceptos que aprendió) y apoyar generalizaciones sobre el tema.

4. la originalidad con la cual presenta soluciones o respuestas.

5. su habilidad para utilizar las ideas y el vocabulario del curso.

Al responder a una pregunta con una respuesta de ensayo

1. se debe hacer de cuenta que se escribe para un lector que, aunque es inteligente y educado, *no* conoce a fondo la materia tratada. Esto impedirá que se dejen fuera algunos elementos fundamentales que sirven de base a la respuesta. El objetivo principal debe ser lucir o demostrar los conocimientos que se tengan sobre el tema en la forma más completa posible.

2. se escribe la respuesta utilizando cualquier técnica de desarrollo que parezca apropiada.

3. se expresa y se defiende un juicio personal.

4. se utiliza un tono relativamente formal. Preferiblemente, deben evitarse el humor y el sarcasmo.

5. se tiene cuidado de que la tesis de la respuesta responda directamente a la pregunta que se contesta.

Dada la situación particular en que se escribe (límite de tema, límite de tiempo, etcétera), el desarrollo de respuestas en forma de ensayo puede ser difícil para muchos estudiantes, ya que es necesario elaborarlas rápidamente sin tener la oportunidad de planear cuidadosamente ni de revisar lo escrito con detenimiento. Sin embargo, el estudiante que siente confianza en su habilidad de presentar información en forma escrita encontrará que el hacerlo en un tiempo limitado no cambia los aspectos fundamentales del proceso. Cuando se contesta una pregunta por medio de un ensayo, el orden que se sigue al escribir es el mismo que se sigue al escribir una exposición cualquiera. Primero se decide con qué propósito se escribe: ¿reportar? ¿evaluar? ¿analizar, establecer un contraste o definir? Entonces se elabora una tesis que conteste la pregunta directamente; se recuerdan detalles y ejemplos que apoyen la tesis; y finalmente se organiza la respuesta en un orden lógico y coherente.

El siguiente modelo se escribe como respuesta a la pregunta: «¿Cuáles son las características estructurales de la novela picaresca española?»

## LAS CARACTERÍSTICAS ESTRUCTURALES DE LA NOVELA PICARESCA ESPAÑOLA

*L*a novela picaresca española es un tipo de novela que se escribió durante los siglos XVI y XVII. Su estructura se caracteriza por cuatro rasgos distintivos importantes.

En primer lugar, la novela picaresca española es autobiográfica. El protagonista cuenta en primera persona sus aventuras. Los demás personajes son vistos a través de sus ojos.

La segunda característica importante se relaciona con la vida del pícaro. La novela picaresca cuenta las aventuras de éste en su interacción con los diferentes amos a quienes sirve. La sucesión de amos incluye una galería de tipos humanos que reflejan la realidad social de la España de esa época.

Todas las obras picarescas se caracterizan por su estructura episódica. Cada una de las aventuras del pícaro forma un episodio distinto en la novela. La única relación entre los episodios es la presencia del pícaro. La novela picaresca no parece seguir un plan de desarrollo fijo. Generalmente pueden añadirse o quitarse capítulos o episodios sin alterar seriamente la novela.

> Finalmente, la novela picaresca se caracteriza por su perspectiva de la realidad. Lo picaresco es, ante todo, una forma de ver la vida. El pícaro, amargado por sus experiencias, sólo logra ver los aspectos más infames de la sociedad. No le es posible enfocar su visión en lo noble, lo bueno y lo heroico.

Esta respuesta en forma de ensayo se ha limitado rígidamente al **tema** de la pregunta. La pregunta pide una descripción de las características y, por lo tanto, la respuesta se limita a hacer una lista de cuatro elementos dando suficiente información sobre cada uno para demostrar que se tiene conocimiento de la materia. Dada la forma en que se ha presentado la pregunta, no vendría al caso que quien escribe la respuesta diera su propia opinión sobre la novela picaresca en general, y por lo tanto una evaluación del género resultaría innecesaria.

El **propósito** de la respuesta es **informar.** Ya que la pregunta se encuentra en un examen, la respuesta también busca demostrar al lector (en este caso, el profesor) que se ha entendido claramente alguna información proveniente de los estudios. El ensayo está escrito en **tercera persona.** El **tono** es absolutamente neutral y no hay asomo de la actitud del escritor hacia el tema.

Esta respuesta consta de cinco párrafos. El primer párrafo sirve de introducción. Aquí se presenta una definición a grandes rasgos del género, situándolo dentro de un marco histórico. Este párrafo también contiene la tesis, la cual contesta directamente la pregunta que se hizo. Establece que hay cuatro características importantes de la novela picaresca.

Siguiendo la técnica de análisis, los cuatro párrafos que siguen se dedican a comentar cada una de las cuatro características. En cada párrafo se menciona un elemento clave y se incluye lo esencial para explicar lo que se propone.

## ESTRATEGIAS DEL ESCRITOR: CÓMO ENFOCAR LA RESPUESTA

### El enfoque específico de la respuesta de ensayo

Al escribir una respuesta en forma de ensayo, lo más importante es estructurarla para que responda directamente a lo que pide la pregunta. En otras palabras, lo crucial es *contestar la pregunta*. Esto quiere decir que se tendrá cuidado al interpretarla, en ceñirse a lo que pide y en no incluir ninguna información innecesaria.

Las preguntas que requieren un ensayo como respuesta piden por lo general que el estudiante se aproxime al tema de manera específica. El verbo imperativo que se utiliza en la pregunta casi siempre indica exactamente qué perspectiva debe tomarse. Es importante, entonces, que el estudiante ponga especial atención a esta dimensión de las preguntas.

A continuación se presentan varios ejemplos de preguntas que piden una respuesta en forma de ensayo y en las cuales se examinarán los verbos imperativos.

## 1. ANALICE la estructura del Poema del Cid.

Un análisis examina las diferentes partes o elementos de un conjunto o entidad. Aquí la respuesta tendría que incluir comentarios sobre las divisiones principales de la obra, de la acción dentro de cada una de esas divisiones, de la versificación y su función, etcétera.

## 2. DESCRIBA al personaje principal del Poema del Cid.

La respuesta a esta pregunta incluiría una descripción física del personaje (su gran fuerza, por ejemplo) y una descripción de su carácter (su valentía, lealtad, etcétera) según sus acciones en la obra.

## 3. EXPLIQUE el verso «Dios qué buen vassallo, si oviesse buen señore!»

Esta pregunta pide que el estudiante interprete el verso citado. Una interpretación pudiera incluir una identificación de la obra de la cual se tomó la cita, del personaje de quien se habla o quizás de su significado dada la acción de la obra.

## 4. COMPARE el Poema del Cid con la épica francesa La Chanson de Roland.

En este caso el estudiante ha de contestar la pregunta mostrando las semejanzas y diferencias entre los dos poemas épicos. La comparación y/o el contraste puede hacerse desde diferentes perspectivas. Pueden compararse las estructuras, los personajes principales, los argumentos, el uso de la versificación y del lenguaje en ambas obras, la realidad histórica, etcétera. Para contestar esta pregunta, es necesario hablar de *ambas* obras.

## 5. DEFINA la poesía épica.

La respuesta a esta pregunta, como lo hace la definición en general, colocaría lo que se define dentro de una clase en general y luego seleccionaría los detalles que hicieran sobresalir las características particulares del género.

### 6. *COMENTE lo siguiente: el* Poema del Cid *idealiza la venganza.*

En este caso, el estudiante tendrá que determinar si hay aspectos de la obra que puedan interpretarse como una idealización de la venganza. Según su conocimiento o comprensión de la obra, el estudiante estará de acuerdo o rechazará tal afirmación, presentando su interpretación lógicamente y apoyándola con ejemplos tomados de la obra.

El enfoque específico de la respuesta en forma de ensayo, entonces, depende de la pregunta. Antes de empezar a escribir es necesario leer con cuidado cada pregunta y, si es posible, subrayar el verbo imperativo. Además de los verbos que se han incluido anteriormente, con frecuencia aparecen los siguientes.

*Aclare:*    Explicar según el contexto específico de una obra

*Resuma:*    Dar los puntos principales de un ensayo u obra literaria

*Enumere:*    Nombrar los elementos

*Cite:*    Dar ejemplos

Algunos imperativos utilizados en esta clase de preguntas, por ejemplo *analice* o *compare*, automáticamente imponen una técnica de desarrollo. Otros, sin embargo, como *explique* o *comente*, permiten que el estudiante decida desde qué punto de vista quiere aproximarse a la pregunta.

## La elaboración de la tesis de una respuesta en forma de ensayo

La respuesta en forma de ensayo tiene que escribirse de manera que conteste la pregunta directamente. Para lograr esto, se puede convertir la pregunta misma en una oración que sirva como tesis del ensayo que se va a desarrollar. Obsérvense los siguientes ejemplos.

*Pregunta:*    Compare la poesía lírica con la poesía épica.
*Tesis:*    <u>Hay tres diferencias principales entre la poesía lírica y la poesía épica.</u>

*Pregunta:*    Analice el impacto de la Alianza para el Progreso en los países latinoamericanos.
*Tesis:*    <u>Es posible ver los efectos de la Alianza para el Progreso en la economía, la sociedad y la política de varios países latinoamericanos.</u>

*Pregunta:* Comente el conflicto entre Ignacio y Carlos en *En la ardiente oscuridad.*

*Tesis:* <u>El conflicto entre Ignacio y Carlos forma uno de los ejes alrededor del cual gira la obra.</u> Por un lado fue motivado por ciertas diferencias filosóficas entre los dos jóvenes y, por otro, por rivalidades en asuntos amorosos.

## CÓMO SE ESCRIBE UNA RESPUESTA EN FORMA DE ENSAYO

Para escribir una buena respuesta en forma de ensayo, conviene seguir el siguiente proceso.

1. Es necesario prepararse para el examen. Repase los apuntes tomados en clase y estudie el libro de texto. También es útil formular y contestar preguntas de ensayo sobre aspectos de importancia.

2. A la hora del examen, examine las preguntas cuidadosamente.

   • Determine qué pide el examen (cuántas preguntas tienen que contestarse).

   • Decida cómo dividir el tiempo.

3. Antes de contestar cada una de las preguntas,

   • estudie la pregunta para estar seguro/a de que la comprende.

   • determine cuál es el propósito de la pregunta.

   • elabore una tesis que responda directamente a la pregunta.

   • haga un esquema breve y apunte los detalles de apoyo.

4. Escriba sin perder tiempo, teniendo cuidado de no apartarse del tema.

5. Evite el uso de toda información innecesaria.

6. Después de contestar todas las preguntas, revíselas rápidamente.

# Vocabulario español-inglés

This vocabulary does not include exact or reasonably close cognates with English; also omitted are common words well within the mastery of third-year students.

The gender of all nouns is indicated, but feminine variants are not listed. Adjectives are given only in the masculine singular form. Irregular verbs are noted, and both stem changes and spelling changes are indicated for verbs.

The following abbreviations are used in this vocabulary:

| | | | | |
|---|---|---|---|---|
| *adj.* | adjective | | *irreg.* | irregular |
| *adv.* | adverb | | *m.* | masculine noun |
| *conj.* | conjunction | | *pl.* | plural |
| *f.* | feminine noun | | *prep.* | preposition |
| *gram.* | grammar | | *rel. pro.* | relative pronoun |
| *inf.* | infinitive | | *s.* | singular |
| *interj.* | interjection | | *sl.* | slang |
| *inv.* | invariable | | *v.* | verb |

## A

**abajo: de arriba abajo** *adv.* from top to bottom; from head to foot; **río abajo** *adv.* downstream

**abarcar (qu)** *v.* to embrace, encompass

**abarrotado** *adj.* crowded

**abierto** *adj.* open, opened

**abogado** *m.* lawyer

**abogar (gu)** *v.* to plead; to defend; to advocate

**abono** *m.* manure, fertilizer

**abordar** *v.* to board (*train, boat*); to approach, undertake

**aborto** *m.* abortion

**abrazo** *m.* hug, embrace

**abrir** *v.* to open; **abrir camino** to clear the way; to pioneer

**abrochar** *v.* to fasten

**aburrido** *adj.* bored; boring

**aburrirse** *v.* to get bored

**acabar** *v.* to finish, complete; to end up; **acabar de** + *inf.* to have just (*done something*); **acabar por** + *inf.* to end up (*doing something*); **acabarse** to finish, end

**acaso** *adv.* perhaps; by chance

**aceptación** *f.* acceptance, popularity

**acerca de** *prep.* about, concerning

**acercamiento** *m.* approach, drawing near

**acercarse (qu)** *v.* to approach

**acertado** *adj.* correct, proper

**acertar (ie)** *v.* to guess right; to be correct

**acierto** *m.* success

**aclaración** *f.* clarification

**aclarar** *v.* to clarify

**acomodar** *v.* to find a place for; **acomodarse** to find or settle into a comfortable position

**acondicionamiento** *m.* conditioning

**aconsejar** *v.* to give advice; to advise

**acontecer (zc)** *v.* to happen

**acontecimiento** *m.* event

**acordarse (ue)** *v.* to remember

**acoso** (*m.*) **sexual** sexual harassment

**acostar (ue)** *v.* to lay down; to put to bed; **acostarse** to go to bed

**acostumbrarse** (*v.*) **a** to get used to

**acreditado** *adj.* reputable

**actuación** *f.* action; performance; conduct, behavior

**actual** *adj.* present, current

**actualidad: en la actualidad** *adv.* at present, now

**actuar (actúo)** *v.* to act, perform

**acudir** *v.* to come; to go

**acuerdo** *m.* agreement; **de acuerdo con** *prep.* in accordance with; **estar** (*v. irreg.*) **de acuerdo** to agree; **ponerse** (*v. irreg.*) **de acuerdo** to agree, come to an agreement

**adecuar** *v.* to fit; to adapt

**adelantar** *v.* to advance
**adelante** *adv.* forward; **sacar (qu)** (*v.*) **adelante** to produce, turn out; **salir** (*v.*) **adelante** to get ahead
**además** *adv.* moreover; **además de** *prep.* besides
**adentro** *adv.* within, inside
**aderezo** *m.* decoration, adornment
**adivinar** *v.* to guess
**adquirir (ie)** *v.* to acquire
**advertencia** *f.* warning; advice
**advertir (ie, i)** *v.* to notice; to inform, tell; to warn
**afán** *m.* eagerness
**afecto** *m.* feeling; affection
**afectuoso** *adj.* affectionate
**aferrarse (ie)** *v.* to stand by, maintain (*an opinion*)
**afilado** *adj.* sharp
**afirmación** *f.* statement
**afortunado** *adj.* fortunate, lucky
**afrontar** *v.* to confront, face
**afuera** *adv.* outside
**agonizante** *adj.* dying
**agotado** *adj.* exhausted
**agradable** *adj.* pleasant
**agradecimiento** *m.* gratefulness, gratitude
**agrario** *adj.* land; agricultural
**agregar (gu)** *v.* to add
**agricultor** *m.* farmer
**agrupación** *f.* group, collection
**agua** *f.* (*but* **el agua**) **corriente** running water
**aguardiente** *m.* liquor
**agudeza** *f.* sharpness, wit
**agudo** *adj.* sharp
**águila** *f.* (*but* **el águila**) eagle
**agujero** *m.* hole; **agujero de gusano** wormhole
**ahondamiento** *m.* deepening, going more deeply into
**aire: al aire libre** outdoors
**aislar** *v.* to isolate
**ajeno** *adj.* belonging to another
**alargar (gu)** *v.* to lengthen
**alarido** *m.* shout, cry
**alcance: al alcance de** *adv.* within reach; **fuera del alcance** *adv.* out of reach
**alcanzar (c)** *v.* to reach
**alcoba** *f.* bedroom
**aleccionador** *adj.* instructive, enlightening
**alegrarse** *v.* to be glad, happy
**alegre** *adj.* happy, glad
**alegría** *f.* happiness
**aliado** *m.* ally
**aliento: sin aliento** *adj.* breathless

**alimentación** *f.* food, nourishment
**alimentar** *v.* to feed
**alimentario** *adj.* food
**alimenticio** *adj.* food
**alimento** *m.* food
**alquilar** *v.* to rent
**aliviar** *v.* to lessen; to ease, relieve, soothe
**allá: más allá** *adv.* farther; **más allá de** *prep.* beyond
**alma** *f.* (*but* **el alma**) soul, spirit
**almacén** *m.* warehouse; store
**almacenar** *v.* to store
**almohada** *f.* pillow
**almuerzo** *m.* lunch
**alojamiento** *m.* lodging
**alquiler: de alquiler** *adj.* rental
**alrededor de** *prep.* around; **a su alrededor** around one; **alrededores** *m. pl.* surroundings; outskirts
**alto** *adj.* high; tall; **en voz alta** *adv.* aloud
**alto: poner** (*v. irreg.*) **alto a** to put a stop to
**altura** *f.* height
**alza: en alza** *adv.* on the rise
**ama** (*f.* [*but* **el ama**]) **de casa** housewife
**amable** *adj.* kind
**amar** *v.* to love
**amargo** *adj.* bitter
**amarillo** *adj.* yellow
**ambiental** *adj.* environmental
**ambiente** *m.* atmosphere; environment; milieu; surroundings; **medio** (*m.*) **ambiente** environment
**ámbito** *m.* sphere, scale
**ambos** *adj. pl.* both
**amenaza** *f.* threat
**amenazante** *adj.* threatening
**amenazar (c)** *v.* to threaten
**ametralladora** *f.* machine gun
**amistad** *f.* friendship
**amo** *m.* master
**amor** *m.* love
**ampliación** *f.* enlargement; expansion
**ampliar (amplío)** *v.* to widen; to expand
**amplio** *adj.* wide; extensive, comprehensive
**analfabetismo** *m.* illiteracy
**ancho** *adj.* wide, full
**anciano** *m.* elder; old man; *f.* old woman
**andamio** *m.* scaffold
**andar** *v. irreg* to walk; **andar en bicicleta** to ride a bicycle

**andén** *m.* platform (*train station*)
**anglohablante** *m., f. n.* English speaker; *adj.* English-speaking
**angosto** *adj.* narrow
**angustia** *f.* anguish, anxiety
**anillo** *m.* ring
**ánimo: estado** (*m.*) **de ánimo** mood
**aniquilar** *v.* to annihilate, destroy
**anotar** *v.* to note down, jot down
**ansiedad** *f.* anxiety
**ansioso** *adj.* anxious
**antagónico** *adj.* antagonistic
**ante** *prep.* in front of; before
**antemano: de antemano** *adv.* beforehand
**antepasado** *m.* ancestor
**anteponer** *v. irreg.* to prefer, give preference to; to place in front of
**anterior** *adj.* previous
**antes: cuanto antes** *adv.* as soon as possible
**antigüedad** *f.* antiquity, ancient times
**antiguo** *adj.* ancient; antique; old
**antivíbora** *adj.* anti-snake
**anuncio** *m.* announcement; advertisement; **anuncio publicitario** advertisement
**añadir** *v.* to add
**apagar (gu)** *v.* to turn off; to quench (*thirst*)
**aparato** *m.* device, gadget
**aparecer (zc)** *v.* to appear
**apartado** *adj.* separated
**apartarse** *v.* to move away
**aparte** *adj.* separate; **aparte de** *prep.* apart from
**apear** *v.* to help get down from
**apellido** *m.* (family) name
**apenas** *adv.* barely, hardly
**apetitoso** *adj.* appetizing
**aplacarse (qu)** *v.* to appease, placate
**apodo** *m.* nickname
**aportar** *v.* to contribute, bring
**apostar (ue)** *v.* to bet
**apoyar** *v.* to support
**apoyo** *m.* support
**aprendizaje** *m.* (act of) learning
**apresuradamente** *adv.* hurriedly
**apresurarse** *v.* to hurry
**aprisa** *adv.* quickly, hurriedly
**aprovechamiento** *m.* development
**aprovechar** *v.* to take advantage of
**apto** *adj.* suitable
**apuesto** *adj.* good-looking
**apuntar** *v.* to point out, indicate; to jot down
**apunte** *m.* note
**apuro** *m.* distress, difficulty; haste

**araña** *f.* spider
**árbol** *m.* tree
**arcano** *m.* secret; mystery
**archivo** *m.* file, record
**ardiente** *adj.* passionate, fiery
**argüir (y)** *v.* to argue, contend
**argumentación** *f.* reasoning; argument
**argumento** *m.* plot; argument (*literary*)
**arma** *f.* (*but* **el arma**) weapon
**arquitectónico** *adj.* architectural
**arrasar** *v.* to smooth, level; to destroy
**arrastrar** *v.* to drag, pull
**arreglar** *v.* to arrange, put in order
**arreglo** *m.* arrangement
**arremolinado** *adj.* swirling
**arrepentirse (ie, i)** *v.* to repent
**arriba: de arriba abajo** *adv.* from top to bottom; from head to foot
**arribar** (*v.*) **a** to reach, arrive at
**arroz** *m.* rice
**artesanía** *f. s., pl.* handicrafts
**artilugio** *m.* contraption
**ascender (ie)** *v.* to rise, go up
**ascensor** *m.* elevator
**asegurar** *v.* to assure; to insure, guarantee; **asegurarse** to make sure
**asemejarse** *v.* to resemble
**asentir (ie, i)** *v.* to agree; to nod
**asesinato** *m.* murder
**asesor** *m.* counselor; advisor
**asiduo** *adj.* frequent, regular
**asiento** *m.* seat
**asimismo** *adv.* likewise, also
**asistencia** (*f.*) **pública** welfare, public assistance
**asistir (a)** *v.* to attend
**asomarse** *v.* to appear, be apparent
**asombro** *m.* surprise, astonishment
**asombroso** *adj.* surprising, astonishing
**aspecto** *m.* aspect; appearance
**aspirante** *m., f.* candidate, applicant
**asqueado** *adj.* nauseated
**astucia** *f.* cleverness
**asunto** *m.* matter; subject, topic
**asustarse** *v.* to become frightened
**atar** *v.* to tie
**atención: prestar** (*v.*) **atención** to pay attention
**atender (ie)** *v.* to take care of; to pay attention
**atentamente** *adv.* carefully
**aterrizar (c)** *v.* to land
**atisbo** *m.* inkling, first indication

**atracar (qu)** *v.* to assault; to moor (*nautical*)
**atraer** *v. irreg.* to attract
**atrapar** *v.* to trap
**atrás** *adv.* back, backward; **ir** (*v. irreg.*) **para atrás** to go back
**atrevido** *adj.* daring
**audacia** *f.* daring, audacity
**audaz** (*pl.* **audaces**) *adj.* daring, bold
**aula** *f.* (*but* **el aula**) classroom
**aumentar** *v.* to increase
**aumento** *m.* increase
**autobán** *m.* (*German*) freeway
**autocensura** *f.* self-censorship
**autoconcepto** *m.* self-image
**autoconservación** *f.* self-preservation
**autorretrato** *m.* self-portrait
**ave** *f.* (*but* **el ave**) bird
**averiguar (güe)** *v.* to ascertain, find out
**avión** *m.* airplane
**azafata** *f.* flight attendant
**azúcar** *m.* sugar
**azucena** *f.* white lily
**azul** *adj.* blue

## B

**bailar** *v.* to dance
**bajar** *v.* to lower
**bajo** *adj.* low; poor; *prep.* under
**bancarrota** *f.* bankruptcy
**bañar** *v.* to bathe
**baño** *m.* bathroom
**barato** *adj.* inexpensive, cheap
**barba** *f.* beard; **barba de candado** goatee
**barra** *f.* bar; railing
**barrer** *v.* to sweep
**barrio** *m.* neighborhood
**bastante** *adj.* enough, sufficient; *adv.* enough, sufficiently; fairly, rather
**bastar** *v.* to be enough, suffice
**bastidor** *m.* framework
**batata** *f.* sweet potato
**batido: helado** (*m.*) **batido** milk shake
**baúl** *m.* trunk
**bebedor** *m.* drinker
**bebida** *f.* drink
**beca** *f.* scholarship
**Bella Durmiente** Sleeping Beauty
**belleza** *f.* beauty
**bello** *adj.* beautiful
**beneficiarse** (*v.*) **de** to benefit from; to profit from
**beréber** *m.* Berber

**beso** *m.* kiss
**biblioteca** *f.* library
**bicicleta: andar** (*v. irreg.*) **en bicicleta** to ride a bicycle
**bienes** *m. pl.* goods
**bienestar** *m.* well-being
**billete** *m.* ticket
**Blancanieves** Snow White
**bobo** *adj.* silly; foolish
**bocacalle** *f.* (*street*) intersection
**bocado: tomar** (*v.*) **un bocado** to have a bite (to eat)
**bolsa** *f.* bag; purse
**bonito** *adj.* pretty
**bonoloto** *f.* lottery
**borbollón** *m.* bubbling
**bordeado** *adj.* edged, bordered
**borrachera** *f.* drunkenness
**borrador** *m.* draft
**bosque** *m.* forest, woods
**bosquejo** *m.* outline; sketch
**bota** *f.* boot
**botella** *f.* bottle
**bóveda** *f.* vault (*architecture*)
**brazo** *m.* arm; **coger (j)** (*v.*) **del brazo** to take by the arm
**breve** *adj.* brief
**brillar** *v.* to shine
**británico** *adj.* British
**bruja** *f.* witch
**brujilla** *f.* tumbler, roly-poly (*doll on a weighted base*)
**brujo** *m.* sorcerer, wizard
**bueno: en buena medida** *adv.* in large part
**bullicio** *m.* noise, racket
**bulto** *m.* shape, form, mass
**bumerán** *m.* boomerang
**busca** search, hunt; **ir** (*v. irreg.*) **en busca de** to go looking for
**buscar (qu)** *v.* to look for, search
**búsqueda** *f.* search, hunt; research

## C

**cabal** *adj.* complete
**caballo** *m.* horse
**cabello** *m.* hair
**caber (quepo)** *v.* to fit
**cabeza** *f.* head
**cabo: llevar** (*v.*) **a cabo** to carry out
**cabra** *f.* goat
**cada** *adj.* each; every; **cada vez más** *adv.* more and more; **cada vez menos** *adv.* less and less
**caer** *v. irreg.* to fall; **dejar** (*v.*) **caer** to drop
**café** *m.* coffee; **color** (*m.*) **café** coffee-colored, brown

**cafetera** *f.* coffeepot
**caja** *f.* box
**cajón** *m.* box; drawer
**calamar** *m.* squid
**cálculo** *m.* calculation, computation
**caldo** *m.* broth
**calidad** *f.* quality
**caliente** *adj.* warm; hot
**calificación** *f.* grade (*academic*)
**callado** *adj.* quiet
**calle** *f.* street
**callejero** *adj.* street
**cambiante** *adj.* changing
**cambiar** *v.* to change
**cambio** *m.* noun; **en cambio** *conj.* on the other hand
**caminar** *v.* to walk
**camino** *m.* road, path; trip, journey; way; **abrir** (*v.*) **camino** to clear the way; to pioneer; **ir** (*v. irreg.*) **por buen/mal camino** to be on the right/wrong track; **mitad** (*f.*) **de camino** half-way; **ponerse** (*v. irreg.*) **en camino** to set out, begin one's journey
**camioneta** *f.* pickup truck; station wagon
**camisa** *f.* shirt
**camisón** *m.* nightshirt
**campaña** *f.* campaign
**campeón** *m.* champion
**campesino** *m.* peasant
**campo** *m.* field; countryside
**canasto** *m.* large basket; hamper
**canción** *f.* song
**candado: barba** (*f.*) **de candado** goatee
**cansado** *adj.* tired
**cantante** *m., f.* singer
**cantar** *v.* to sing
**cantidad** *f.* quantity
**canturrear** *v.* to hum, sing softly
**caña** *f.* (sugar) cane; whiskey
**capacidad** *f.* ability
**capaz** (*pl.* **capaces**) *adj.* able, capable
**Caperucita Roja** Little Red Riding Hood
**capítulo** *m.* chapter
**captar** *v.* to capture; to attract; to perceive; to draw, depict
**cara** *f.* face
**carabela** *f.* caravel (*small, light ship*)
**carcajearse** *v.* to roar with laughter
**cárcel** *f.* jail, prison
**carecer** (**zc**) (*v.*) **de** to lack
**carencia** *f.* lack
**carga** *f.* load; burden

**cargar** (**gu**) *v.* to load (down); to carry
**cargo** *m.* charge, accusation; **de cargo vitalicio** tenure
**caricia** *f.* caress
**cariño** *m.* affection
**carne** *f.* meat; flesh
**carnero** *m.* ram
**caro** *adj.* expensive
**carrera** *f.* career; race
**carretera** *f.* highway
**carruaje** *m.* carriage
**carta** *f.* letter
**casa: ama** (*f.* [*but* **el ama**]) **de casa** housewife
**casarse** *v.* to get married
**casi** *adv.* almost, nearly
**casilla** *f.* box
**caso: hacer** (*v. irreg.*) **caso** to pay attention; **en todo caso** in any case, at any rate; **venir** (*v. irreg.*) **al caso** to be appropriate, relevant
**castaño** *m.* chestnut-colored, brown
**castigo** *m.* punishment
**castillo** *m.* castle
**caudaloso** *adj.* rushing (*water*)
**causa: a causa de** *conj.* because of
**cautela** *f.* caution
**cauteloso** *adj.* cautious
**cazar** (**c**) *v.* to hunt
**ceja** *f.* eyebrow
**célebre** *adj.* famous
**cena** *f.* supper, dinner
**cenar** *v.* to have dinner, dine
**Cenicienta** Cinderella
**centrar** *v.* to concentrate, focus
**centro** *m.* center; downtown
**cerca** *adv.* close, nearby; **cerca de** *prep.* close to, near; **de cerca** *adv.* from a short distance
**cerca** *f.* fence
**cercano** *adj.* close, near
**cerdo** *m.* pig; pork
**cereza** *f.* cherry
**cerrar** (**ie**) *v.* to close
**certidumbre** *f.* certainty
**cesta** *f.* basket
**charco** *m.* puddle
**charla** *f.* talk, chat
**chillar** *v.* to scream, shriek, screech
**chiquitín** *adj.* small, tiny
**chiste** *m.* joke
**chistoso** *adj.* funny, amusing, witty
**cicatriz** (*pl.* **cicatrices**) *f.* scar
**ciego** *adj.* blind
**cielo** *m.* heaven; sky

**ciervo** *m.* stag
**cifra** *f.* number, figure
**cine** *m.* movie theater; *s.* movies
**cinta: grabadora** (*f.*) **de cintas** tape recorder
**cintura** *f.* waist
**cita** *f.* quotation
**citar** *v.* to quote, cite
**ciudad** *f.* city
**ciudadano** *m.* citizen
**claro** *adj.* clear; light (*color*); *adv.* of course, clearly
**clave** *f.* key; *adj. inv.* key
**cleptómano** *m.* kleptomaniac
**cobija** *f.* blanket
**cocainómano** *m.* cocaine addict
**coche** *m.* car
**cocina** *f.* kitchen
**cocinar** *v.* to cook
**código** *m.* code
**cofia** *f.* nightcap, kerchief
**coger** (**j**) *v.* to take hold of, grasp; **coger del brazo** to take by the arm
**cohete** *m.* rocket
**cola** *f.* line
**colina** *f.* hill
**colocar** (**qu**) *v.* to place
**colorear** *v.* to turn red
**comandante** *m.* commander
**comedor** *m.* dining room
**comenzar** (**ie**) (**c**) *v.* to begin
**comer** *v.* to eat
**comerciante** *m.* merchant, businessman
**comercio** *m.* trade, business
**comestibles** *m. pl.* food, provisions
**cómico: tira** (*f.*) **cómica** comic strip
**comida** *f.* food; meal
**comienzo** *m.* beginning
**comillas** *f. pl.* quotation marks
**comodidad** *f.* comfort
**comodín** *m.* placeholder
**cómodo** *adj.* comfortable
**compadre** *m.* godfather; friend, pal, buddy
**compartir** *v.* to share
**competencia** *f.* competition
**competir** (**i, i**) *v.* to compete
**complemento** *m.* object (*gram.*)
**cómplice** *m.* accomplice
**componer** *v. irreg.* to compose, make up
**comportamiento** *m.* behavior
**comportarse** *v.* to behave
**compra** *f.* purchase; **ir** (*v. irreg.*) **de compras** to go shopping
**comprador** *m.* buyer

**comprobar (ue)** *v.* to check, verify; to prove, show

**comprometerse** *v.* to commit oneself to

**compuesto (de)** *adj.* made up (of), composed (of)

**común y corriente** *adj.* common, ordinary, everyday

**concebir (i, i)** *v.* to conceive (*mentally*); to depict (*artistically*)

**conciencia: tomar** (*v.*) **conciencia** to become aware

**concientizar (c)** *v.* to raise (*one's*) consciousness

**concluir (y)** *v.* to conclude

**conclusión: sacar (qu)** (*v.*) **conclusiones** to draw conclusions

**concordancia** *f.* agreement (*gram.*)

**concordar (ue)** *v.* to agree

**concretar** *v.* to make real, make come true

**condenado** *adj.* condemned

**condicionamiento** *m.* conditioning

**conducir** *v. irreg.* to drive; to lead

**conejillo** (*m.*) **de Indias** guinea pig

**confeccionar** *v.* to create, concoct

**confiable** *adj.* trustworthy, reliable

**confianza** *f.* trust; confidence; **tener** (*v. irreg.*) **confianza** to be confident

**confundir** *v.* to confuse

**congénere** *m.* fellow; like-minded person

**conjugar (gu)** *v.* to combine, blend; to conjugate (*gram.*)

**conjunto** *m.* whole, entirety; set; group; *adj.* joint, joined; connected

**conjuro** *m.* spell, incantation

**conllevar** *v.* to aid, assist

**conocido** *m.* acquaintance

**conocimiento** *m.* knowledge

**conseguir (i, i) (g)** to obtain; to attain; **conseguir** + *inf.* to manage to + *inf.;* to succeed in + *gerund*

**consejo** *m.* (piece of) advice

**conservar** *v.* to preserve, maintain

**constar** (*v.*) **de** to consist of

**constituir (y)** *v.* to constitute; to compose, make up

**construir (y)** *v.* to construct, build

**consumado** *adj.* consummate; perfect

**contaminación** *f.* pollution

**contar (ue)** *v.* to tell; to count; **contar con** to count on

**contener** *v. irreg.* to contain

**contenido** *m.* content

**contestable** *adj.* contestable (*that which can be proved or disproved*)

**continuación: a continuación** *adv.* following

**contra** *prep.* against

**contradecir** *v. irreg.* to contradict; to oppose

**contraproducente** *adj.* counterproductive; self-defeating

**contrarrestar** *v.* to counteract, combat

**contribuyente** *m., f.* contributor

**control: lista** (*f.*) **de control** checklist

**controvertido** *adj.* controversial

**conveniente** *adj.* suitable

**convenir** (*v. irreg.*) + *inf.* to be a good idea to (*do something*)

**convivir** *v.* to live together; to co-exist

**coraje** *m.* courage, spirit

**corazón** *m.* heart

**corporal** *adj.* body

**corredor** *m.* corridor, passage, hall

**corregir (j)** *v.* to correct

**correo** *m.* mail

**corretear** *v.* to run, rush about

**corriente** *f.* current; **agua** *f.* (*but* **el agua**) **corriente** running water; **mantenerse** (*v. irreg.*) **al corriente** to keep up to date; **común y corriente** *adj.* common, ordinary, everyday

**cortar** *v.* to cut

**corto** *adj.* short (*length*)

**cosecha** *f.* harvest

**coser: máquina** (*f.*) **de coser** sewing machine

**cosquillas** *f. pl.* tickling

**costado** *m.* side

**costear** *v.* to pay for

**costumbre: como de costumbre** *adv.* as usual

**crecer (zc)** *v.* to grow

**creciente** *adj.* growing

**crecimiento** *m.* growth

**creencia** *f.* belief

**creer** *v.* to believe

**creíble** *adj.* believable

**crianza** *f.* upbringing, raising

**criar (crío)** *v.* to raise

**crisma** *m., f.* consecrated oil; head

**crisol** *m.* melting pot

**crítica** *f.* criticism

**croupier** *m. person in charge of a gambling table*

**cruzar (c)** *v.* to cross, intersect

**cuaderno** *m.* notebook

**cuadro** *m.* painting; chart

**cuanto antes** *adv.* as soon as possible; **en cuanto a** *prep.* as to, in regard to

**cuarto** *m.* room; quarter; fourth; *adj.* fourth

**cubierto** *adj.* covered

**cubrir** *v.* to cover

**cuenca** *f.* basin

**cuenta: darse** (*v. irreg.*) **cuenta** to realize; **en resumidas cuentas** in short, in a word; **por cuenta propia** on one's own account; **tener** (*v. irreg.*) **en cuenta** to keep in mind; **tomar** (*v.*) **en cuenta** to consider

**cuento** *m.* story; **cuento de hadas** fairy tale

**cuerno** *m.* horn

**cuero** *m.* leather

**cuerpo** *m.* body

**cuidado** *m.* care; **con cuidado** *adv.* carefully; **tener** (*v. irreg.*) **cuidado** to be careful

**cuidadoso** *adj.* careful

**cuidar (a) (de)** *v.* to take care of, care for

**culebra** *f.* snake

**culpa** *f.* fault, blame

**culpable** *adj.* guilty

**cultivo** *m.* cultivation, farming; crop

**cumplir (con)** *v.* to fulfill, complete

**cursivo: letra** (*f.*) **cursiva** italics

**curso** course; **moneda de curso** currency

**cuyo** *rel. pro.* whose

## D

**dañar** *v.* to damage

**dañino** *adj.* harmful

**daño** *m.* damage

**dar** *v. irreg.* to give; **dar a conocer** to make known; **dar a luz** to give birth; **dar con** to meet, run into; **dar el primer paso** to take the first step; **dar fin a** to end; **dar igual** to be all the same; **dar por hecho** to consider done; **dar por sentado** to take for granted, assume; **dar risa** to make laugh; **dar un golpe** to hit; **darse cuenta (de)** to realize

**dato** *m.* fact; *pl.* information

**deber** *m.* duty

**deber** *v.* to owe; **deber** + *inf.* should (*do something*); **deberse a** to be due to

**debido a** *prep.* due to

**débil** *adj.* weak
**debilidad** *f.* weakness
**decir** *v. irreg.* to say; **es decir** that is to say; **querer** (*v. irreg.*) **decir** to mean
**decisión: tomar** (*v.*) **una decisión** to make a decision
**dedo** *m.* finger
**defectuoso** *adj.* defective
**defensor** *m.* defender
**dejar** *v.* to leave; **dejar caer** to drop; **dejar de** + *inf.* to stop (*doing something*)
**deleitarse** *v.* to delight, take pleasure in
**delito** *m.* crime
**demás: los demás** *m. pl.* the remaining, the rest
**demasiado** *adj.* too much; *pl.* too many; *adv.* too; too much
**denegado** *adj.* refused; denied
**denuncio** *m.* denunciation, denouncement
**deporte** *m.* sport
**deportista** *m.* sportsman
**deportivo** *adj.* sports
**deprimido** *adj.* depressed
**derecha** *adj.* right; **a la derecha** *prep.* on the right
**derecho** *m.* right (*legal*)
**deriva: a la deriva** *adj.* adrift
**derrengarse (gu)** *v.* to loathe oneself, hate oneself
**desafío** *m.* challenge
**desafortunadamente** *adv.* unfortunately
**desagradable** *adj.* unpleasant
**desagradecido** *m.* ungrateful person
**desahogarse (gu)** *v.* to give vent to one's feelings
**desahogo** *m.* comfort; relief; relaxation
**desalentado** *adj.* discouraged
**desaparecer (zc)** *v.* to disappear
**desarrollar** *v.* to develop
**desarrollo** *m.* development
**desayunar** *v.* to have breakfast
**desayuno** *m.* breakfast
**desbancar (qu)** *v.* to supplant, replace
**desbordar** *v.* to overflow
**descansar** *v.* to rest
**descanso** *m.* rest; break
**desconcertado** *adj.* troubled; upset
**desconocer (zc)** *v.* to not know, be ignorant of
**desconocido** *adj.* unknown; *m.* unknown person

**describir** *v.* to describe
**descrito** *adj.* described
**descubierto** *adj.* discovered; **poner** (*v. irreg.*) **al descubierto** to expose, reveal
**descubrimiento** *m.* discovery
**descubrir** *v.* to discover
**descuidado** *adj.* careless, negligent
**desecho** *m.* waste, debris
**desempeñar** *v.* to carry out; to fulfill
**desenfadado** *adj.* confident; casual
**desenlace** *m.* conclusion, outcome
**desenmascarar** *v.* to unmask, expose
**desenredar** *v.* to untangle, unravel
**desesperado** *adj.* desperate; hopeless
**desgastado** *adj.* weak
**desgracia** *f.* disgrace; misfortune; **por desgracia** *adv.* unfortunately
**desgraciadamente** *adv.* unfortunately
**desintegrarse** *v.* to disintegrate
**desmedrado** *adj.* wasted, emaciated
**desmembrado** *adj.* dismembered
**desnutrición** *f.* malnutrition
**despacio** *adv.* slow
**desperdicio** *m.* waste, squandering
**despertar (ie)** *v.* to wake; **despertarse** to wake up
**despilfarro** *m.* waste, squandering, extravagance
**despistar** *v.* to mislead, fool
**desplazarse (c)** to move around
**desplegar (ie) (gu)** *v.* to unfold, open up
**desprenderse** *v.* to issue (from); **desprenderse de** to be inferred from; to divest oneself of
**destacar (qu)** *v.* to emphasize
**destinatario** *m.* addressee
**destino** *m.* fate
**destreza** *f.* skill
**destruir (y)** *v.* to destroy
**desvestirse (i, i)** *v.* to get undressed
**desviarse (me desvío)** *v.* to stray
**detallar** *v.* to detail
**detalle** *m.* detail
**detenerse** *v. irreg.* to stop, linger
**detenidamente** *adv.* carefully
**detenimiento** *m.* care, thoroughness
**determinado** *adj.* specific
**devenir** (*v. irreg.*) **en** to develop into
**devolver (ue)** to return (*something to someone*); **devolverse** to return, go back

**día: hoy (en) día** *adv.* nowadays
**diablo** *m.* devil
**diapositiva** *f.* slide transparency
**diario** *m.* journal; *adj.* daily
**dibujar** *v.* to draw
**dibujo** *m.* drawing
**dicho** *adj.* said
**diente** *m.* tooth
**diestra** *f.* right hand
**diferencia: a diferencia de** *prep.* unlike
**difunto** *m.* deceased person
**difusión** *f.* broadcasting
**digno** *adj.* worthy
**diligencia** *f.* stagecoach
**dinero** *m.* money
**dirigir (j)** *v.* to direct; **dirigirse a** to go to, head toward; to address (*person*)
**discrepar** *v.* to disagree; to differ
**discurso** *m.* lecture, speech
**diseñador** *m.* designer, creator
**diseñar** *v.* to design
**diseño** *m.* design
**disfrazar (c)** *v.* to disguise
**disfrutar** (*v.*) **de** to enjoy; to benefit from
**disgustado** *adj.* displeased, annoyed
**disminución** *f.* decrease
**disparar** *v.* to shoot
**disponer** *v. irreg.* to dispose
**disponible** *adj.* available
**dispuesto: estar** (*v. irreg.*) **dispuesto a** to be ready to, prepared to
**distraer** *v. irreg.* to distract
**diván** *m.* couch
**divertido** *adj.* fun
**divertir (ie, i)** *v.* to amuse, entertain; **divertirse** to have fun
**divulgación** *f.* disclosure
**doblar** *v.* to turn
**doliente** *adj.* afflicted
**dolor** *m.* pain
**dominio** *m.* domain
**dorado** *adj.* golden
**dormido** *adj.* asleep; **quedar** (*v.*) **dormido** to fall asleep
**dormir (ue, u)** *v.* to sleep; **dormirse** to fall asleep
**dormitorio** *m.* bedroom
**dubitativo** *adj.* dubitative (*gram.*)
**ducha** *f.* shower
**ducharse** *v.* to take a shower
**duda** *f.* doubt
**dudar** *v.* to doubt
**dudoso** *adj.* doubtful
**dulce** *m.* candy, sweet; *adj.* sweet
**duplicar (qu)** *v.* to double

**duque** *m.* duke
**duradero** *adj.* lasting
**durar** *v.* to last
**durmiente: Bella Durmiente** Sleeping Beauty
**duro** *adj.* hard

# E

**echar** *v.* to throw, toss; **echar un vistazo** to glance
**edad** *f.* age
**edecán** *m.* aide-de-camp
**edición** *f.* editing; edition
**edificio** *m.* building
**eficacia** *f.* efficiency; effectiveness
**eficaz** (*pl.* **eficaces**) *adj.* efficient; effective
**ejecutar** *v.* to execute, carry out
**ejercer (z)** *v.* to practice, exercise
**ejercicio: hacer** (*v. irreg.*) **ejercicio** to exercise
**elaborar** *v.* to elaborate, work out; to make
**elegir (i, i) (j)** *v.* to elect
**elevar** *v.* to raise
**eludir** *v.* to avoid; to escape
**embarcación** *f.* ship, boat
**embargo: sin embargo** *conj.* however; nevertheless
**emocionante** *adj.* exciting
**emotivo** *adj.* causing emotion; emotional
**empaquetado** *m.* packaging
**empedernido** *adj.* inveterate, hardened
**empeorar** *v.* to worsen
**empequeñecimiento** *m.* reduction, diminution
**empleado** *m.* employee
**emplear** *v.* to employ; to use
**empleo** *m.* job; use
**empollón** *m.* bookworm
**empotrado** *adj.* embedded
**emprender** *v.* to undertake
**empresa** *f.* business, company
**empresario** *m.* businessman
**empujar** *v.* to push
**enamorarse** (*v.*) **de** to fall in love with
**enano** *m.* dwarf
**encajar** *v.* to fit; to be appropriate
**encajonar** *v.* to confine
**encantar** *v.* to enchant, delight
**encanto** *m.* enchantment
**encargarse (gu)** (*v.*) **de** + *gerund* to take charge of, make oneself responsible for (*doing something*)
**encarnar** *v.* to embody
**encender (ie)** *v.* to turn on

**encerrar (ie)** *v.* to enclose; to lock up
**encinta** *adj.* pregnant
**encontrar (ue)** *v.* to find; **encontrarse con** to meet, come across
**encrucijada** *f.* crossroads; intersection
**encuadrar** *v.* to frame; to contain
**encubrir** *v.* to cover up
**encuentro** *m.* encounter
**encuesta** *f.* survey, poll
**encuestado** *adj.* surveyed, polled
**endeudar (endeúdo)** *v.* to get into debt
**enemistarse** *v.* to become enemies
**enfado** *m.* anger, irritation
**enfatizar (c)** *v.* to emphasize
**enfermarse** *v.* to get sick
**enfermedad** *f.* illness, sickness
**enfermo** *m.* sick person; *adj.* sick
**enfocar (qu)** *v.* to focus (*on something*)
**enfoque** *m.* focus
**enfrentarse** *v.* to confront; to face
**enganchar** *v.* to hook, addict
**engrosar** *v.* to enlarge, increase
**enlatado** *adj.* canned
**enlazado** *adj.* linked, connected
**enlazar (c)** *v.* to link, connect
**enmienda** *f.* amendment
**enojado** *adj.* angry
**enojo** *m.* anger
**ensalada** *f.* salad
**ensayo** *m.* essay
**enseguida** *adv.* at once, immediately
**enseñanza** *f.* teaching, education
**ensordecedor** *adj.* deafening
**ente** *m.* being
**enterarse** *v.* **(de)** to find out (about)
**entero** *adj.* entire, whole
**entonar** *v.* to sing (*something*) in tune
**entonces** *adv.* then
**entorno** *m.* environment, milieu
**entre** *prep.* between; among
**entregar (gu)** *v.* to hand in; **entregarse** to surrender oneself
**entrelazado** *adj.* entwined, interlaced
**entrenado** *adj.* trained
**entrenador** *m.* trainer
**entrenamiento** *m.* training
**entretejer** *v.* to interweave
**entretener** *v. irreg.* to entertain
**entrevistar** *v.* to interview
**enumerar** *v.* to list
**enunciar** *v.* to state
**envenenar** *v.* to poison

**enviar (envío)** *v.* to send
**envuelto** *adj.* wrapped
**equilibrio** *m.* balance
**equipo** *m.* team
**equivaler** *v. irreg.* to equal, be equivalent to
**equivocarse (qu)** *v.* to make a mistake
**erróneo** *adj.* mistaken
**errosionar** *v.* to erode
**esbelto** *adj.* svelte, slender
**escala** *f.* scale
**escalera** *f.* staircase
**escalofrío** *m.* chill, shiver
**escenario** *m.* stage; setting, background
**escenificación** *f.* staging
**esclarecer (zc)** *v.* to clarify
**esclavo** *m.* slave
**escocés** *m.* Scottish
**escoger (j)** *v.* to choose
**escolar** *adj.* school; scholastic
**escolaridad** *f.* education
**esconder** *v.* to hide
**escribir** *v.* to write; **máquina** (*f.*) **de escribir** typewriter
**escrito** *m.* writing, document, manuscript; *adj.* written
**escritor** *m.* writer
**escritorio** *m.* desk
**escritura** *f.* writing
**escuadra** *f.* squad
**esforzarse (ue) (c)** *v.* to make an effort, struggle
**esfuerzo** *m.* effort
**esnifar** *v.* to snort
**espada** *f.* sword
**espanto** *m.* fright
**especia** *f.* spice
**especie** *f.* species
**espectáculo** *m.* show, spectacle
**espeluznante** *adj.* hair-raising, horrifying
**esperanza** *f.* hope
**esperar** *v.* to hope; to expect; to wait
**esquema** *m.* outline
**esquiar (esquío)** *v.* to ski
**esquimal: perro** (*m.*) **esquimal** Husky
**establecer (zc)** *v.* to establish
**establecimiento** *m.* establishment
**estacionar** *v.* to park
**estado** *m.* state; **estado de ánimo** mood
**estallar** *v.* to burst, explode
**estante** *m.* bookcase, shelving
**estar** *v. irreg.* to be; **estar de acuerdo** to agree; **estar dispuesto a** to be ready to, prepared to

**estatal** *adj.* state
**estatura** *f.* height
**estimado** *adj.* esteemed
**estimar** *v.* to think, consider
**estirar** *v.* to stretch
**estómago** *m.* stomach
**estrecho** *adj.* close; narrow; tight
**estrella** *f.* star
**estremecerse (zc)** *v.* to tremble, shake
**estrenar** *v.* to premiere, open
**estrofa** *f.* stanza
**estropeado** *adj.* damaged
**estudiantil** *adj.* student
**estudio** *m.* study
**estupefaciente** *m.* narcotic, drug
**etapa** *f.* step, stage
**ético** *adj.* ethical
**etílico** *adj.* ethyl (*alcohol*)
**euforizante** *adj.* euphoric
**evidencia: poner** (*v. irreg.*) **en evidencia** to give (*someone*) away, show (*someone*) is lying
**evitar** *v.* to avoid
**evolucionar** *v.* to evolve
**exención** *f.* exemption
**exigente** *adj.* demanding
**exigir (j)** *v.* to demand; to require
**eximir** *v.* to exempt, excuse
**éxito** *m.* success; **tener** (*v. irreg.*) **éxito** to be successful
**exitoso** *adj.* successful
**expectativa** *f.* expectancy
**experimentar** *v.* to experience; to experiment
**explotar** *v.* to use; to exploit
**exponer** *v. irreg.* to expose, present
**expuesto** (*p.p. of* **exponer**) *adj.* exposed; explained
**extendido** *adj.* extensive, prolonged
**extraer** *v. irreg.* to extract
**extranjero** *m.* foreigner; *adj.* foreign
**extrañarse** *v.* to be surprised
**extraño** *adj.* strange
**extremadamente** *adv.* extremely

**F**

**fábrica** *f.* factory
**fabricante** *m.* manufacturer
**fabricar (qu)** *v.* to make; to manufacture
**fábula** *f.* fable
**facilidad: con facilidad** *adv.* easily
**facultad** *f.* power; faculty
**falda** *f.* skirt
**fallar** *v.* to fail
**fallecer (zc)** *v.* to pass away, die

**fallecimiento** *m.* death
**falsedad** *f.* falsehood; deceit
**falta** *f.* lack; **hacer** (*v. irreg.*) **falta** to be necessary; **por falta de** *prep.* for want of, lack of
**faltar** *v.* to lack; to be missing, lacking
**familiar** *adj.* family
**fangoso** *adj.* muddy
**fantacientífico** *adj.* science fantasy
**fantasioso** *adj.* dreamlike, dreamy
**fantasma** *m.* ghost
**faraón** *m.* Pharaoh
**favorecer (zc)** *v.* to favor
**fecha** *f.* date
**felicidad** *f.* happiness
**feo** *adj.* ugly
**feroz** (*pl.* **feroces**) *adj.* ferocious
**fidedigno** *adj.* trustworthy, reliable
**fiebre** *f.* fever
**fiel** *adj.* faithful
**figurar** *v.* to appear; to figure
**fijado** *adj.* fixed, set
**fijo** *adj.* still, stationary; set, definite
**filtrar** *v.* to leak
**fin** *m.* end; objective, goal; **a fin de** + *inf. prep.* in order to + *inf.*; **dar** (*v. irreg.*) **fin a** to end; **en / por fin** *adv.* finally; **fin de semana** weekend
**financiación** *f.* financing
**financiero** *adj.* financial
**firme** *adj.* firm, steady
**flor** *f.* flower
**florecer (zc)** *v.* to flourish
**foco** *m.* focus
**folleto** *m.* brochure, pamphlet
**fomentar** *v.* to promote, foster
**fondo** *m.* bottom; back; background; *pl.* funds
**forma: mantenerse** (*v. irreg.*) **en forma** to stay in shape
**formar** (*v.*) **parte de** to be a part or member of
**foro** *m.* forum
**fortalecer (zc)** *v.* to strengthen
**fortificar** *v.* to strengthen; to fortify
**foto: sacar (qu)** (*v.*) **fotos** to take pictures
**fracaso** *m.* failure
**frenar** *v.* to brake
**frenillos** *m. pl.* braces (*teeth*)
**freno** *m.* brake
**frente** *f.* forehead; **frente a** *prep.* in front of, facing
**fresco** *adj.* fresh
**frigorífico** *m.* refrigerator
**friolera** *f.* trifle
**fronterizo** *adj.* frontier

**fuente** *f.* source; font (*computer*)
**fuera** *adv.* outside, out; **fuera del alcance** *adv.* out of reach
**fuerte** *adj.* strong
**fuerza** *f.* strength; force
**fulano** (*m.*) **de tal** so-and-so
**fulgurante** *adj.* bright, shining
**fumador** *m.* smoker
**fumar** *v.* to smoke
**fundamento** *m.* foundation
**fúnebre** *adj.* mournful, lugubrious

**G**

**gafas** *f. pl.* eyeglasses
**galán** *m.* leading man
**galgo** *m.* greyhound
**gama** *f.* range
**ganar** *v.* to earn; to win; to gain
**ganas** *f. pl.* desire, wish, inclination
**gancho** *m.* hook
**garabato** *m.* scribble, scrawl
**garantizar (c)** *v.* to guarantee
**garganta** *f.* throat
**garra** *f.* claw
**gastar** *v.* to spend; to waste; to exhaust
**gasto** *m.* expense, expenditure
**gato** *m.* cat
**gemelo** *m.* twin
**género** *m.* genre (*literature*); gender (*gram.*); cloth, material, fabric
**genialmente** *adv.* brilliantly, cleverly
**genio** *m.* genius
**gente** *f.* people
**geoestacionario** *adj.* geostationary (*orbit*)
**gerencia** *f.* management
**gesticular** *v.* to gesture, gesticulate; to grimace, make faces
**gesto** *m.* gesture
**gigantón** *m.* giant
**giro** *m.* turn
**globo** *m.* balloon; globe
**gobernar (ie)** *v.* to govern
**gobierno** *m.* government
**golpe** *m.* blow; **de golpe** *adv.* suddenly; **dar** (*v. irreg.*) **un golpe** to hit
**golpeado** *adj.* beaten up, banged up
**golpecito: hacer** (*v. irreg.*) **un golpecito seco** to click
**gorro** *m.* cap
**gota** *f.* drop
**gozar (c)** *v.* to enjoy

**grabadora** (*f.*) **de cintas** tape recorder
**gracioso** *adj.* funny, amusing
**grado** *m.* degree
**graduado** *m.* graduate
**grafémico** *adj.* graphemic, pertaining to the letters of the alphabet
**grano** *m.* grain
**grasa** *f.* fat; oil
**gratis** *adj.* free
**gritar** *v.* to shout, yell
**grueso** *adj.* thick
**gruñente** *adj.* grumbling; grunting, growling
**gruñir** *v.* to grumble; to grunt, growl
**guante** *m.* glove
**guapo** *adj.* handsome, good-looking
**guardar** *v.* to keep, retain; to have, hold
**guardería** *f.* day care center, nursery
**gubernamental** *adj.* government
**guerra** *f.* war
**guía** *f.* guide (*book*); *m., f.* guide (*person*)
**guiar** (**guío**) *v.* to guide, direct
**guineo** *m.* banana (*Puerto Rico*)
**guión** *m.* screenplay, script
**guiso** *m.* stew
**gusano: agujero** (*m.*) **de gusano** wormhole
**gusto** *m.* taste; **a gusto** *adv.* comfortably

## H

**haber** (*v. irreg.*) **de** + *inf.* to be supposed to (*do something*); **hay que** + *inf.* to be necessary to (*do something*)
**habilidad** *f.* skill, ability
**habitación** *f.* room
**hablante** *m., f.* speaker
**hablantín** *adj.* talkative, chatty
**hacer** *v. irreg.* to do; to make; **hacer** + *time expression time expression* + ago; **hacer a un lado** to put aside; **hacer calor** to be hot (*weather*); **hacer caso** to pay attention; **hacer ejercicio** to exercise; **hacer falta** to be necessary; **hacer frío** to be cold (*weather*); **hacer hincapié en** to emphasize; to insist on; **hacer preguntas** to ask questions; **hacer resaltar** to emphasize; **hacer una lluvia de ideas** to brainstorm; **hacerse** to become

**hachar** *v.* to chop
**hacia** *prep.* toward
**hada** *f.* (*but* **el hada**) fairy; **cuento** (*m.*) **de hadas** fairy tale
**hallar** *v.* to find
**hambre** *m.* hunger
**hasta** *prep.* until; up to
**hecho** *m.* deed; fact; *adj.* made; done; **dar** (*v. irreg.*) **por hecho** to consider done; **de hecho** in fact; truly, really, actually
**helado** (*m.*) **batido** milk shake
**heredar** *v.* to inherit
**herida** *f.* wound
**herido** *adj.* wounded, injured
**hermoso** *adj.* beautiful, lovely
**herramienta** *f.* tool
**hervido** *adj.* boiled
**hierba: mala hierba** (*f.*) weed
**hierro** *m.* iron
**hilo** *m.* thread
**hincapié: hacer** (*v. irreg.*) **hincapié en** to insist on; to emphasize
**hinchar** *v.* to swell
**hispanohablante** *m., f.* Spanish-speaker
**historiador** *m.* historian
**hogar** *m.* home; hearth
**hoja** *f.* leaf; sheet (*of paper*)
**hombro** *m.* shoulder
**hondo** *adj.* deep; low
**honradez** *f.* honesty; integrity
**honrado** *adj.* honorable
**hora: ya es hora** it's time
**horario** *m.* schedule
**horno** *m.* oven
**hospedar** *v.* to house, give lodging; to host
**hostigante** *adj.* cloying, sickeningly sweet
**hoy (en) día** *adv.* nowadays
**hoya** *f.* pit, hole; riverbed
**hueco** *m.* hole
**hueso** *m.* bone
**humilde** *adj.* humble
**hundir** *v.* to sink; to lower
**huso** *m.* spindle

## I

**idea: hacer** (*v. irreg.*) **una lluvia de ideas** to brainstorm
**idioma** *m.* language
**iglesia** *f.* church
**igual** *adj.* same, equal; similar, alike; **al igual que** *adj.* just as, like; **dar** (*v. irreg.*) **igual** to be all the same; **por igual** *adv.* equally
**ilusionar** *v.* to fascinate; to offer hopes

**impedir (i, i)** *v.* to hinder, obstruct; to prevent
**imperante** *adj.* prevailing
**implicar (qu)** *v.* to imply
**imponer** *v. irreg.* to impose
**importar** *v.* to matter
**imprescindible** *adj.* essential, indispensable
**impuesto** *m.* tax; *adj.* imposed
**impulsar** *v.* to drive
**inalámbrico: teléfono** (*m.*) **inalámbrico** cordless telephone
**incapacidad** *f.* inability; disability
**incapacitado** *adj.* disabled, incapacitated
**incapaz** (*pl.* **incapaces**) *adj.* incapable
**incendio** *m.* fire
**incertidumbre** *f.* uncertainty
**incluir (y)** *v.* to include
**incluso** *adv.* even; including
**inconsciente** *adj.* unconscious
**incorporarse** *v.* to join in, become part of
**incrementar** *v.* to increase
**indagar (gu)** *v.* to investigate
**Indias: conejillo** (*m.*) **de Indias** guinea pig
**indicio** *m.* indication, sign
**indígena** *adj.* indigenous, native; **indígena** (*m., f.*) **norteamericano/a** Native American
**indispuesto** *adj.* indisposed, unwell
**índole** *m.* nature; type, kind
**ineficaz** (*pl.* **ineficaces**) *adj.* inefficient
**inesperado** *adj.* unexpected
**inevitable** *adj.* unavoidable
**infantil** *adj.* children's, pertaining to children
**infeliz** (*pl.* **infelices**) *adj.* unhappy
**infierno** *m.* hell
**influir (y)** *v.* to influence
**infobahn** *m.* information highway
**informática** *f.* computer science
**informe** *m.* report
**infrahumano** *adj.* subhuman
**ingeniero** *m.* engineer
**ingenuo** *m.* naïve person
**ingerir (ie, i)** *v.* to ingest
**ingresar** *v.* to receive, take in
**ingresos** *m. pl.* income
**inhóspito** *adj.* barren, desolate
**iniciar** *v.* to begin, initiate
**inolvidable** *adj.* unforgettable
**inquebrantable** *adj.* unbreakable
**inquietante** *adj.* disquieting, disturbing
**inquietar** *v.* to worry

**inquieto** *adj.* restless
**insatisfecho** *adj.* unsatisfied
**integral** *adj.* whole
**intentar** *v.* to attempt, endeavor
**intento** *m.* attempt
**intercambio** *m.* exchange
**interrumpir** *v.* to interrupt
**intervenir** *v. irreg.* to intervene
**intrigante** *adj.* intriguing;
  interesting
**intrigar (gu)** *v.* to intrigue
**intuir (y)** *v.* to intuit
**inútil** *adj.* useless
**invento** *m.* invention
**inversión** *f.* investment
**inversionista** *m., f.* investor
**invertir (ie, i)** *v.* to invest; to invert
**involucrar** *v.* to involve
**ir** *v. irreg.* to go; **ir de compras** to
  go shopping; **ir en busca de**
  to go looking for; **ir para atrás** to
  go back; **ir por buen/mal
  camino** to be on the right/wrong
  path; **irse** to go away; to leave
**ira** *f.* anger
**irreprimible** *adj.* irrepressible
**isla** *f.* island
**izquierdo** *adj.* left; **a la izquierda**
  *prep.* on the left

**J**

**jabón** *m.* soap
**jamás** *adv.* never
**jefe** *m.* chief; boss
**jerárgicamente** *adv.* hierarchically
**jornada** *f.* (working) day
**joven** *m., f.* youth, young person;
  *adj.* young
**jubilación** *f.* retirement
**jubilado** *adj.* retired, pensioned
**juego** *m.* game
**jugador** *m.* player
**jugar (ue) (gu)** *v.* to play
**juguete** *m.* toy
**juicio** *m.* judgment, decision
**junto con** *prep.* together with,
  along with; **junto a** *prep.* next to
**juntos** *pl. adj.* together
**juventud** *f.* youth
**juzgar (gu)** *v.* to judge

**L**

**labio** *m.* lip
**laboral** *adj.* work, pertaining to
  work or labor
**lacio** *adj.* straight; lank
**lado** *m.* side; **al lado de** *prep.* next
  to; **hacer** (*v. irreg.*) **a un lado** to

put (*something*) aside; **por un
  lado** on the one hand; **por otro
  lado** on the other hand
**ladrar** *v.* to bark
**ladrillo** *m.* brick
**lago** *m.* lake
**lana** *f.* wool, fleece; *sl.* money
**lanzar (c)** *v.* to launch
**largo** *adj.* long; **a lo largo de** *prep.*
  throughout
**lástima** *f.* shame
**lavabo** *m.* washbasin
**lavar** *v.* to wash
**lealtad** *f.* loyalty
**leche** *f.* milk
**lector** *m.* reader
**lectura** *f.* reading
**leer (y)** *v.* to read
**lejos** *adv.* far (away), in the distance; **lejos de** *prep.* far from
**lengua** *f.* tongue; language
**lenguaje** *m.* language
**lento** *adj.* slow
**leña** *f.* firewood
**leñador** *m.* woodcutter
**letra** *f.* letter; handwriting; lyric; **al
  pie de la letra** to the letter,
  literally; **letra cursiva** italics
**levantar** *v.* to lift, raise; **levantarse**
  to get up
**léxico** *m.* vocabulary
**ley** *f.* law
**leyenda** *f.* legend
**librar** *v.* to rescue; to free
**libre** *adj.* free
**lidiar** *v.* to fight
**ligadura** *f.* tie, knot
**ligar (gu)** *v.* to tie, join, link
**liliputiense** *m., f.* Lilliputian
**limosna** *f. s.* alms
**limpiar** *v.* to clean
**línea: patinar** (*v.*) **en línea** to
  roller blade
**lista** (*f.*) **de control** checklist
**llamado** *adj.* so-called
**llamativo** *adj.* showy, flashy, drawing attention
**llanto** *m.* weeping
**llegada** *f.* arrival
**llegar (gu)** *v.* to arrive; **llegar a** to
  amount to; **llegar a** + *inf.* to
  manage to + *inf.*; **llegar a ser** to
  become
**lleno** *adj.* full
**llevar** *v.* to wear; to carry; to lead;
  **llevar** + *period of time* to have
  been + *period of time*; **llevar a
  cabo** to carry out, complete
**llorar** *v.* to cry
**llover (ue)** *v.* to rain

**lluvia** *f.* rain; **hacer** (*v. irreg.*) **una
  lluvia de ideas** to brainstorm
**lobo** *m.* wolf
**localizar (c)** *v.* to locate
**locutor** *m.* speaker
**lograr** *v.* to achieve, attain;
  **lograr** + *inf.* to manage to (*do
  something*)
**logro** *m.* achievement
**lomo** *m.* back
**lucha** *f.* fight, struggle
**luchar** *v.* to fight, struggle
**lucir (zc)** *v.* to display
**ludópata** *m., f.* compulsive
  gambler
**ludopatía** *f.* compulsive gambling
**lugar** *m.* place; **en lugar de** *prep.*
  instead of; **tener** (*v. irreg.*) **lugar**
  to take place
**lúgubre** *adj.* mournful, lugubrious
**lujo** *m.* luxury
**luminoso** *adj.* bright, brilliant
**luna** *f.* moon
**lustre** *m.* shine, luster
**luto: de luto** *adj.* in mourning
**luz** *f.* (*pl.* **luces**) light; **dar** (*v.
  irreg.*) **a luz** to give birth

**M**

**madera** *f.* wood
**madrastra** *f.* stepmother
**madurez** *f.* maturity
**maduro** *adj.* mature
**maestro** *m.* teacher
**maíz** *m.* (*pl.* **maíces**) corn
**mal** *m.* bad; evil
**mala hierba** *f.* weed
**maldad** *f.* evil
**maleta** *f.* suitcase
**malévolo** *adj.* malevolent, evil
**malhumorado** *adj.* bad-tempered
**mandar** *v.* to send; to order
**mandíbula** *f.* jaw
**manejar** *v.* to drive; to manage; to
  operate; to handle
**manifestar (ie)** *v.* to express; to
  show, reveal
**manifiesto: poner** (*v. irreg.*) **de
  manifiesto** to make clear; to
  disclose, reveal
**mano** *f.* hand
**mansedumbre** *f.* meekness
**manteca** *f.* lard
**mantener** *v. irreg.* to keep; to
  maintain, support; **mantenerse
  al corriente** to keep up to date;
  **mantenerse en forma** to stay in
  shape
**mantequilla** *f.* butter

**manutención** *f.* support, maintenance

**manzana** *f.* apple

**máquina** (*f.*) **de coser** sewing machine; **máquina de escribir** typewriter; **máquina tragaperras** slot machine

**maquinación** *f.* scheme, plot

**mar** *m., f.* sea

**maravilla: a las mil maravillas** *adv.* wonderfully

**marca** *f.* brand

**marcadamente** *adv.* markedly

**marcar (qu)** *v.* to strike (*the hour*); to mark

**marcha: poner** (*v. irreg.*) **en marcha** to start, get going

**marchar** *v.* to work; to go; **marcharse** to leave

**marco** *m.* frame; setting, background

**marfil** *m.* ivory

**marido** *m.* husband

**marino** *adj.* sea, pertaining to the sea

**más allá** *adv.* farther; **más allá de** *prep.* beyond

**masaje** *m.* massage

**mascota** *f.* pet

**matanza** *f.* killing

**matar** *v.* to kill

**materia** *f.* subject; material; **materia prima** raw material

**matrícula** *f.* enrollment, registration

**matriculado** *adj.* enrolled, registered

**matrimonio** *m.* marriage

**mayor** *adj.* older; oldest; greater; greatest; larger; largest; **la mayor parte** most

**mayúscula** *f.* capital (*letter*)

**mazmorra** *f.* dungeon

**mediados: a mediados de** *adv.* in the middle of; halfway through

**mediano** *adj.* medium

**mediante** *adv.* by means of; through

**medicamento** *m.* medication, medicine

**médico** *m.* doctor; *adj.* medical

**medida** *f.* measurement, measure; **a medida que** *conj.* as; at the same time as; **en buena medida** *adv.* in large part; **tomar** (*v.*) **medidas** to take steps

**medio** *m.* half; medium; method, way; environment; *pl.* means; *adj.* half; middle, mid; **medio ambiente** environment; **por medio de** *prep.* by means of

**mediodía** *m.* noon, midday

**mejor** *adj.* better; best

**mejorar** *v.* to improve

**melodioso** *adj.* melodic

**menor** *m.* minor; *adj.* younger; youngest; lesser; least; smaller; smallest

**menos** *adv.* less; least; fewer; fewest; **a menos que** *conj.* unless; **al menos** *adv.* at least; **cada vez menos** *adv.* less and less; **por lo menos** *adv.* at least

**menospreciar** *v.* to despise, look down on

**mensaje** *m.* message

**menta** *f.* mint

**mente** *f.* mind

**mentir (ie, i)** *v.* to lie

**menudo** *adj.* minute, tiny; **a menudo** *adv.* often

**mercado** *m.* market

**merced** *f.* mercy

**merecer (zc)** *v.* to deserve

**mes** *m.* month

**mesa** *f.* table

**mesero** *m.* waiter

**meta** *f.* goal

**meter** *v.* to put, place; **meterse** to get into, get mixed up in

**miedo** *m.* fear; **tener** (*v. irreg.*) **miedo** to be afraid

**mientras** *conj.* while; *adv.* meanwhile, when

**mijo** *m.* millet

**milagroso** *adj.* miraculous

**milla** *f.* mile

**mímica** *f.* mime; imitation, mimicry

**minero** *m.* miner

**minifurgoneta** *f.* minivan

**minucioso** *adj.* meticulous, thorough

**mirada** *f.* look

**mirar** *v.* to look; to watch

**miseria** *f.* poverty

**misoginia** *f.* misogyny, hatred of women

**misógino** *adj.* misogynous

**mitad** *f.* half; middle; **mitad de camino** half-way

**mito** *m.* myth

**moda: a la moda** *adv.* fashionably

**modales** *m. pl.* manners

**modalidad** *f.* form, kind, variety

**modismo** *m.* idiom

**modo** *m.* manner; way; mood (*gram.*); **de modo que** *conj.* so that

**mofeta** *f.* skunk

**molestar** *v.* to bother

**moneda** *f.* money, currency; coin; **moneda de curso** currency

**monoparental** *adj.* single-parent

**monoparlante** *adj.* single-language, monolingual

**monstruo** *m.* monster

**montaña** *f.* mountain

**montar** *v.* to ride

**monte** *m.* mountain

**moraleja** *f.* moral

**morcilla** *f.* blood sausage

**mordedura** *f.* bite

**morder (ue)** *v.* to bite

**moribundo** *adj.* dying

**morir** *v. irreg.* to die

**mostaza** *f.* mustard

**mostrar (ue)** *v.* to show

**motivo** *m.* reason

**motosierra** *f.* power saw

**móvil** *adj.* mobile; *m.* mobile telephone

**muerte** *f.* death

**mundial** *adj.* world

**mundo** *m.* world

**muralla** *f.* wall

**músico** *m.* musician


## N

**nacer (zc)** *v.* to be born

**nacido: recién nacido** *m.* newborn

**nadar** *v.* to swim

**nariz** *f.* (*pl.* **narices**) nose

**narrar** *v.* to narrate

**naturaleza** *f.* nature

**nave** *f.* ship

**navegar (gu)** *v.* to navigate

**navideño** *adj.* Christmas

**negar (ie) (gu)** *v.* to deny

**negociante** *m., f.* businessman; businesswoman

**negocio** *m.* business; piece of business

**negrita** *f.* bold-face print

**netamente** *adv.* clearly; purely

**nevera** *f.* refrigerator

**ni siquiera** *conj.* not even

**nieto** *m.* grandson; *pl.* grandchildren

**nieves: Blanca Nieves** Snow White

**niñero** *m.* baby-sitter

**niño** *m.* child; **de niño** as a child

**nivel** *m.* level

**no obstante** *adv.* nevertheless

**noche** *f.* night

**nocivo** *adj.* harmful

**nombre** *m.* name

**nómina** *f.* payroll

**nominal** *adj.* noun (*gram.*)

**norteamericano: indígena** (*m., f.*) **norteamericano/a** Native American
**nota** *f.* grade; note
**noticia** *f.* piece of news; *pl.* news
**noticiero** *m.* newscast
**novia** *f.* girlfriend; bride
**novio** *m.* boyfriend; groom
**núcleo** *m.* nucleus; core
**nuevo** *adj.* new; **de nuevo** *adv.* again
**nuez** *f.* (*pl.* **nueces**) nut
**nutriólogo** *m.* nutritionist, dietician

## O

**obedecer (zc)** *v.* to obey
**obra** *f.* work (*art, literature*)
**obrero** *m.* worker
**obstante: no obstante** *adv.* nevertheless
**obtener** *v. irreg.* to obtain
**obvio** *adj.* obvious
**ocasionado** *adj.* caused
**occidental** *adj.* western
**ocuparse** *v.* to keep busy
**odiar** *v.* to hate
**oferta** *f.* offer
**oficina** *f.* office
**ofrecer (zc)** *v.* to offer
**oído** *m.* (sense of) hearing; inner ear
**oír (y)** *v.* to hear
**ojalá** *interj.* I hope so; Let's hope so
**ojeada** *f.* glance
**ojo** *m.* eye; **¡ojo!** *interj.* careful!; watch out!
**ola** *f.* wave
**olfativo** *adj.* olfactory
**olfato** *m.* (sense of) smell
**oliváceo** *adj.* olive-complexioned
**olor** *m.* smell
**olvidar** *v.* to forget
**olvido** *m.* oblivion; forgetfulness
**opacar (qu)** *v.* to cloud, darken
**opiáceo** *m.* opiate
**opinar** *v.* to think; to form, express an opinion
**oponer** *v. irreg.* to oppose
**opuesto** *m.* opposite
**oración** *f.* sentence (*gram.*)
**orador** *m.* speaker
**ordenador** *m.* computer
**ordenar** *v.* to classify, order
**orgulloso** *adj.* proud
**oriente** *m.* east
**originario** *adj.* originating; descendant
**orilla** *f.* edge; (*river*) bank

**oro** *m.* gold
**ortografía** *f.* spelling
**osadía** *f.* daring, boldness
**oscurecer (zc)** *v.* to darken, become dark
**oscuro** *adj.* dark
**oso** *m.* bear
**otorgar (gu)** *v.* to grant
**otro: por otro lado** *conj.* on the other hand
**oveja** *f.* sheep
**oyente** *m., f.* listener

## P

**pa'** *prep.* (*colloquial for* **para**) to, toward
**padecer (zc)** *v.* to suffer; to endure
**país** *m.* country
**paisaje** *m.* scenery
**pájaro** *m.* bird
**palabra** *f.* word
**paliar** *v.* to alleviate; to lessen
**pálido** *adj.* pale
**pan** *m.* bread
**pandilla** *f.* gang
**panela** *f.* flat loaf made of unrefined sugarcane
**pantalla** *f.* screen
**pantalones** *m. pl.* pants; **pantalones vaqueros** jeans
**pañuelo** *m.* handkerchief
**papa** *f.* potato
**papel** *m.* paper; role
**par** *m.* pair; **a la par** *adv.* at the same time
**parábola** *f.* parable
**parado** *adj.* standing
**paraguas** *m. inv.* umbrella
**paraíso** *m.* paradise
**parar** *v.* to stop
**parecer (zc)** *v.* to seem; **parecerse a** to resemble
**parecido** *m.* resemblance; similarity; *adj.* alike, similar
**pared** *f.* wall
**pareja** *f.* pair; couple
**pariente** *m., f.* relative
**parloteo** *m.* chatter; prattle
**paro** *m.* unemployment
**parte** *f.* part; party (*in a negotiation*); **formar** (*v.*) **parte** to be part (of); **la mayor parte** most; **por otra parte** on the other hand
**particular** *adj.* private; particular; special
**partida: punto** (*m.*) **de partida** starting point

**partidario** *m.* supporter
**partir: a partir de** *prep.* as of, from (*date*)
**pasaje** *m.* passage
**pasajero** *m.* passenger
**pasar** *v.* to happen; to spend; to go through; to pass; **pasarse a** to go into; to move on to
**pasatiempo** *m.* pastime; hobby
**pasear** *v.* to go for a walk, ride
**paseo** *m.* walk, stroll
**pasillo** *m.* hall, hallway
**pasividad** *f.* passiveness
**paso** *m.* step; **dar** (*v. irreg.*) **el primer paso** to take the first step
**patente** *m.* patent; *adj.* evident, clear
**patinar** (*v.*) **en línea** to roller blade
**patrocinar** *v.* to sponsor
**patrón** *m.* pattern; boss; patron
**pavo** *m.* turkey
**pecho: de pecho** *prep.* face down
**pedir (i, i)** *v.* to ask
**pegado** *adj.* stuck
**peinado** *adj.* groomed
**película** *f.* movie, film
**peligro** *m.* danger
**peligroso** *adj.* dangerous
**pelo** *m.* hair
**pena** *f.* shame; **valer** (*irreg.*) **la pena** to be worthwhile
**pensamiento** *m.* thought
**pensar (ie)** *v.* to think; **pensar +** *inf.* to plan, intend to (*do something*)
**pensión** *f.* boarding house; pension
**pequeñez** *f.* smallness
**percibir** *v.* to perceive, sense
**perder (ie)** *v.* to lose; **perderse** to get lost
**pérdida** *f.* loss
**perfil** *m.* profile
**perico** *m.* parakeet
**periódico** *m.* newspaper
**periodista** *m., f.* journalist
**periodístico** *adj.* journalistic
**perjuicio** *m.* prejudice
**permanecer (zc)** *v.* to remain, stay
**perplejo** *adj.* perplexed
**perro** (*m.*) **esquimal** Husky
**personaje** *m.* character (*literary*)
**personal** *m.* personnel
**pertenecer (zc)** *v.* to belong
**pesadilla** *f.* nightmare
**pesado** *adj.* heavy
**pesar** *v.* to weigh; **a pesar de** *prep.* in spite of

**peso** *m.* weight
**pie** *m.* foot; **al pie de la letra** *adv.* to the letter, literally
**pierna** *f.* leg
**pimpinela** *f.* pimpernel
**pino** *m.* pine (tree)
**pintar** *v.* to paint
**pío** *m.* cheeping, peeping
**pionero** *m.* pioneer
**piquete** *m.* bite
**pisada** *f.* footstep, footprint
**pisar** *v.* to step on
**piscina** *f.* swimming pool
**pista** *f.* clue; trail, track
**pistoletazo** *m.* pistol shot
**pitido** *m.* whistling, whistle
**placentero** *adj.* pleasant
**placer** *m.* pleasure
**plagiar** *v.* to copy, plagiarize
**planchar** *v.* to iron
**planificación** *f.* planning
**plano** *m.* position; plan
**plantear** *f.* to pose, raise (*a question*)
**plantilla** *f.* form, template
**plata** *f.* silver
**plato** *m.* plate, dish
**plebeyo** *m.* commoner
**pleno** *adj.* full
**pluma** *f.* feather
**población** *f.* population
**poblado** *m.* village, town
**poblador** *m.* settler
**pobre** *m.* poor person; *adj.* poor
**pobreza** *f.* poverty
**poder** *irreg.* to be able to
**poder** *m.* power
**poderoso** *adj.* powerful
**policía** *m.* policeman; *f.* police (*general*)
**política** *f.* policy; politics
**político** *m.* politician; *adj.* political
**pollo** *m.* chicken
**poner** *irreg.* to put; **poner al descubierto** to expose, reveal; **poner alto a** to put a stop to; **poner de manifiesto** to make clear; to disclose, reveal; **poner de relieve** to emphasize; **poner en evidencia** to give (*someone*) away; show (*someone*) is lying; **poner en marcha** to start, get going; **ponerse** to begin, set about; **ponerse** + *adj.* to become + *adj.;* **ponerse bien** to get better; **ponerse de acuerdo** to agree; **ponerse en camino** to set out, begin one's journey
**poniente** *m.* west
**porcentaje** *m.* percentage

**porta-** *prefix* denoting *holder, carrier, bearer*
**poseedor** *m.* owner, holder, possessor
**poseer** *v.* to possess
**postura** *f.* position, stance
**potencia** *f.* power
**potente** *adj.* strong, powerful
**practicante** *m., f. people who use or do something*
**prado** *m.* meadow
**preciado** *adj.* valued, valuable; precious
**precio** *m.* price
**precipitado** *adj.* premature; hasty
**precipitarse** *v.* to rush, throw oneself
**precisar** *v.* to specify; to state precisely
**preciso** *adj.* necessary; precise; definite, exact; clear, distinct
**predecir** *irreg.* to predict
**predictivo** *adj.* predictor
**pregunta: hacer** (*v. irreg.*) **preguntas** to ask questions
**preguntarse** *v.* to wonder; to ask oneself
**premio** *m.* award, prize
**prender** *v.* to turn on (*a light*)
**prensa** *f.* press
**preocuparse** *v.* to worry
**prerredacción** *f.* pre-writing
**presenciar** *v.* to see, witness
**presión** *f.* pressure
**prestado: tomar** (*v.*) **prestado** to borrow
**préstamo** *m.* loan
**prestar** *v.* to lend; **prestar atención** to pay attention; **prestarse** to lend itself, be appropriate
**presuponer** *irreg.* to presuppose
**presupuesto** *m.* budget
**pretender** *v.* to try, seek, endeavor
**prima** *f.* bonus, premium; **materia** (*f.*) **prima** raw material
**primordial** *adj.* fundamental
**principesco** *adj.* princely
**principiante** *m., f.* beginner
**principio** *m.* beginning; principle; **a principios de** *prep.* at the beginning of; **al principio** *prep.* at first, in the beginning
**probar** (**ue**) *v.* to test; to prove; to taste
**procedimiento** *m.* procedure; method
**profesorado** *m.* faculty
**profundidad** *f.* depth
**profundo** *adj.* deep; profound
**prometido** *adj.* promised

**pronóstico** *m.* prediction
**propagación** *f.* spreading
**propensión** *f.* inclination, tendency
**propio** *adj.* (one's) own; very; exact; himself; herself; itself, etc.; **por cuenta propia** on one's own account
**proponente** *m., f.* proposer
**proponer** *irreg.* to propose, suggest
**proporcionar** *v.* to give, supply, furnish
**propósito** *m.* purpose; object
**propuesto** *adj.* proposed
**proteger** (**j**) *v.* to protect
**provecho: sacar** (*v.*) **provecho de** to benefit from; to get benefit from
**provechoso** *adj.* beneficial; profitable
**proveer** (**y**) *v.* to provide, supply
**próximo** *adj.* next; near
**prueba** *f.* proof; exam, test
**publicidad** *f.* advertising
**publicitario** *adj.* advertising; **anuncio** (*m.*) **publicitario** advertisement
**público** *m.* audience; *adj.* public; **asistencia** (*f.*) **pública** welfare
**pueblo** *m.* town; people
**puente** *m.* bridge
**puerta** *f.* door
**puesta** (*f.*) **del sol** sunset
**puesto** *m.* position, job; **puesto que** *conj.* since
**Pulgarcito** Tom Thumb
**pulir** *v.* to polish
**pulmón** *m.* lung
**punto** (*m.*) **de partida** starting point
**puñado** *m.* handful
**puñetazo** *m.* punch (*with fist*)
**pureza** *f.* purity
**púrpuro** *adj.* purple

## Q

**quebrar** (**ie**) *v.* to go bankrupt
**quedar** *v.* to remain, stay; to be located; **quedar por** + *inf.* to remain to be + *past participle;* **quedarse** to be left; **quedarse con** to keep, take; **quedarse dormido** to fall asleep
**quehacer** *m.* chore, task
**quejumbroso** *adj.* whining, complaining
**quemante** *adj.* burning
**quemarse** *v.* to burn up

**querer** *v. irreg.* to want; to love;
  **querer decir** to mean
**queso** *m.* cheese
**quitar** *v.* to take away, remove
**quizá(s)** *adv.* maybe, perhaps

# R

**ración** *f.* portion, helping
**radicar (qu)** (*v.*) **en** to derive from
**raíz** *f.* (*pl.* **raíces**) root
**rapidez** *f.* quickness
**raro** *adj.* strange; rare, uncommon;
  **rara vez** *adv.* rarely, seldom
**rasgo** *m.* trait, characteristic
**raspadura** *f.* *flat loaf made of
  unrefined sugarcane*
**ratería** *f.* thieving
**raya** (*f.*) line
**raza** *f.* race
**razón** *f.* reason; **tener** (*v. irreg.*)
  **razón** to be right
**razonamiento** *m.* reasoning; train
  of thought
**real** *adj.* royal; real
**realizar (c)** *v.* to achieve; to
  carry out
**rebeldía** *f.* rebelliousness
**rebotar** *v.* to bounce (*a check*)
**rebuscamiento** *m.* affectation (*in
  language*)
**rebutear** *v.* to reboot (*computer*)
**recado** *m.* message
**recaer** (*v. irreg.*) **sobre** to fall on
**recaudar** *v.* to collect (*money,
  taxes*)
**receptor** *m.* receiver
**rechazar (c)** *v.* to reject
**rechinar** *v.* to squeal
**rechoncho** *adj.* chubby
**recién** *adv.* newly, recently; **recién
  nacido** *m.* newborn
**recolección** *f.* collection, gathering
**recompensar** *v.* to reward
**reconocer (zc)** *v.* to recognize
**recontar (ue)** *v.* to recount
**recopilar** *v.* to compile
**recordar (ue)** *v.* to remember; to
  remind
**recorrer** *v.* to traverse, cover
  (*distance*)
**recreo** *m.* recreation
**recto** *adj.* straight
**recuerdo** *m.* memory; souvenir
**recurrir** (*v.*) **a** to resort to, have
  recourse to
**recurso** *m.* resource
**red** *f.* network; worldwide web
**redacción** *f.* composition
**redactar** *v.* to write; to compose

**redondo** *adj.* round
**reemplazar (c)** *v.* to replace
**reflejar** *v.* to reflect; to reveal
**reflejo** *m.* reflection
**reflexionar** *v.* to reflect, think
  about
**reforzar (ue) (c)** *v.* to strengthen;
  to reinforce
**regalar** *v.* to give as a gift
**regalo** *m.* gift, present
**regar (ie) (j)** *v.* to water (*plants*)
**regla** *f.* rule
**regordete** *adj.* chubby, plump,
  pudgy
**regresar** *v.* to return
**regreso** *m.* return
**reina** *f.* queen
**reino** *m.* kingdom
**reja** *f.* grating
**relámpago** *m.* (flash of) lightning
**relato** *m.* narrative
**relieve: poner** (*v. irreg.*) **de relieve**
  to emphasize
**reloj** *m.* clock; watch
**remar** *v.* to row
**remedio** *m.* solution; remedy, cure
**Renacimiento** *m.* Renaissance
**rendimiento** *m.* yield, output
**rendir (i, i)** *v.* to produce
**renunciar** *v.* to renounce, give up
**reparo: no tener** (*v. irreg.*) **reparos en** + *inf.* to not hesitate to
  (*do something*)
**repartir** *v.* to distribute
**repasar** *v.* to review
**repaso** *m.* review
**repente: de repente** *adv.* suddenly
**replicante** *adj.* answering
**requerir** *v. irreg.* to require
**requisito** *m.* requirement
**resaltar: hacer** (*v. irreg.*) **resaltar**
  to emphasize
**rescatar** *v.* to rescue
**reseco** *adj.* very dry
**reseña** *f.* review (*of a play or film*)
**respaldar** *v.* to support, back
**respirar** *v.* to breathe
**respuesta** *f.* answer, response
**restante** *adj.* remaining
**resuelto** *adj.* determined; resolved
**resumen** *m.* summary; **en
  resumen** *adv.* in short
**resumido: en resumidas cuentas**
  *adv.* in short, in a word
**resumir** *v.* to summarize, sum up
**retener** *v. irreg.* to retain
**retirarse** *v.* to withdraw
**reto** *m.* challenge
**retorcerse (ue) (z)** *v.* to writhe
**retrasarse** *v.* to fall behind

**retratar** *v.* to portray, depict
**retrato** *m.* portrait
**retroalimentación** *f.* feedback
**retroceder** *v.* to go back, back-
  wards
**retrógrado** *adj.* reactionary
**reunión** *f.* meeting; gathering
**reunir (reúno)** *v.* to join, bring
  together; to assemble, combine
**reventar (ie)** *v.* to burst, explode
**revisar** *v.* to revise; to check
**revista** *f.* magazine
**rey** *m.* king
**rezar (c)** *v.* to pray
**riego** *m.* irrigation, watering
**riendas** *f. pl.* reins; control, charge
**riesgo** *m.* risk
**rigidez** *f.* rigidity, stiffness
**rima** *f.* rhyme
**rincón** *m.* corner
**río** *m.* river; **río abajo** *adv.* downstream
**riqueza** *f.* wealth
**risa** *f.* laughter; **dar** (*v. irreg.*) **risa**
  to make laugh
**risueño** *adj.* smiling, laughing
**rodear** *v.* to surround
**rojo: Caperucita Roja** Little Red
  Riding Hood
**romper** *v.* to break
**ronda** *f.* round
**ropa** *f.* clothing
**rostro** *m.* face
**roto** *adj.* broken
**rotulado** *adj.* labeled
**rueda** *f.* wheel
**ruido** *m.* noise
**rujido** *m.* roar
**rumbo a** *prep.* toward, in the
  direction of

# S

**sábana** *f.* bedsheet
**saber** *v. irreg.* to know; **saber** + *inf.*
  to know how to (*do something*)
**sabor** *m.* flavor
**saborear** *v.* to taste; to relish,
  enjoy
**sacar (qu)** *v.* to take out; **sacar
  adelante** to produce, turn out;
  **sacar conclusiones** to draw
  conclusions; **sacar fotos** to take
  pictures; **sacar provecho de** to
  benefit from; to get benefit from
**sacudir** *v.* to shake
**sagrado** *adj.* sacred
**sajar** *v.* to cut
**sal** *f.* salt
**sala** *f.* room

**saldo** *m.* payment, settlement

**salinidad** *f.* salinity, saltiness

**salir** *v. irreg.* to leave; to go out; to come out; **salir adelante** to get ahead

**saltar** *v.* to jump

**salto** *m.* jump

**salud** *f.* health

**saludar** *v.* to greet

**salvar** *v.* to save, rescue

**salvo** *prep.* except

**sangre** *f.* blood

**sanidad** *f.* health

**sanitario** *m.* bathroom; *adj.* sanitary

**sano** *adj.* healthy

**santo** *adj.* holy

**saqueo** *m.* looting, sacking

**sastre: traje** (*m.*) **sastre** tailor-made suit

**Satanás** Satan

**satisfecho** *adj.* satisfied

**seco** *adj.* dry; **hacer** (*v. irreg.*) **un golpecito seco** to click

**sed** *f.* thirst; **tener** (*v. irreg.*) **sed** to be thirsty

**sedante** *adj.* soothing, calming

**segregar (gu)** *v.* to secrete (*fluids*)

**seguir (i, i)** *v.* to continue; to follow

**según** *prep.* according to

**seguridad** *f.* security

**seguro** *adj.* sure; secure

**selva** *f.* jungle

**sembrado** *m.* cultivated land

**semejante** *adj.* similar, alike; such, of that kind

**semejanza** *f.* similarity

**semilla** *f.* seed

**sempiterno** *adj.* everlasting

**sencillez** *f.* simplicity

**sencillo** *adj.* simple

**senda** *f.* path, way

**sendero** *m.* path

**sensorial** *adj.* sensory

**sentado: dar** (*v. irreg.*) **por sentado** to take for granted

**sentarse (ie)** *v.* to sit down

**sentido** *m.* sense; **tener** (*v. irreg.*) **sentido** to make sense

**sentimiento** *m.* feeling

**sentir (ie, i)** to feel; to sense

**señal** *f.* signal; sign

**señalar** *v.* to point out

**sequía** *f.* drought

**ser** *m.* being; *v.* to be; **llegar (gu)** (*v.*) **a ser** to become; **o sea** that is

**serpentear** *v.* to wind

**serpiente** *f.* snake

**servilismo** *m.* servility

**servir (ie, i)** *v.* to serve; **servirse de** to make use of

**sexual: acoso** (*m.*) **sexual** sexual harassment

**siembra** *f.* sowing, planting

**siglo** *m.* century

**significado** *m.* meaning

**significar (qu)** *v.* to mean

**siguiente** *adj.* following

**silvestre** *adj.* wild; rural, rustic

**similitud** *f.* similarity

**simpático** *adj.* nice

**simpatizar (c)** *v.* to get along well

**sin embargo** *adv.* however, nevertheless

**siniestro** *adj.* evil, wicked

**sinnúmero** *m.* infinite number

**sino** *conj.* but, except; **sino que** *conj.* but

**siquiera: ni siquiera** *conj.* not even

**sitio** *m.* place, site

**sobrado** *adj.* abundant; excessive

**sobreentender (ie)** *v.* to assume, take for granted

**sobrepasar** *v.* to exceed

**sobresaliente** *adj.* outstanding, excellent

**sobresalir** *v. irreg.* to excel

**sobrevivir** *v.* to survive

**sol** *m.* sun; **puesta** (*f.*) **del sol** sunset

**soldado** *m.* soldier

**soler (ue)** (*v.*) + *inf.* to be accustomed to, be in the habit of (*doing something*)

**solicitante** *m., f.* applicant

**solicitud** *f.* application

**solidez** *f.* strength; solidity

**soltero** *adj.* single, unmarried

**sombrío** *adj.* somber; dark, gloomy

**sometido** *adj.* subjected

**sometimiento** *m.* submission; subjection

**somnolencia** *f.* drowsiness

**sonar (ue)** *v.* to ring; to sound

**sonido** *m.* sound

**sonreír (i, i) (sonrío)** *v.* to smile

**sonrisa** *f.* smile

**soñar (ue)** *v.* (**con**) to dream (about)

**sorpresa** *f.* surprise

**sorprendente** *adj.* surprising

**sorprender** *v.* to surprise

**sospechar** *v.* to suspect

**sospechoso** *adj.* suspicious

**sostener** *v. irreg.* to sustain, support, hold up

**subir** *v.* to climb; to rise; to get in; to raise

**súbito: de súbito** *adv.* suddenly

**subproducción** *f.* underproduction

**subrayado** *adj.* underlined

**subyacente** *adj.* underlying

**suceder** *v.* to happen, occur

**suceso** *m.* event, happening

**sucio** *adj.* dirty

**sudoración** *f.* sweat, sweating

**sueldo** *m.* salary

**suelo** *m.* floor; ground

**suelto** *adj.* loose; isolated

**sueño** dream; **tener** (*v. irreg.*) **sueño** to be sleepy

**suerte** *f.* luck; **tener** (*v. irreg.*) **suerte** to be lucky

**suficiente** *adv.* enough

**sufrimiento** *m.* suffering

**sufrir** *v.* to suffer

**sugerencia** *f.* suggestion

**sugerir (ie, i) (j)** *v.* to suggest

**superar** *v.* to surpass, exceed; to overcome

**superautopista** *f.* super highway

**superpoblación** *f.* overpopulation

**superpoblado** *adj.* overpopulated

**superpotencia** *f.* superpower

**suponer** *v. irreg.* to suppose

**supuesto: por supuesto** of course

**surcar (qu)** to cut through

**surgimiento** *m.* emerging, rising up

**surgir (j)** *v.* to arise

**suscitar** *v.* to stir up, provoke

**susodicho** *adj.* aforementioned

**sustanciar** *v.* to substantiate

**sustantival** *adj.* noun

**sustantivar** *v.* to use as a noun

**sustantivo** *m.* noun

**susto** *m.* fright, scare

## T

**tableta** *f.* slab, tablet

**tachar** *v.* to cross out, eliminate; to blame

**tacto** *m.* (sense of) touch

**tajante** *adv.* sharply, cuttingly

**tal** *adj.* such, such a; **con tal de que** *conj.* provided that; **fulano de tal** so-and-so; **tal vez** *adv.* perhaps

**tallo** *m.* stem; shoot

**tamaño** *m.* size

**tampoco** *adv.* neither, not either

**tanto: por lo tanto** *adv.* therefore

**taquiónico** *adj.* tachyonic (*from tachyon, theoretical particle that travels faster than the speed of light*)

**tardar** (*v.*) **en** + *inf.* to be slow to, take a long time to (*do something*)
**tardío** *adj.* late, tardy
**tarea** *f.* task; homework
**tasa** *f.* rate
**taza** *f.* cup
**techo** *m.* roof, ceiling
**tejedor** *m.* weaver
**tejido** *m.* tissue
**tela** *f.* cloth
**telaraña** *f.* spider web
**telefonista** *m., f.* switchboard operator; telephone operator
**teléfono** (*m.*) **inalámbrico** cordless telephone
**tema** *m.* subject, topic; theme
**temático** *adj.* thematic, topic
**temblar (ie)** *v.* to tremble
**temer** *v.* to fear
**temporada** *f.* season; while
**temprano** *adj.* early
**tender (ie)** *v.* to spread, spread out; **tender a** to tend to, have a tendency to
**tendido** *adj.* lying down
**tener** *v. irreg.* to have; **no tener reparos en** + *inf.* to not hesitate to (*do something*); **tener confianza** to be confident; **tener en cuenta** to keep in mind; **tener cuidado** to be careful; **tener éxito** to be successful; **tener lugar** to take place; **tener miedo** to be afraid; **tener que** + *inf.* to have to (*do something*); **tener que ver con** to have to do with; **tener razón** to be right; **tener sed** to be thirsty; **tener sentido** to make sense; **tener sueño** to be sleepy; **tener suerte** to be lucky
**tercio** *m.* third
**terminar** *v.* to end; **terminar** + *gerund* to end up (*doing something*)
**término** *m.* term, word, expression
**ternura** *f.* tenderness
**terreno** *m.* land, ground, terrain
**tez** *f.* complexion
**tiempo** *m.* time; weather; tense (*gram.*)
**tienda** *f.* store
**tierno** *adj.* tender
**tierra** *f.* earth; land; soil, dirt
**tildar** *v.* to criticize; to stigmatize
**timidez** *f.* shyness
**tinta** *f.* ink
**tipo** *m.* guy, character

**tira** (*f.*) **cómica** comic strip
**tiroteo** *m.* firing, shooting; gunfight, shootout
**título** *m.* (university) degree
**tobillo** *m.* ankle
**tocar (qu)** *v.* to touch; to knock
**todavía** *adv.* still; yet
**todo: en todo caso** in any case, at any rate
**tomar: tomar** (*v.*) **conciencia** to become aware; **tomar en cuenta** to consider; **tomar medidas** to take steps; **tomar prestado** to borrow; **tomar un bocado** to have a bite (to eat); **tomar un trago** to have a drink; **tomar una decisión** to make a decision
**tonelada** *f.* ton
**tonto** *adj.* silly; stupid
**toque** *m.* touch
**torno: en torno a** *prep.* about, regarding
**torre** *f.* tower
**toxicómano** *m.* drug addict
**trabalenguas** *f. inv.* tongue twister
**traducir** *v. irreg.* to translate
**traer** *v. irreg.* to bring
**tragaperra: máquina** (*f.*) **tragaperras** slot machine
**tragar (gu)** *v.* to swallow
**trago: tomar** (*v.*) **un trago** to have a drink
**traje** *m.* suit; **traje sastre** tailor-made suit
**trama** *f.* plot
**trampa** *f.* trap
**transbordador** *m.* shuttle
**transcurrir** *v.* to pass, go by
**transcurso** *m.* course, passage of time
**trapo** *m.* rag
**tras** *prep.* after
**traslado** *m.* transfer; move
**trastorno** *m.* upset, disorder
**tratado** *m.* treatise; treaty
**tratamiento** *m.* treatment
**tratar** *v.* to treat (*a subject*); to try; **tratarse de** to be a question of
**través: a través de** *prep.* through, across
**travieso** *adj.* mischievous
**trayecto** *m.* trip
**trayectoria** *f.* trajectory, path
**tribunal** *m.* court
**trigo** *m.* wheat
**triplicar (qu)** *v.* to triple
**tripulado** *adj.* manned
**triste** *adj.* sad

**tristeza** *f.* sadness
**trozo** *m.* piece, bit

# U

**últimamente** *adv.* lately
**último alardio** *m.* last gasp
**único** *adj.* only
**unir** *v.* to join, unite
**usuario** *m.* user
**útil** *adj.* useful
**utilidades** *f. pl.* profits

# V

**vaca** *f.* cow
**vaciar (vacío)** *v.* to empty
**vacilar** *v.* to hesitate
**vacío** *m.* emptiness
**vacuna** *f.* vaccine
**vacunar** *v.* to vaccinate
**vagar (gu)** *v.* to wander
**valer** (*v. irreg.*) **la pena** to be worthwhile; **valerse de** to make use of
**valiente** *adj.* brave, daring
**valioso** *adj.* valuable
**valle** *m.* valley
**valor** *m.* value
**valorar** *v.* to value
**vaquero: pantalones** (*m. pl.*) **vaqueros** jeans
**varios** *adj.* several
**varón** *m., adj.* male
**vasco** *m.* Basque
**vaso** *m.* glass
**vecino** *m.* neighbor
**vejez** *f.* old age
**veloz** (*pl.* **veloces**) *adj.* swift, quick
**vencer (z)** *v.* to conquer, beat
**vendar** *v.* to bandage
**vender** *v.* to sell
**veneno** *m.* poison
**venenoso** *adj.* poisonous
**venganza** *f.* revenge, vengeance
**venir** (*v. irreg.*) **al caso** to be appropriate, relevant
**venta** *f.* sale; **de venta** on sale
**ventaja** *f.* advantage
**ventana** *f.* window
**ver: tener** (*v. irreg.*) **que ver con** to have to do with
**veranear** *v.* to spend the summer
**verano** *m.* summer
**verdad** *f.* truth
**verdadero** *adj.* true, real
**vertiginoso** *adj.* dizzying
**vertir (ie)** *v.* to pour; to empty (out)

**vestido** *m.* dress
**vestirse (i, i)** *v.* to get dressed
**vez** *f.* time; **a veces** *adv.* at times, sometimes; **a la vez** *adv.* at the same time; **a su vez** *adv.* in turn; **cada vez más** *adv.* more and more; **cada vez menos** *adv.* less and less; **en vez de** *prep.* instead of; **otra vez** *adv.* again; **rara vez** *adv.* rarely; **tal vez** *adv.* maybe, perhaps; **una vez** *adv.* once
**viajar** *v.* to travel
**viaje** *m.* trip
**viajero** *m.* traveler
**víbora** *f.* viper, snake
**vida** *f.* life
**videncia** *f.* clear-sightedness
**videocasetera** *f.* VCR
**viejo** *m.* old man; *adj.* old

**viento** *m.* wind
**vigente** *adj.* in force
**villancico** *m.* Christmas carol
**vincular** *v.* to relate, connect, link
**violación** *f.* rape
**virreinato** *m.* viceroyalty
**virtud** *f.* virtue
**vista** *f.* view; sight
**vistazo: echar** *(v.)* **un vistazo** to glance
**vitalicio: de cargo** *(m.)* **vitalicio** tenure
**viuda** *f.* widow
**vivienda** *f.* housing
**vivir** *v.* to live
**vivo** *adj.* alive; vivid
**vocablo** *m.* word
**vocal** *f.* vowel
**volante** *adj.* flying

**voluntad: de buena voluntad** *adv.* willingly
**voluntario** *m.* volunteer
**volver (ue)** *v.* to return; **volver a** + *inf.* to (*do something*) again; **volverse** to become
**voz** *f.* voice; **en voz alta** *adv.* aloud
**vuelta: a la vuelta** back again

## X

**xenofobia** *f. fear or hatred of foreigners*

## Y

**ya** *adv.* already; **ya es hora** it's time; **ya que** *conj.* since

# About the Authors

**Guadalupe Valdés** is Professor of Spanish and Portuguese and Professor of Education at Stanford University. She works in the areas of Sociolinguistics and Applied Linguistics, and has published numerous articles in one of her concentrations, the teaching of Spanish to both monolingual speakers of English and bilingual Hispanics. Professor Valdés is the author of four Spanish-language textbooks, two of which focus on teaching Spanish to bilingual Hispanics. She served as a member of the Task Force on National Standards in Foreign Language Education and is currently a member of the editorial boards of several journals, including *Modern Language Journal, Bilingual Review,* and *Hispanic Journal of the Behavioral Sciences.*

**Trisha Dvorak** is a Senior Program Manager with Educational Outreach at the University of Washington. She has coordinated elementary language programs in Spanish and taught courses in Spanish language and foreign language methodology. Dr. Dvorak received her Ph.D. in Applied Linguistics from the University of Texas at Austin. She has published books and articles on aspects of foreign language learning and teaching, and is co-author of the *Pasajes* program, a series of texts for second-year college students.

**Thomasina Pagán Hannum** is a retired Spanish teacher. She currently works as a Consultant on Language Testing with the Bilingual Unit of the State Education Department of New Mexico, and frequently presents workshops on writing in the language classroom. She received her MATS from the University of New Mexico and has completed considerable additional study in Spanish Linguistics. She is co-author of *Cómo se escribe,* a text for Spanish-English bilingual students at the secondary level; a contributing writer for *Paso a paso,* a Spanish-language series for secondary students; and co-author of *Un paso más,* a workbook for bilingual students to accompany *Paso a paso.*

**Claudia Angelelli** is an Assistant Professor of Spanish Linguistics at San Diego State University. She holds a Ph.D. from the School of Education at Stanford University, an MA in Teaching Foreign Languages, with

283

TESOL and Language Program Administration (Teacher Education) Graduate Certificates from the Graduate School of Languages and Educational Linguistics of the Monterey Institute of International Studies, and a Diploma in Legal Translation and Comparative Law from Buenos Aires, Argentina, with certificates in Interpretation in English and French. She works in the areas of Applied Linguistics, Teacher Education, and Translation and Interpreting. She has published articles on interpretation and bilingualism, the pedagogy of translation/interpreting, and teacher education and language pedagogy for specific purposes. Her current research is on heritage speakers and non-native speakers of Spanish brokering language and culture during an interpreted communicative event.

Grateful acknowledgment is made for use of the following:

**Photo credits: Page 1** © V.C.L./Getty Images; **4** © Cameron/Corbis; **14** © Bob Daemmrich/The Image Works; **19** (left) © Larry Lorusso/Index Stock Imagery, (right) © Jacques Copeau/Getty Images; **24** © Bob Daemmrich/The Image Works; **37** © Jose Luis Pelaez, Inc./Corbis; **43** (left to right) © Steve Thornton/Corbis; © Jacques M. Chenet/Corbis; © Cat Gwynn/Corbis; **65** © Bruce Ayres/Getty Images; **107** © Dennis Degnan/Corbis; **122** © Keith Gunnar/Photo Researchers, Inc.; **154** © David Butow/ Corbis SABA; **195** © Steve Dunwell/Getty Images

**Realia: Page 44** From *Composition through Pictures* by J. B. Heaton, 1966. Reprinted with permission of Addison Wesley Longman, United Kingdom; **45** © Quino/Quipos; **47** PEANUTS © United Feature Syndicate. Reprinted by permission; **50** © Quino/ Quipos; **79** FOR BETTER OR FOR WORSE © United Feature Syndicate. Reprinted by Permission; **114** Reprinted with permission of Mark Litzler; **120** LUANN © United Feature Syndicate. Reprinted by Permission; **123** Reprinted with permission of *Muy Interesante;* **176** Kerzo/Eugene

**Readings: Page 53** Valencia, Pablo, and Susan Cameron Bacon, *En marcha.* Copyright © 1983 by Houghton Mifflin Company. Used with permission; **75** Reprinted with permission of *Cambio 16;* **82** Reprinted with permission of *Muy Interesante;* **91** Reprinted with permission of *Ser Padres Hoy;* **115** Reprinted with permission of *Geomundo;* **124** Copyright © 1997 by *Hispanic Magazine;* **132** Reprinted with permission of Steven L. Kent; **159** Reprinted from *Américas,* a bimonthly magazine published by the General Secretariat of the Organization of American States in English and Spanish; **160** *Semana;* **223** Reprinted with permission of *Muy Interesante.*